LEE STROBEL

TRECE ESCANDALOSAS AFIRMACIONES DE DIOS

DESCUBRE
LO QUE SIGNIFICAN
PARA TI

LA MISIÓN DE EDITORIAL VIDA ES PROPORCIONAR LOS RECURSOS NECESARIOS A FIN DE ALCANZAR A LAS PERSONAS PARA JESUCRISTO Y AYUDARLAS A CRECER EN SU FE.

TRECE ESCANDALOSAS AFIRMACIONES DE DIOS
© 2006 EDITORIAL VIDA
MIAMI, FLORIDA

Publicado en inglés bajo el título:
God's Outrageous Claims
por The Zondervan Corporation
© 1997, 2005 por Lee Strobel

Traducción: *David Coyotl*
Edición: *dwD Asesores*
Diseño interior: *dwD Asesores (A.E.V.)*
Diseño de cubierta: *Chaty Spee*

ISBN: 0-8297-4728-1

CATEGORÍA: VIDA CRISTIANA / VIDA PRÁCTICA / RECURSOS

IMPRESO EN ESTADOS UNIDOS DE AMÉRICA
PRINTED IN THE UNITED STATES OF AMERICA

06 07 08 09 10 ❖ 9 8 7 6 5 4 3 2 1

Índice

◆ ◆ ◆

Una introducción a las sorpresas de Dios

❖

Por allá, en la colina, ¿lo escuchas? Otra vez está volteando todo de cabeza; está reescribiendo las reglas. ¡Válgame, se está metiendo en problemas! No puedes decir cosas así y salirte con la tuya. Habla de Dios como si de verdad lo conociera; de la vida como si la entendiera; de la esperanza como si tuviera.

Habla de un mejor camino; de un camino más angosto. Y mira: la gente no hace otra cosa más que escucharlo. Y eso a pesar de que los deja atónitos. Algo dentro de ellos les dice que este hombre, Jesús, dice la verdad.

Extravagante; extraordinario; asombroso.

Cuando Jesús habla, a menudo dice cosas que nos hacen murmurar: «Eso es *escandaloso*».

Pierde tu vida para ganarla. Los últimos serán los primeros. Los mansos heredarán la tierra. Regocíjate en la persecución. Ora por tus enemigos. Es mejor dar que recibir. Ofrece la otra mejilla. Humíllate para ser exaltado. ¡Increíble!

Jesús nos dice que hay que perdonar cuando preferiríamos tomar represalias, amar cuando uno se siente bien albergando rencores, servir cuando preferiríamos complacernos a nosotros mismos, ser incluyentes cuando preferiríamos excluir, obedecer cuando queremos rebelarnos, tener la fe de un niño cuando nos enorgullecemos de ser inteligentes, y creer cuando nos incomodan las dudas. ¡Asombroso!

Este Jesús ve un potencial en nosotros que nosotros no vemos ni en nuestros sueños más descabellados. Detecta cualidades en nosotros que nosotros jamás pensaríamos poseer. Tiene una fe en nosotros que a nosotros mismos nos falta. Él es capaz de percibir verdades acerca de nosotros que pueden darnos esperanza y confianza.

Las asombrosas afirmaciones de Dios acerca de usted y de mí están dispersas a través de las páginas de la Escritura. Se trata de aseveraciones acerca de la forma en la que podemos crecer en nuestros valores, relacionarnos con otras personas con autenticidad, ganarnos la vida con integridad, y marcar una diferencia aun en medio de una cultura que se está desmoronando. Cuando me encuentro con una de estas pepitas de oro, no puedo hacer otra cosa que sacudir mi cabeza con asombro .

De eso se trata este libro: una muestra de trece afirmaciones fenomenales que la Biblia hace sobre nosotros. Si les damos la debida importancia y nos abrimos de frente a la actividad de Dios, podemos descubrir una nueva percepción acerca de quiénes somos y nuevos principios respecto a cómo podemos vivir con valentía y convicción.

De hecho, no es exagerado decir que las afirmaciones de Dios pueden transformar la trayectoria entera de su vida. Por lo menos eso fue lo que pasó conmigo. Con el paso del tiempo, estos descubrimientos me ayudaron a dejar de ser un periodista ateo, de corazón duro como la piedra, para convertirme en un seguidor comprometido de Jesús. Mi mundo se volteó de cabeza. Pensando en retrospectiva, no habría querido que esto fuese distinto.

Este no es un libro para leerse pasivamente. No se trata de una colección de tópicos convenientes y que ofrecen respuestas fáciles. Usted se dará cuenta de que mucho de su contenido es alentador, algunas de sus secciones representan un reto, pero todo es intensamente práctico. Después de todo, Dios es así: él no simplemente nos da sabiduría; nos da sabiduría que funciona.

Y él nos habla con compasión: «Porque yo sé muy bien los planes que tengo para ustedes —afirma el SEÑOR—, planes de bienestar y no de calamidad, a fin de darles un futuro y una esperanza».[1]

Dios hizo algunas afirmaciones acerca de usted. Afirmaciones escandalosas. Léalas con ojos nuevos y con un corazón dispuesto. Deje que comiencen a transformar sus actitudes, su panorama, sus valores... y su vida.

◆◆

PERDONAR AL ENEMIGO IMPLICA LIBERTAD

❖

Terry Anderson, reportero de la Associated Press, fue rehén en Líbano durante casi siete años. Estuvo encadenado a un muro, dentro de una sucia celda infestada de arañas. Sufrió por causa de la enfermedad. Soportó la tortura mental. Anheló a su familia. Fue aplastado por el monótono dolor del interminable hastío.

En medio de todo esto, alguien le dio un libro —la Biblia— y, al devorar sus páginas buscando palabras de esperanza, se topó con lo que tenían la apariencia de ser palabras de inútil ingenuidad: «Ustedes han oído que se dijo: "Ama a tu prójimo y odia a tu enemigo". Pero yo les digo: Amen a sus enemigos y oren por quienes los persiguen».[1]

¿Puede usted imaginarse lo estrafalario que debió parecerle ese mandamiento a Anderson, luego de pasar 2,455 perturbadores días en cruel cautiverio? ¿Amar *a quién*? ¿Orar por *quiénes*? ¿Ser bondadoso con quienes me trataron brutalmente? ¿Mostar compasión hacia quienes insensiblemente no me mostraron compasión alguna? ¿Jesús es un comediante cósmico o simplemente un iluso idealista?

Anderson fue finalmente liberado el 4 de diciembre de 1991. Los periodistas se arremolinaban a su alrededor y lo acribillaban con preguntas.

Querían saber cómo había sido su terrible experiencia. Querían saber sus planes para el futuro.

Pero un reportero hizo la pregunta que ocasionó que Anderson detuviera su paso: «¿Puede perdonar a sus captores?».

Qué pregunta tan fácil de hacer en el mundo de lo abstracto; qué tema tan profundo a ponderar con honestidad en medio de la dura realidad de la severa injusticia.

Anderson hizo una pausa. Antes de que salieran las palabras de su boca, la Oración del Señor cursó por su mente: «Perdónanos nuestros pecados, porque también nosotros perdonamos a todos los que nos ofenden».[2]

En ese momento, habló la víctima de un sufrimiento que no merecía: «Sí», respondió, «como cristiano, estoy obligado a perdonar, *sin importar lo difícil que eso sea*».[3]

Con mucha frecuencia *es* difícil. Es tan difícil, de hecho, que se considera que el decreto de Jesús para amar y orar por nuestros oponentes es uno de los desafíos más impresionantes e incómodos de todo su Sermón de la Montaña, un discurso famoso por sus escandalosas afirmaciones.

No existe registro de algún otro líder espiritual que haya articulado jamás un mandamiento tan transparente y sin ambigüedades para que las personas expresen compasión por quienes obran activamente en contra de sus mejores intereses.

¡JESÚS LO HIZO OTRA VEZ!

Pero espere. Espere un segundo. Tal vez este mandamiento no es tan estrafalario, después de todo. Quizá es una prescripción médica que beneficia tanto a quienes perdonan como a quienes son perdonados. Tal vez es una miríada de beneficios lo que acompañe al fomento de una atmósfera de gracia en vez de un ambiente de malicia. La verdad es que la sabiduría de Dios funciona.

Elegir perdonar en vez de odiar puede convertirse en una de nuestras más grandes bendiciones enmascaradas, siempre y cuando comprendamos la forma en la que opera este extraordinario principio.

LOS RIVALES QUE NOS RODEAN

¿Amar a mis enemigos? Yo no tengo ningún enemigo, ¿y usted?

Nunca he visto que alguien me empuje una ametralladora bajo la barbilla y me conduzca a una celda húmeda y fría durante siete años.

Nadie me ha tratado jamás con la brutalidad con la que abusaron de Terry Anderson.

Sin embargo, aun en los civilizados Estados Unidos de América, *tenemos* enemigos. En algún grado todos tenemos adversarios u oponentes hacia los cuales sentimos animadversión.

Se puede tratar del dueño de un negocio competidor que le está quitando a sus mejores clientes y, si usted es sincero, admitirá que lo detesta porque está poniendo en riesgo su forma de ganarse la vida. Posiblemente ella es una colega que está compitiendo con usted, con mucho éxito, por los bonos extra y el ascenso.

Puede tratarse del ejecutivo de nivel medio que está sólidamente atrincherado por encima de usted en la estructura corporativa, y usted está molesto con él porque está bloqueando su ascenso hasta los puestos más altos.

Su usted forma parte de la administración, su adversario podría ser el sindicato, o viceversa. Sus enemigos pueden ser las personas que sostienen posturas contrarias respecto al aborto o al homosexualismo, y usted ha ido más allá de externar desacuerdo con sus opiniones hasta llegar al punto de menospreciarlos como personas.

Posiblemente se trata de un profesor que no deja de ser severo con usted. O la novia que rompió su corazón. O el padre que minó su autoestima. O un antiguo amigo que traicionó su confianza y divulgó sus secretos a todo el mundo. O el ex cónyuge que desbarató su matrimonio. O el empleado recalcitrante que simplemente no se ajusta a sus políticas. O el compañero de clase cuya popularidad eclipsa la suya. O el colega que cosecha todo el reconocimiento que *usted* merece.

Cuando yo era periodista en el *Chicago Tribune*, tenía muchos enemigos. Eran los reporteros del *Sun-Times*, del *Daily News* y de las muchas estaciones que se esforzaban por ganarme las historias. Sentía mucho recelo hacia ellos porque, para poder tener éxito, tenían que hacerme fracasar. Incluso hoy día, que soy autor y conferenciante cristiano, y a pesar de que estoy terriblemente apenado de admitirlo, en ocasiones veo con recelo a otros como oponentes si dicen una frase mejor o si tienen mayor aceptación entre las audiencias. Ese es el grado al que puede llegar la profundidad de mi propia mezquindad pecaminosa.

Todos tenemos rivales. De hecho, permítame llevar esta cuestión más lejos y pedirle que sea específico: ¿Quiénes son los adversarios en *su* vida? ¿Cuáles son sus nombres? De hecho, tenga en mente alguno de sus rostros, porque no quiero que nos quedemos en el terreno de lo hipotético.

Hablemos sobre personas reales, sobre relaciones personales reales, sobre conflictos reales. Y hablemos también sobre el camino a la cura real.

¿Y QUÉ TIENE QUE VER CON ESTO EL AMOR?

¿Exactamente qué tiene usted que hacer respecto a la persona que vino a su mente? Solo decir que se supone que usted debe amarle es algo demasiado general. ¿Debería dejar de competir con esta persona? ¿Debería convertirse en una de sus mejores amistades o en su compañero o compañera para jugar golf? ¿Deberían tomar un crucero por el mar Caribe? ¿Debería tratar a esta persona como si fuera su hijo o su hija?

Jesús fue muy preciso al elegir una palabra para «amar» que no implica emoción en la misma medida que sugiere una actitud o acción. Suena muy difícil, pero nos insta a mostrar una conducta humilde y de servicio hacia quienes son nuestros adversarios, ver lo mejor en ellos y ofrecerles ayuda si la necesitan.

Tener una actitud de buena voluntad y benevolencia hacia ellos a pesar de que no haya lo mismo hacia nosotros. Orar por la seguridad y el bienestar de ellos y sus familias.

Aunque continúe la competencia con ellos, lo debemos hacer de manera respetuosa y justa, no con malicia, como si tratásemos de destruirlos.

En términos técnicos, no se nos pide que nos *agraden*, ya que eso requeriría de una emoción que en ocasiones no puede evocarse, a pesar de nuestras mejores intenciones. Sin embargo, sí debemos tratarlos *como si* nos agradaran, pues eso es una decisión de nuestra voluntad.

No tenemos que aprobar lo que son, lo que han hecho, o la forma en la que manejan sus asuntos, sino amar sus *personas*, pues le importan a Dios, al igual que usted y yo. Todos somos personas que hemos fallado pero que somos elegibles como receptores de la gracia perdonadora de Dios.

De hecho, en la Biblia se lee: «Pero Dios demuestra su amor por nosotros en esto: en que cuando todavía éramos pecadores, Cristo murió por nosotros».[4]

Es asombroso que la respuesta de Dios a nuestra rebelión en su contra no fue declararnos la guerra como sus enemigos. En vez de ello, devolvió amor por mal de manera que se allanara el camino para que nosotros volviéramos a estar en buenos términos con él. Esa es la clase de amor que quiere que mostremos hacia quienes nos han contrariado.

Pero si usted tiene en mente a un rival en particular ahora mismo, entonces me imagino que también se le vino a la mente una pregunta simple: «¿Por qué? ¿Por qué debería devolver buena voluntad a cambio de mala voluntad?».

Para quienes siguen a Jesús, la respuesta es simple: él dijo que ese es el patrón de vida que quiere que siga su pueblo. Y eso es suficiente. Tenemos la confianza de que nunca nos pedirá hacer algo que, en última instancia, nos perjudique.

Pero además de esto, existen tremendos beneficios al obedecer este mandamiento, ostentosamente escandaloso. Aunque nuestra motivación no debe ser obtener algo a cambio, la verdad es que hay mucho que ganar.

De hecho, en las siguientes páginas nos concentraremos en los extraordinarios beneficios psicológicos, físicos, relacionales, espirituales y del reino de Dios que se acumulan cuando nos decidimos a perdonar a nuestros adversarios.

EL BENEFICIO PSICOLÓGICO: SALUD MENTAL Y EMOCIONAL

«Porque cual es su pensamiento en su corazón», dice la Biblia, «tal es él».[5] En otras palabras, las personas que albergan pensamientos de amargura y muestran una actitud de enfado hacia sus enemigos a menudo se convierten en personas amargadas e iracundas. Se convierten en rehenes de su propio odio. No guardan resentimiento en la misma medida que el resentimiento los mantiene inmovilizados con sus garras.

Esto resultó cierto para Elizabeth Morris, originaria de un pequeño pueblo de Kentucky, que me habló de la notable metamorfosis que pasó para convertirse de una mujer amargada e iracunda a alguien que experimentó la libertad de convertirse en una persona que otorga gracia. Elizabeth me contó que dos días antes de la Navidad de 1982, ya muy entrada la noche, esperaba que su hijo Ted regresara a casa luego de trabajar en un empleo temporal en una plaza comercial. Acababa de terminar su primer semestre en la universidad y tomó el empleo para ganar un poco de dinero extra durante los días de descanso durante Navidad.

Pero a las 10:40 de la noche, Elizabeth recibió la llamada telefónica que todos los padres tienen temor de recibir: «Señora Morris, llamamos del hospital», dijo la voz. «Su hijo sufrió un accidente».

Otro hombre joven, quien conducía en estado de ebriedad —de hecho, el nivel de alcohol en su sangre era tres veces mayor al límite legal—, cruzó la línea divisoria de la carretera y chocó de frente con el auto de

Ted. El conductor ebrio sólo sufrió heridas menores pero, antes de que terminara la noche, Ted Morris, de dieciocho años de edad, perdió la vida.

Para Elizabeth y para su esposo, Frank, la noticia fue devastadora. Ted era su único hijo, un hijo obediente con un futuro brillante, que repentinamente había dejado de existir. La ira de los Morris se acrecentó cuando el muchacho de veinticuatro años que fue el causante de la muerte de Ted recibió la libertad condicional por el crimen.

Elizabeth me contó que el odio albergado en ella era como un incendio propagándose por un cañón seco, consumiendo cada parte de su ser.

Comenzó a repasar la imagen mental de esa noche, como si fuera la cinta de video de una película de terror, una y otra vez. Añoraba poder cobrar venganza. En ocasiones, soñaba con manejar por la calle y encontrarse con Tommy Pigage, el causante de la muerte de su hijo.

Se imaginaba atropellándolo con su automóvil, hundiéndolo contra un árbol, y observándolo sufrir en agonía mientras lo aplastaba lentamente hasta quitarle la vida.

De hecho, invirtió mucho de su tiempo libre rastreando a Tommy para ver si podía atraparlo violando los términos de su libertad condicional, de modo que pudiera enviársele a prisión. Con el paso del tiempo, la amargura y la actitud negativa comenzó a dañar la buena relación que existía entre ella y su esposo. Comenzó a alejar a sus amigos. Le quitó su capacidad para reír y disfrutar de la vida.

Y esa es la razón psicológica por la que el perdón tiene tanto sentido. La acre amargura se filtra de manera inevitable en las vidas de las personas que guardan resentimientos y suprimen la ira; la amargura siempre es un veneno. Mantiene vivo su dolor en vez de dejarle lidiar con él y llegar más allá de él. La amargura lo sentencia a revivir la herida una y otra vez. Elizabeth la describió como un cáncer que, desde su interior, cada vez la hacía más infeliz.

Con desesperación quiso obtener ayuda, pero pasó algún tiempo antes de que pudiera descubrir la única cura. Elizabeth se dio cuenta de que su Padre celestial también perdió a su único Hijo. Y Jesús, cuando estaba sufriendo en la cruz y antes de morir para pagar por la propia maldad de Elizabeth, miró a los inmisericordes soldados que estaban a cargo de torturarlo y dijo: «Padre, perdónalos, porque no saben lo que hacen».[6]

Fue en ese momento que Elizabeth supo que era tiempo de que ella, *en un acto de propia voluntad,* concediera el perdón al hombre que causó la muerte de su único hijo. Y eso fue lo que hizo. Con el paso del tiempo, mientras comenzó a cambiar su actitud, no solo fue rescatada de su cáustica amargura sino que ella y su esposo pudieron establecer una relación con el causante de la muerte de su hijo.

De hecho, fue su amistad lo que influenció a Tommy Pigage para que tomara la decisión de seguir a Jesús y, con ello, voltear de cabeza su vida.

Puede sonar increíble, pero el esposo de Elizabeth, un predicador ocasional, terminó bautizando a Tommy.

Cuando Tommy emergió de las aguas, simbolizando con ellos la renovación de su vida por medio de Cristo, se abrazaron y sollozaron.

Posteriormente, él fue el ministro en la boda de Tommy. Los Morris comenzaron a asistir a la iglesia cada domingo acompañando a Tommy y a su esposa, para adorar juntos al Dios de la segunda oportunidad.

¿Cómo fue posible que los Morris hicieran todo eso? Fue debido a que su animadversión hacia Tommy, el culpable de la muerte de su hijo, fue reemplazada por su aceptación de Tommy, la persona que le interesa a Dios. El resultado fue una paz personal que va más allá de la comprensión humana.

«No puedo explicarte lo bien que se siente continuar viviendo, reír otra vez, y quedar libre finalmente del ancla de odio que me agobiaba», me contó Elizabeth.[7]

Ese es uno de los más grandes beneficios de perdonar a quienes nos han hecho daño.

EL BENEFICIO FÍSICO: NEUTRALIZACIÓN DE LA IRA QUE PONE EN RIESGO LA VIDA

Durante mis conversaciones con Elizabeth Morris, ella hizo un comentario casual que parecía exagerado en primera instancia pero que luego pude reconocer como algo de una precisión escalofriante. «Creo que, a la larga», me dijo, «el no perdonar a Tommy me habría destruido».

Para este momento he visto suficientes estudios científicos que me llevan a la conclusión de que la amargura y la ira contenida no solo desordenan nuestras mentes sino que amenazan nuestras vidas. Un artículo en el *New York Times* contenía la siguiente declaración: «Recientemente, los investigadores han recolectado abundantes datos que sugieren que la ira crónica es tan dañina para el cuerpo que está en el mismo rango, o aun sobrepasa, al del tabaquismo, la obesidad y las dietas de alto contenido de grasas, como un poderoso factor de riesgo de muerte prematura».

En un estudio en la Universidad de Michigan, se hicieron pruebas a un grupo de mujeres para observar quiénes albergaban ira suprimida durante un largo plazo. Las mujeres fueron monitoreadas durante dieciocho años, y el resultado fue alarmante: las mujeres con ira suprimida fueron tres veces más propensas a morir durante el periodo que duró el estudio que las que no tenían ese tipo de amarga hostilidad.

Un estudio similar se desarrolló durante veinticinco años en varones que se graduaron de la facultad de medicina en la Universidad de Carolina del Norte.

Los resultados mostraron que los médicos con hostilidad encubierta murieron a una tasa seis veces mayor que quienes exhibían actitudes que tendían más al perdón.

También hay mucha evidencia de tipo anecdótico. Una mujer que ayudó a víctimas de las atrocidades alemanas a recobrarse luego de la Segunda Guerra Mundial notó un asombroso fenómeno entre sus pacientes.

Quienes desarrollaron una actitud propensa a perdonar a sus enemigos pudieron reconstruir sus vidas a pesar de sus heridas. Sin embargo, los pacientes que se estancaron en la amargura permanecieron inválidos.

La evidencia médica es clara y creciente. No es una exageración afirmar que la amargura es una droga peligrosa en cualquier dosis y que su salud está en riesgo si usted, neciamente, persiste en no perdonar.

EL BENEFICIO RELACIONAL: HACER QUE SE MANTENGA LA ESPERANZA DE RECONCILIACIÓN

En el clímax de la Crisis de los Misiles Cubanos, y mientras se acrecentaba la tensión hacia lo que pudo significar el estallido de la Tercera Guerra Mundial, el premier soviético Nikita Krushchev envió un comunicado urgente al presidente John F. Kennedy. En una sección, se podía leer lo siguiente:

> Usted y yo no deberíamos tirar de los extremos de la cuerda en la que usted ató un nudo de guerra porque, mientras más fuerte tiremos usted y yo, el nudo será más apretado. Puede llegar un punto en el que este nudo esté tan apretado que la persona que lo ató ya no sea capaz de desatarlo, y entonces el nudo tendrá que cortarse. No necesito explicarle lo que eso significaría, porque usted mismo entiende perfectamente las pavorosas fuerzas que poseen nuestros dos países.[8]

En efecto, cuando usted toma la decisión de devolver bien por mal, está eligiendo dejar de tirar de la cuerda del conflicto haciendo que el nudo de su relación personal se apriete de tal forma que jamás pueda ser desatado. Simplemente por dejar caer su extremo de la cuerda, usted reducirá la tensión y preservará la posibilidad de que el nudo, todavía flojo, de alguna forma pueda ser desatado por ustedes dos. Esto mantiene la esperanza, aunque débil, de que algún día pueda darse la reconciliación.

Mientras piensa en el adversario cuyo rostro tiene en mente, puede estar tentado a descartar cualquier posibilidad de jamás entablar una relación cordial con él o ella. Pero no dé nada por perdido todavía.

«Es probable que hubiera cristianos que odiaran a Saulo cuando estaba lleno de maldad y respiraba amenazas y muerte en contra de la iglesia», escribieron David Cockery y David Garland en *Seeking the Kingdom* [En busca del Reino]. «¿Quién hubiera adivinado que se convertiría en el apóstol Pablo,... un predicador de ... el amor y el perdón? Quien nos amenaza hoy como nuestro enemigo, mañana puede convertirse en nuestro hermano o hermana. Jesús dice que los tratemos hoy como si fueran nuestro hermano o nuestra hermana».[9]

El odio da por perdidas a las personas; el amor mantiene la esperanza.

EL BENEFICIO ESPIRITUAL: SER PERDONADOS ASÍ COMO NOSOTROS PERDONAMOS

Jesús relató la historia de un rey que decidió conciliar sus libros contables al cobrar el dinero que la gente le debía. Convocó a un siervo cuya deuda alcanzaba la suma de diez millones de dólares, y con severidad le ordenó que le pagara. El hombre ofreció como excusa su pobreza.

En esos días, el rey tenía la autoridad de vender a una persona y a su familia como esclavos para recuperar la deuda o encarcelar al deudor hasta que sus parientes cubrieran la deuda.

En este caso, cuando el rey amenazó con vender al siervo, su familia y todas sus posesiones de modo que pudiera recaudar al menos parte de lo que se le debía, el siervo cayó de rodillas y suplicó: «Sé paciente conmigo, y yo pagaré todo lo que debo».

Por supuesto, no había forma en la que él pudiera conseguir diez millones de dólares. Sin embargo, dado que el rey era misericordioso y que tuvo compasión del siervo que suplicaba, hizo algo asombroso: le concedió una segunda oportunidad. La deuda fue borrada de los libros contables.

Pero ese no es el fin de la historia. El siervo, quien debió estar rebosando de gratitud, pronto se encontró con un compañero de labores, quien le debía la insignificante cantidad de veinte dólares.

El siervo perdonado demandó el pago, tomando al deudor por la garganta, ahorcándolo. «Tenme paciencia», jadeó el hombre, «y te pagaré la deuda». ¿Esto le suena a una escena familiar? Sin embargo, el primer siervo no aceptó.

En vez de esperar, hizo que encarcelaran al siervo deudor para que sufriera hasta que la deuda fuese pagada.

Cuando le hicieron saber al rey acerca de este encuentro, el rey enfureció. «Siervo malvado», dijo al obrero que había sido perdonado. «Cancelé toda tu deuda porque me suplicaste que lo hiciera. ¿No debías tener misericordia con tu colaborador así como yo la tuve contigo?».

Con justa indignación, el rey lo encarceló hasta que pudiera pagar los diez millones de dólares completos, lo cual significó su condena a toda la vida en el calabozo.

Pero aquí está la sorpresa: «Así también —dijo Jesús— mi Padre celestial los tratará a ustedes, a menos que cada uno perdone de corazón a su hermano».[10]

A las personas que escuchan esta historia se les erizan los cabellos por la injusticia fundamental del hombre al que se le perdonó mucho pero que no perdonó nada. Su flagrante insensibilidad viola nuestra percepción de la igualdad y la justicia. En alguna ocasión, alguien dijo que sus acciones eran «una monstruosidad moral».

Sin embargo, si la idea de que alguien actúe de forma tan injusta nos enfada, ¿acaso no tiene sentido que Dios pudiera contrariarse con quienes han recibido su perdón invaluable pero que albergan grandes resentimientos en contra de otros, planean vengarse de quienes les han lastimado, y de modo inflexible se rehúsan a perdonar los errores de sus adversarios?

Jesús fue muy directo al respecto de esto.

Luego de enseñarles a sus seguidores cómo orar, lo cual incluye una solicitud para que Dios perdone nuestras faltas al igual que nosotros hemos perdonado a nuestros oponentes, el Señor concluyó diciendo esto: «Pero si no perdonan a otros sus ofensas, tampoco su Padre les perdonará a ustedes las suyas».[11]

Esto significa que una relación continua con Dios puede tornarse severamente tensa cuando uno rehúsa perdonar a quienes le han inflingido un daño.

La gente no puede estar conectada estrechamente con Dios, experimentar el favor que fluye gratuitamente a su vida, o tener una relación óptima con él, y al mismo tiempo dejar de perdonar a otros, actuando neciamente. Después de todo, piense en lo que hacen quienes actúan así: trivializan el sufrimiento que Jesús soportó para otorgarles su perdón.

Así que si usted es un seguidor de Jesús pero se siente distante de él durante esta época de su vida, si usted tiene dificultad en descansar en su perdón, ¿será porque se rehúsa descaradamente a hacer a un lado su animadversión hacia otra persona, tal vez la misma persona a que le pedí que trajera a su memoria?

EL BENEFICIO DEL REINO: NUESTRO PERDÓN ATRAE A OTROS

«Si ustedes aman solamente a quienes los aman, ¿qué recompensa recibirán?», preguntó Jesús.[12] No hay nada particularmente encomiable en amar a quienes de por sí se preocupan por nosotros. Todo el mundo hace eso. Pero cuando alguien extiende su amor a una persona que ha sido un enemigo, el mundo lo nota. Las personas son dirigidas hacia Dios como la única fuente de motivación para este tipo de compasión escandalosa.

Para la gente realmente fue notorio cuando la víctima de un crimen atroz, de treinta y tres años de edad, se presentó en un juzgado en Indiana. El año anterior, un hombre de veintidós años irrumpió en su departamento, le disparó en el pecho, la golpeó con un revólver, la atacó sexualmente, colocó una almohada sobre su cabeza y volvió a apretar el gatillo una vez más. Ella sobrevivió milagrosamente, porque su antebrazo bloqueó la bala.

El criminal fue capturado y declarado culpable. Luego, invitaron a la víctima a decir unas palabras el día que le dictaron sentencia. Estoy seguro que la Jueza Paula Lopassa esperaba que la víctima denunciara con furia a este cruel acusado y demandara, con indignación, la pena más dura posible.

Sin embargo, la víctima era cristiana y, aunque dijo que el acusado debería ser encarcelado para castigarlo y proteger a la sociedad, también le dijo a la jueza lo siguiente: «No persigo la venganza ni un justo castigo. Eso no cambiará lo que ocurrió, y solamente me envenenará. Quiero ayudar a este hombre. Tiene un ligero retraso mental y, evidentemente, necesita ayuda. Quiero asegurarme de que reciba ayuda por su propio bien y para que él pueda ser nuevamente un hombre libre algún día. No quiero que sufra; yo ya sufrí bastante por los dos. Quiero lo mejor para él. Y, con la ayuda de Dios, quiero perdonarlo».

Con esas palabras, ¡a la juez comenzaron a rodarle lágrimas por sus mejillas! De hecho, rompió a llorar en sollozos. Permítame decirle esto: realicé la cobertura de decenas de casos criminales cuando era periodista de asuntos legales, pero jamás vi llorar a un juez en una corte pública.

Cuando recuperó la compostura, la Jueza Lopassa dijo: «Estoy llorando por su naturaleza perdonadora. No es usual que la víctima de un crimen tan violento tenga una actitud de perdón como esa. Creo que ella es el reflejo de lo mejor que hay en la naturaleza humana».

Esta actitud inesperada de la víctima del crimen fue lo que hizo apuntar la atención del juez y del acusado hacia Dios como el único motivador posible de su respuesta compasiva. Tal y como lo dijo A. M. Hunter: «Devolver mal por bien es la forma de actuar del diablo; devolver bien por bien es la del hombre; devolver bien por mal, es la de Dios».

EN POS DEL PROCESO O. E. A. C. E.

El perdonar a los enemigos va totalmente en contra de todo impulso de la naturaleza humana. Cuando una persona es golpeada, su reacción inmediata es responder con un golpe; con un golpe *más fuerte.* De modo que si tratamos de seguir esta afirmación extravagante, evidentemente necesitamos ayuda.

«Si es posible», dijo el apóstol Pablo, «y en cuanto dependa de ustedes, vivan en paz con todos».[13]

Esa es la meta final de Dios: la paz, la reconciliación, y la vida en comunidad entre las personas y entre las personas y él. Revisaremos lo que yo denomino el «proceso O. E. A. C. E»: un plan cuyos cinco pasos inician con una letra de esa palabra.

Permítame hacer una pausa para explicarle algo. A través de este libro, trataré de dedicar tiempo, siempre que sea posible, para darle a conocer algunos pasos de acción basados en la enseñanza bíblica y en mis propias experiencias como cristiano.

Si hemos de parecernos más a Jesús, es de vital importancia que seamos extremadamente prácticos explorando el «cómo».

Sin embargo, no quiero decir que se puede resolver cualquier cosa siguiendo simplemente la fórmula correcta.

Los siguientes son sencillamente pasos que han sido de ayuda en mi propia vida espiritual y con los que espero que usted pueda experimentar.

Teniendo eso en mente, aquí está el proceso, un enfoque que ha sido invaluable para mí a través de los años al tratar de seguir la extravagante directiva de Dios para amar a mis enemigos.

Buscar la ayuda de Dios

La «O» de O. E. A .C .E. es por *oración*. Esto es, antes que nada, orar por nosotros mismos, lo cual involucra acudir a Dios y expresar con sinceridad nuestras emociones, aunque esto signifique decir: «No siento ganas de amar a mi oponente», «No sé cómo perdonar a mi enemigo» o «Jamás seré capaz de amar a mi adversario a menos que tú me des el poder para hacerlo».

Si usted tiene problemas para hacer a un lado su animosidad o amargura, cuénteselo a Dios.

Admita su renuencia y pídale que le ayude a lidiar con su resentimiento, hostilidad e ira. Pida a Dios la capacidad de amar a la persona que a usted ni siquiera le cae bien.

Eso marcó toda la diferencia para Adolph Coors IV, miembro de la famosa familia de Colorado relacionada con la industria de las bebidas y cuyo padre fue emboscado y asesinado cuando Adolph tenía catorce años de edad. Muchos años después, Adolph se convirtió en seguidor de Jesús, y se dio cuenta de que necesitaba perdonar al hombre que no había mostrado misericordia alguna a su padre.

«Yo sabía que no era capaz de esta clase de perdón», dijo Adolph durante una conversación que escuché hace algún tiempo. «Estaba más allá de mis capacidades. Pero encontré la respuesta en la Biblia, en el capítulo cuatro de Filipenses, versículo trece, el cual me aseguró que yo era capaz de hacer todas las cosas en Jesucristo, quien me da la fortaleza».

Adolph se dio cuenta de que es posible obtener de Dios la fortaleza para hacer lo que sabemos que es correcto pero que sabemos que nos falta la capacidad de logarlo por nuestra propia cuenta. Muchísimas veces esa es la única forma en la que seremos capaces de perdonar.

De modo que Adolph llevó el asunto a Dios en oración e hizo una decisión voluntaria para dar un paso concreto hacia el perdón al conducir hacia la penitenciaría para reunirse con el asesino de su padre. Para cuando llegó allí, Cristo le había provisto de la fortaleza necesaria para continuar. Una vez que Adolph otorgó el perdón al asesino de su padre fue que se inició su proceso de verdadera sanidad emocional.

Pero además de orar por nosotros mismos, necesitamos orar también por nuestros enemigos. Jesús nos insta a orar «por quienes [n]os persiguen».[14] Pida a Dios que cuide su salud, que bendiga a sus familias, que los anime, y que les ayude a ver su propia necesidad de Dios. «Esta es la demanda suprema», dijo Dietrich Bonhoeffer, un líder cristiano que sufrió por causa de los nazis y que fue ejecutado posteriormente. «Por medio de la oración vamos a nuestro enemigo, nos ponemos de pie a su lado, y rogamos a Dios por él».

Cuando usted lo hace, esto es lo que descubrirá: su actitud hacia su oponente comenzará a cambiar. Por experiencia personal, aprendí que usted no puede orar por la gente durante mucho tiempo y, a pesar de ello, continuar odiándolos.

Como editor de un periódico, recuerdo haberme exasperado por un empleado problema que siempre parecía estar ansioso por minar mi autoridad y desafiar mi liderazgo. Luego de que descubrí que yo me estaba tornando crecientemente vengativo y despectivo con él (lo cual, dicho sea de paso, solo aumentó su propia antipatía hacia mí), decidí comenzar a orar por él, aun cuando al principio no tenía ganas de hacerlo.

Con el paso del tiempo, el simple acto de acudir ante el Padre a su favor suavizó mi actitud. Cuando oraba por su bienestar comencé, de hecho, a preocuparme profundamente por él. Con esa nueva actitud, pude comenzar a devolver bien por mal y esto fue lo que, a final de cuentas, me hizo ganar su simpatía.

Así que, ¿qué hay acerca del adversario que tiene en mente? ¿Puede comenzar a orar por él o por ella? O, si es que no puede todavía llegar a eso, ¿puede al menos acudir a Dios y decirle que va a necesitar su fortaleza para moverse hacia el perdón? Este es un prerrequisito espiritual para dar los siguientes cuatro pasos.

Cambiar radicalmente nuestra perspectiva

La primera «E» de O. E. A. C. E. nos recuerda establecer *empatía* con los demás, lo cual significa ver a nuestro enemigo desde una perspectiva completamente distinta.

Normalmente evaluamos el valor de una persona de acuerdo a su relación con *nosotros*. ¿Nos ayudan? ¿Nos lastiman? Sin embargo, cuando elegimos verlos desde la perspectiva del valor que tienen para Dios, comenzamos a reconocer que tienen un valor supremo debido a que reflejan la imagen de Dios, aun cuando esté distorsionada y oscurecida por el pecado. Cuando comenzamos a verlos como personas que son importantes para Dios, entonces comienzan a ser más importantes para nosotros.

No tenemos que condonar lo que nos han hecho. Ciertamente, Elizabeth Morris no trivializó lo que Tommy Pigage hizo a su hijo. Lo que hizo fue perdonar a Tommy Pigage, la *persona*: lo perdonó porque en él está grabada la semejanza de Dios y porque, para Dios, cada parte de él es tan importante como lo es ella.

Elizabeth no aceptó los actos de Tommy, sino a quien él es como individuo: la obra del Creador del universo.

William Barclay relata una maravillosa anécdota rabínica que hace énfasis en cuánto Dios valora a quienes creó, a pesar de estar extraviados en el pecado. Según se relata en esta antigua historia, los ángeles del cielo comienzan a regocijarse ruidosamente mientras las aguas del Mar Rojo inundan a los soldados egipcios y los ahogan al perseguir a los israelitas. En medio de la celebración, Dios levanta su mano para indicarles que se detengan. «La obra de mis manos se hunde en el mar», dice Dios con severidad, «¿*y ustedes están cantando?*».

En Ezequiel 33:11, la Biblia confirma que Dios no se complace con la muerte del malvado. De modo que, si Dios tuvo compasión de esos egipcios malintencionados, deténgase un momento a pensar acerca del oponente que tiene en mente.

Pregúntese: «¿Cómo se ve esta persona desde la perspectiva de Dios?». ¿Puede usted ir más allá de la conducta de esta persona y echar un vistazo en la razón por la que es importante para Dios? Como lo dijo Ralf Luther: «Amar a nuestro enemigo no significa amar el fango en el que está la perla, sino amar la perla que está en el fango».

Dejar caer nuestro extremo de la cuerda

También necesitamos acciones específicas para mostrar compasión a nuestros oponentes. Es por eso que la «A» en O. E. A. C. E. significa *actuar*. La Biblia dice: «Hagan bien a quienes los odian».[16]

Si un competidor en su negocio le gana un contrato, envíe una nota felicitándole. Si un ex cónyuge está pasando por una temporada difícil, sea generoso y proporciónele ayuda.

Si su adversario requiere ayuda quitando o arreglando un neumático reventado, o necesita que le preste algún objeto, vaya en su ayuda. Admito que todas estas son respuestas escandalosas, pero son exactamente del tipo que Dios quiere que demos.

Además, actuar significa llamar a un cese al fuego en la guerra de la palabras. Jesús dijo: «Bendigan a quienes los maldicen».[17]

Esto quiere decir tomar la decisión de que, cuando otra persona le dispare palabras amargas, usted combatirá su urgencia por tomar represalias, y en vez de eso responderá con un lenguaje amable y considerado. Parece difícil, pero necesitamos resistir la tentación de involucrarnos en los rumores, el chisme o en la crítica injusta.

Así que, respecto a ese oponente que tiene en mente: ¿se comprometería usted a mantenerse alerta en la espera de la oportunidad para servirle? ¿Puede dejar caer su extremo de la cuerda en su batalla verbal? Esos actos de amabilidad hacen que se avance mucho en el desmantelamiento de las barreras de la animadversión, porque cuando tomamos la decisión de actuar por el bien de alguien, con el paso del tiempo nos damos cuenta de que nuestro antipático punto de vista hacia ellos, y la opinión que ellos tienen sobre nosotros, invariablemente comienza a mejorar.

En ocasiones simplemente no somos capaces de dar el paso de perdonar. Para hacerlo, necesitamos ayuda de una fuente que está más allá de nosotros.

Usted obtendrá un poco de ayuda práctica en el capítulo titulado «Afirmación escandalosa #5: Dios puede concederle el poder que necesite», el cual trata sobre la forma en la que podemos recargarnos del poder de Dios cuando nos sentimos particularmente impotentes para hacer lo que sabemos que él quiere que hagamos.

Apropiarse de nuestro lado del conflicto

La letra «C» de O. E. A. C. E. nos insta a *confesar*: con la mayor frecuencia compartimos parte de la culpa por llevar a una persona a jugar el papel de nuestro enemigo. En ocasiones se trata de nuestros propios celos, o nuestra necedad, o nuestra ambición, o nuestra mala actitud, lo que ha contribuido, al menos en parte, a la ruptura entre nosotros.

Existe una correspondencia directa entre la confesión y la cura.[18] Cuando evaluamos la situación con objetividad y admitimos francamente —primero para nosotros mismos, luego para con Dios y después para con nuestro adversario— que tenemos parte de la culpa, eso puede ser un gran paso para ser sanados del efecto del odio.

Eso es lo que ocurrió en Mississippi cuando un grupo de afroamericanos y blancos se reunieron para ocuparse en un diálogo constructivo luego de años de sospecha y animadversión entre ellos. En cierto punto de la reunión, un joven pastor afroamericano se levantó. «Ha habido casi setecientos linchamientos en el estado de Mississippi, pero no he escuchado nunca a un pastor blanco predicar en contra del racismo», dijo. «Necesito saber *por qué*».

La tensión se apoderó del recinto. Finalmente se levantó un anciano pastor blanco. Él bien pudo haber tratado de defender su historial con enfado. Pudo haberse ocupado en exponer una justificación elaborada. Bien pudo negar obstinadamente que hubiera hecho algo mal.

Sin embargo, en vez de eso, dijo: «Creo que esa pregunta es para mí. A decir verdad, fue el temor. Simplemente tuve miedo. *Tuvimos* miedo: miedo de nuestro pueblo y de las consecuencias. Simplemente nos quedamos parados. Y la verdad es que no sé cómo arreglar eso. Me gustaría volver atrás en el tiempo, pero no puedo. Todo lo que puedo decirle es que lo lamento. *Lo siento mucho*».

Al concluir eso, las dos personas que antes fueron adversarios caminaron uno hacia el otro y se abrazaron. No hubo un solo ojo que quedara sin lágrimas en el recinto. Y Dios quedó complacido. Pocas cosas aceleran el proceso de paz tanto como admitir humildemente nuestro propio error y pedir perdón. Eso les dice a nuestros adversarios que estamos tomando tan en serio lidiar honorablemente con la fricción entre nosotros que estamos dispuestos a ir más allá del orgullo y del interés personales para confesar que, en efecto, es nuestra parte de responsabilidad por la ruptura.

¿Qué me dice del adversario que tiene en mente? Sea sincero: ¿es usted responsable al menos en parte por el conflicto entre ustedes? Si lo es, ¿no debería dar el paso de pedir perdón por ello?

Buscar un ejemplo

El apóstol Pablo nos instó a ser imitadores de Dios[19] y, por ello, la segunda letra «E» en O. E. A. C. E. representa la palabra *emular*.

Siempre que no estemos seguros de cómo amar a un enemigo, siempre que dudemos porque estamos perplejos ante cómo proceder, siempre que nos preguntemos si hemos llegado lo suficientemente lejos en nuestro esfuerzo por reconciliarnos, podemos voltear la vista al ejemplo de Jesús y proceder de acuerdo a lo que él hizo.

Él es quien establece el máximo estándar, tal como lo ilustra esta fascinante observación del pastor británico John Stott:

> Parece que Jesús oró por sus atormentadores en el momento en el que los clavos de hierro traspasaban sus manos y pies; de hecho, el tiempo imperfecto [del relato bíblico] sugiere que siguió orando, siguió repitiendo su súplica: «Padre, perdónalos; pues no saben lo que hacen». Si la cruel tortura de la crucifixión no silenció la oración de nuestro Señor por sus enemigos, ¿qué dolor, orgullo, prejuicio o pereza podría justificar nuestro silencio?[20]

No podemos excusarnos al afirmar que Jesús es divino y que, por lo tanto, jamás podemos esperar que nuestra naturaleza humana sea tan generosa con nuestro perdón como él lo es.

Cuando el ensangrentado apóstol Esteban era brutalmente apedreado hasta la muerte, luego de proclamar a Jesús como el Mesías, sus últimas palabras al caer de rodillas fueron: «¡Señor, no les tomes en cuenta este pecado!».[21]

¿Cómo fue capaz Esteban de perdonar de forma tan magnánima a la gente que le lanzó rocas? Hay una pista algunos versículos antes: Esteban fue habilitado por el Espíritu Santo.[22]

La única forma en la que podemos realmente emular a Cristo es rindiéndonos a la influencia del Espíritu en nuestra vida y permitirle que produzca el amor, alegría, paz, paciencia, amabilidad, bondad, fidelidad, humildad y dominio propio, que la Biblia promete que se manifestarán con el paso del tiempo en los seguidores de Jesús.[23]

SALTAR LAS ÚLTIMAS DOS BARRERAS

La enseñanza de Jesús acerca de perdonar a nuestros enemigos está entre las de mayor reto y dificultad. De hecho, alguien dijo alguna vez que si perdonar a sus enemigos es algo demasiado fácil, probablemente no les ha perdonado en lo absoluto. Simplemente emitió de labios para afuera palabras huecas y no ha invitado a su corazón a cambiar. De modo que mientras lucha por llevar a cabo sus instrucciones, como lo hice yo en mi propia vida, espero que el proceso O. E. A. C. E. le sea de utilidad. Aunque no hemos terminado todavía. No hemos explorado aún todos los aspectos importantes de esta escandalosa afirmación.

Cuando era estudiante de periodismo en la Universidad de Missouri, mis profesores me capacitaron en las seis preguntas básicas que debe hacer un reportero al ir tras una historia: quién, qué, dónde, cuándo, por qué y cómo. Hablando espiritualmente, esas también son buenas preguntas que debemos hacernos.

Ya vimos *quiénes* son nuestros enemigos, *qué* es lo que se nos pide hacer, el *por qué* esta escandalosa afirmación tiene sentido y *cómo* podemos otorgar el perdón a través del proceso O. E. A. C. E. Sin embargo, eso nos deja con dos preguntas: *cuándo* y *dónde*. Aunque voy a dejar que las conteste usted.

Así que esta es su tarea: una vez más, traiga a ese adversario a su memoria. ¿Puede imaginarse el rostro de esa persona? Ahora, el resto depende de usted, junto con el poder habilitador de Dios y su presencia en su vida. Usted decida cuándo y dónde llevar a cabo el proceso O. E. A. C. E. con ellos: por su propio bien, por el bien de ellos, y por el bien del reino de Dios.

◆ ◆

USTED PUEDE APRENDER A PERDONARSE A SÍ MISMO

❖

Era el año de 1966. El lugar, Vietnam. Un soldado norteamericano de nombre Marshall y cuatro miembros más de su unidad participaban en una misión de reconocimiento que cambiaría sus vidas para siempre. Es posible que usted haya visto una película exhibida en 1989, *Casualties of War* [titulada en español, en varios países, «Pecados de Guerra»], en la cual se relata su historia. La película describía la forma en la que cinco soldados se aproximaban a una cabaña mientras llevaban a cabo un patrullaje. Cuatro del grupo raptaron a una joven vietnamita, la forzaron a caminar descalza, sin comida ni agua durante un día entero, para luego abusar de ella sexualmente. Posteriormente la asesinaron.

A pesar de repetidos intentos de parte de los cuatro para forzar a que Marshall participara en las atrocidades, él se rehusó rotundamente. Sin embargó, se sintió culpable por su incapacidad para prevenir el brutal ataque a la joven. Aun cuando él mismo acusó a los otros cuatro soldados, y tres de ellos terminaron en prisión, Marshall se ha sentido obsesionado por su papel en el incidente desde entonces.

En una entrevista realizada más de veinte años después de que volvió de Vietnam, Marshall afirmó que tendría que vivir con el recuerdo del incidente durante el resto de su vida. Luego, mencionó algo particularmente revelador: «Creo que Dios perdona. Pero creo que Dios nos perdona más a nosotros de lo que nosotros nos perdonamos a nosotros mismos».[1]

Era el año de 1965. La escena, un salón de clases de segundo grado en Illinois. El profesor tenía una faceta mezquina y en ocasiones humillaba a los niños cuando hacían algo incorrecto.

Cierto día, una niña de nombre Marilyn actuó de forma inmadura. Para avergonzarla, el profesor colocó un gorro con adornos sobre la cabeza de la niña e indicó a los niños en su clase que se burlaran de ella por actuar como una bebé. El maestro designó a una niña llamada Kelly para iniciar la humillación, y le dio a Kelly un biberón para moverlo frente al rostro de Marilyn mientras ésta lloraba, avergonzada.

«Sí, Marilyn, tienes que tomar la botella, ¡porque eres una bebé!», se mofó Keely. «¡Eso es lo que dice el profesor!».

Luego de más de un cuarto de siglo, Kelly se sentía con tan grande sentimiento de culpa por el papel que jugó en la desgracia de Marilyn que trató de quitarse la carga escribiendo sobre el incidente a una consejera y columnista en un periódico. A pesar del tiempo, le era difícil perdonarse a sí misma.

«¿POR QUÉ NO ME SIENTO PERDONADO?»

Dejemos algo en claro: No toda la culpa es mala. La Biblia dice que una de las misiones del Espíritu Santo es convencer a la gente de su pecado, lo cual es un medio desagradable para un fin deseable. Cuando nos enfrentamos cara a cara con nuestra rebelión en contra de Dios y somos llevados arrodillarnos en arrepentimiento, nos abrimos al perdón y a la gracia que está disponible a través de Jesús. Somos presa de la culpa porque, después de todo, *somos* culpables. Sin embargo, la Biblia nos asegura con rapidez que: «Por lo tanto, ya no hay ninguna condenación para los que están unidos a Cristo Jesús».[2]

A pesar de ello, algunos siguen sintiéndose torturados por la culpa, ya habiendo sido perdonados por el máximo Juez, pero aparentemente condenados para siempre por su propio jurado, compuesto por una sola persona.

A través de los años, la gente me ha hecho saber algunos de sus más dolorosos sentimientos de culpabilidad: penas por sus fracasos como padres, pérdida de la esperanza por causa de una relación extramarital, vergüenza por haber cometido un crimen, dolor por un matrimonio que se desintegró, angustia por haber herido a otra persona... de modo que, a menudo, se repite el mismo estribillo: «¿Por qué parece que no me puedo perdonar? ¿Qué debo hacer para *sentirme* perdonado?». El vivir bajo una acusación personal persistente puede tener un efecto corrosivo sobre nosotros, al mantener vivo el dolor de nuestro pasado.

Esto puede roer nuestra confianza y erosionar nuestra autoestima. Puede drenar nuestro optimismo y dejarnos con un profundo desánimo.

Sería sensacional si hubiera una cura fácil. De hecho, hace varios años, dos empresarios mercadearon un producto denominado «Fuera Culpa», un regalo de broma que en realidad era una botella de spray con agua perfumada.

«¿Está obsesionado por una culpa acusadora?», se leía en su anuncio publicitario. «Entonces, deshágase de ella en la forma moderna: ¡sáquela de ahí rociando "Fuera Culpa"!». El precio: solamente $3.98 dólares la botella.

Sin embargo, perdonarnos a nosotros mismos no es así de simple. Yo lo sé, porque he luchado en esa área. Sé que no hay fórmulas mágicas o soluciones rápidas: pero hay esperanza.

La afirmación escandalosa de Dios consiste en que a través de la sabiduría bíblica y de su ayuda, podemos finalmente dar pasos significativos en el camino de la cura de este mal. Después de todo, una vez que él nos perdona, no hay necesidad de que continuemos dando vueltas en nuestra propia autocondena.

Al explorar esta área, he notado tres categorías de circunstancias en las que la gente tiene especial dificultad parar perdonarse a sí misma. En las siguiente páginas, exploraré cada una de ellas, una por vez, considerando tanto los síntomas como la receta para lidiar con ellas. Revise si alguna de estas descripciones se aplica a usted mismo o a alguien a quien usted conozca.

CATEGORÍA #1 DE AUTOCONDENA: REACCIÓN EXAGERADA A ERRORES SIMPLES

Hubo una tendencia tiempo atrás en las que los municipios adoptaron una política de «cero tolerancia a las drogas». Eso significaba que tomarían medidas tan enérgicas sobre las sustancias ilegales que, si los oficiales encontraban hasta una mínima cantidad de marihuana o solo un rastro de cocaína, entablarían una acción judicial en contra de tal individuo hasta las últimas consecuencias legales posibles.

De manera similar, algunas personas que son perfeccionistas tienen cero tolerancia a los errores en su vida. No necesariamente me refiero a fallas morales; más bien, se trata de la clase de errores cotidianos que todos cometemos.

Para estas personas, está bien que otros «metan la pata» pero eso es inexcusable para ellas. Como resultado, cuando cometen un error, se autocondenan de tal forma y son tan renuentes a perdonarse a sí mismas que terminan encarceladas en una prisión de ira dirigida a sí mismas. Y se deshacen, además, de la llave que la abre.

Si pierden un número telefónico importante, si dejan las llaves dentro del auto y lo cierran, o borran por accidente algo de su computadora, no son de los que se dicen: «Vaya, qué tontito. Pero bueno, a cualquiera le pasa. Así es la vida. No fue nada».

En vez de ello, estas personas se vuelven balísticas, como señaló el Dr. Chris Thurman en su libro *The Truths We Must Believe* [Las verdades que debemos creer]. Están convencidas que este desliz menor es simple y sencillamente una fracción más de la evidencia concluyente de que no valen nada como individuos.

Reaccionan exageradamente, diciendo: «No solo *hice* algo tonto. Yo *soy* tonto. Solo un idiota haría lo que acabo de hacer. ¡Soy el idiota más grande del mundo! Esto simplemente demuestra que soy un bueno para nada. Ahora todo el mundo se va a enojar conmigo. El que yo siga cometiendo este tipo de errores es algo intolerable». Y siguen luego amontonando condenación sobre sus hombros.

Mientras nuestra sociedad más promueve el valor distorsionado de que la excelencia lo es todo, más personas rebasarán los aspectos elogiables de la excelencia para quedar atrapados en el perfeccionismo al establecer estándares personales poco razonables que jamás podrán lograr. Varios estudios han demostrado que los perfeccionistas sufren de más reveses en su salud, problemas en el trabajo, ansiedad, depresión, y baja autoestima, que otro tipo de personas. De hecho, los perfeccionistas, en promedio, ¡ganan quince mil dólares menos que otro tipo de personas!

¿Cuál es la raíz de todo esto? El Dr. Thurman lo resume de esta forma:

Ciertas personas tienen fuertes sentimientos de vergüenza e inferioridad en lo más profundo de su ser… Se convencen a sí mismas de que, si tan solo pudieran dejar de cometer errores, esos sentimientos se acabarían… Por supuesto, esto solo exacerba el problema. Jamás pueden ser totalmente exitosos porque cada nuevo error que cometen subraya su falta de perfección, de modo que les conduce a todavía más automaltrato y depresión. Es un ciclo vicioso interminable.[3]

Cómo desactivar la autocondena

Yo solía estar convencido de que mi valor como persona se basaba únicamente en lo que yo era capaz de lograr. Cuando cometía un error cotidiano, era despiadado conmigo mismo. Para mí, eso era más que simplemente un error involuntario; se trataba de otra razón por la que Dios y otras personas no me hallarían aceptable. Era una pieza más de evidencia en el caso de incompetencia que estaba integrando en mi contra.

Y eso es algo común para los perfeccionistas. «Su relación con Dios se basa en su forma de desempeñarse», escribió el Dr. David Stoop, otro psicólogo. «Son atraídos a la fe en Dios por medio de una conciencia de su "mala" condición, pero la solución cotidiana a su "mala" condición es hacer un mayor esfuerzo y lograr la perfección». Aunque el perfeccionista entienda que

Dios le acepta sobre la base de la fe y de la gracia, «eso es solo el principio. *Ahora debe probar que es digno de esa gracia.* Se debe desempeñar a la perfección».[4]

Una de las claves que me ayudaron a escapar de esa presión fue leer la historia acerca de la forma en la que algunos líderes religiosos trataron de tenderle una trampa a Jesús para que cometiera un error. Su respuesta me dio una perspectiva totalmente nueva de mí mismo:

—¿Está permitido pagar impuestos al César o no? —le preguntaron—. ¿Debemos pagar o no?

Jesús pidió que le llevaran una moneda, la cual sostuvo frente a la multitud.

—¿De quién son esta imagen y esta inscripción? —preguntó.

—Del César —contestaron.

Jesús dijo entonces:

—Denle, pues, al César lo que es del César, y a Dios lo que es de Dios.[5]

Cuando leí esto, se encendió una luz en mi mente. Jesús les dijo que la moneda tenía impresa la imagen del emperador, de modo que en el momento de pagar impuestos debían dársela a él. En última instancia, es suya. Sin embargo, la implicación clara es la siguiente: *tenemos grabada la semejanza de nuestro Creador y, por lo tanto, le pertenecemos a él.* Somos importantes para Dios ¡porque su imagen está grabada en nuestras almas!

Repentinamente me di cuenta de que este era el fundamento de mi valor como persona. Aunque yo estaba opacado por mi pecado, Dios, sin embargo, me consideraba digno de su amor. Estaba dispuesto a restaurarme al quitar de mí la maldad, no sobre la base de mi desempeño personal sino porque decidió extenderme su gracia. Mis errores no destruyen la imagen de Dios que fue grabada en mí, así que no pueden eliminar la razón por la que soy valioso para él.

Comprender esto —que yo le importo a Dios sin importar lo que suceda— me proporcionó una perspectiva más saludable y comenzó a desactivar la ira que yo dirigía en contra de mí mismo debido a los errores cotidianos.

Aunque lidiar con este tipo de ira en nuestra contra pude ser un proceso largo y complicado, esta elemental revelación puede abrir la puerta a la recuperación de quienes luchan con una autocondena persistente debida a sus inevitables deficiencias.

CATEGORÍA #2 DE AUTOCONDENA: PESAR EXACERBADO POR LOS ERRORES COMETIDOS EN EL PASADO

LaGena Lookabill Greene tuvo una vida de cuento de hadas. Su belleza, cerebro y habilidades la llevaron a la final del concurso señorita América Junior, a ganar una beca universitaria para estudiar química, a aparecer en las páginas de las revistas *Glamour* y *People*, y a ser incluida como invitada a participar en comerciales, películas y dramas de televisión.

Atribuyó a sus fuertes valores sureños el poder mantenerse fuera de la vía rápida de las drogas y el sexo en Hollywood.

Sin embargo, cometió un error fatal. Luego de ser agasajada por un exitoso piloto de carreras que le propuso matrimonio, se entregó a él durante un vertiginoso fin de semana en la ciudad de Nueva York. Ese fue su primer y único encuentro sexual.

Y también esa fue la forma en la que contrajo SIDA.

«Al mantener relaciones sexuales antes del matrimonio, no seguí la voluntad de Dios para mí, y estoy pagando por ese error», escribió más tarde, «*Perdonarme a mí misma fue la parte más difícil de mi jornada espiritual*».[6] Igual que un conocido que saltó al lecho con su secretaria y terminó perdiendo a su esposa e hijos. O el abogado que experimentó con la cocaína, fue absorbido por las arenas movedizas del abuso de los fármacos y perdió tanto el respeto de su familia como la licencia para practicar su profesión. O el oficial del condado que jamás pensó que alguien podría sorprenderlo recibiendo sobornos, hasta el día que el FBI tocó a su puerta.

Cuando era estudiante universitario durante los primeros años de la década de los setenta, antes de convertirme a Cristo, una de las amigas de mi prometida quedó embarazada y acudió a mí en busca de consejo. «No hay problema», le dije, «tengo la solución perfecta.

»Es fácil. Sin dolor ni remordimientos. Simplemente practícate un aborto». Incluso ayudé a hacer los arreglos para su transportación a Nueva York, en donde el aborto era legal en esos tiempos.

Años más tarde, cuando comprendí la magnitud de lo que hice al facilitar la destrucción de un niño no nacido, me torturé con el remordimiento. ¿Cómo pude ser tan arrogante e irresponsable sobre esa clase de decisión? ¿Cómo pude aconsejarle sin saber nada sobre el tema?

¿Usted ha sentido en alguna ocasión esta clase de enojo consigo mismo? De ser así, puede elegir. Puede dejar que esto lo paralice o puede dejar que lo impulse hacia algo positivo. En mi caso, no solo cambió mi punto de vista sobre el aborto sino que, a menudo, desafío a las personas a elegir la vida, tanto en ambientes públicos como privados. Luego de recibir el perdón de Dios, con el tiempo he podido perdonarme a mí mismo también.

En mi búsqueda por el perdón a mí mismo descubrí que hay tres pasos que son de especial ayuda: comprender y recibir la misericordia de Dios, buscar el perdón de aquellos a quienes hemos lastimado, y entrar en contacto con los amigos que se preocupen por nosotros. Exploremos cada uno de ellos.

Cómo comprender el vasto perdón de Dios

Quienes tienen dificultad en perdonarse a sí mismos por sus transgresiones pasadas normalmente cometen uno de los siguientes dos errores: imaginan que su maldad es algo tan grande que llega a sobrepasar el poder de Dios para perdonar, o ven el perdón de Dios como algo demasiado pequeño para cubrirla. En cualquiera de los dos casos, están equivocados.

Su pecado jamás puede ser tan grande que le descalifique como candidato al perdón de su Padre. Piense en ello de esta manera: sin importar qué es lo que usted ha hecho, ¿cuál es el peor castigo posible que podría imponerle la sociedad? La pena de muerte, ¿no es cierto? Sin importar lo que haya hecho, esa es la pena máxima que el mundo puede aplicar.

Ahora considere lo siguiente: Jesús ya sufrió la pena capital en lugar suyo para pagar por todos los pecados de usted. Él pagó el precio máximo, y es por eso que usted jamás podrá entregar a Jesús una factura por su maldad que le sea devuelta con un sello que diga: «fondos insuficientes».

Respecto a quienes piensan que el perdón de Dios es demasiado pequeño, normalmente cometen el error de creer que la clemencia de Dios es como el perdón humano. Obviamente, no lo es:

- A menudo, la gente se rehúsa a perdonar. Sin embargo, el Salmo 65 dice: «Tú, Señor, eres bueno y perdonador; grande es tu amor por todos los que te invocan».

- La gente perdona pero no olvida, de modo que cuando usted tiene una discusión acalorada, es propensa a echarle en cara sus transgresiones pasadas para obtener una ventaja estratégica. Pero Isaías 43:25 dice: «Yo soy el que por amor a mí mismo borra tus transgresiones y no se acuerda más de tus pecados».

- La gente perdona molestias mínimas pero en ocasiones se rehúsa a perdonar heridas grandes. Sin embargo, Isaías 1:18 nos asegura lo siguiente: «¿Son sus pecados como escarlata? ¡Quedarán blancos como la nieve! ¿Son rojos como la púrpura? ¡Quedarán como la lana!».

◆ La gente pone condiciones a su perdón. Pero Isaías 55:7 dice: «Que abandone el malvado su camino, y el perverso sus pensamientos. Que se vuelva al Señor, a nuestro Dios, que es generoso para perdonar, y de él recibirá misericordia».

◆ Es posible que la gente perdone uno o dos errores, pero luego pone un límite y dice: «Hasta ahí. Ya no más». Sin embargo, Lamentaciones 3:21-23 dice: «Pero algo más me viene a la memoria, lo cual me llena de esperanza: El gran amor del Señor nunca se acaba, y su compasión jamás se agota. Cada mañana se renuevan sus bondades; ¡muy grande es su fidelidad!».

◆ La gente perdona pero guarda resentimientos. «Yo les perdonaré su iniquidad», dijo el Señor en Jeremías 31:34, «y nunca más me acordaré de sus pecados».

Rápidamente puede darse cuenta cómo es que confundir la compasión de Dios con el perdón humano puede contribuir a nuestra incapacidad para perdonarnos a nosotros mismos. De hecho, si pensara que mis errores permanecen en la mente de Dios, listos para ser utilizados como un garrote en mi contra en el futuro, ¿no los mantendría también en mi mente?

Si mis pecados fuesen demasiado nauseabundos como para ser manejados por Dios, ¿no significaría acaso que la culpa volvería a recaer sobre mis hombros? Si cometiera el mismo error una y otra vez, ¿no sobrepasaría la clemencia de Dios? Y, si Dios pusiera condiciones a su perdón, ¿no significa eso que tengo que convencerle de cuánto lo lamento «limpiando el piso» y enterrándome bajo una montaña de vergüenza?

Sin embargo, permítame decirlo otra vez: *El perdón de Dios no es como el perdón humano*. Su alcance, su plenitud y su vitalidad sobrepasan por mucho la capacidad que la gente tiene de perdonar. Como dijo el apóstol Juan: «Si confesamos nuestros pecados, Dios, que es fiel y justo, nos los perdonará y nos limpiará de toda maldad».[7]

A través de toda la historia, la dimensión del pecado de la gente jamás ha sido un problema para Dios; el problema siempre ha sido el que la gente esté dispuesta a humillarse y estar a cuentas con él.

Luego de luchar con el perdón a sí misma durante un buen tiempo, esta es la conclusión a la que llegó LaGena Lookabill Greene: «Sé que Jesús está dispuesto a perdonar hasta nuestros peores fracasos y, *sabiendo que él me perdonó, yo puedo perdonarme a mí misma*».

Lea y vuelva a leer las Escrituras que acabo de citar. Subraye esos versículos en su Biblia. Ore con ellos. Téngalos en mente durante la mañana cuando se levante y en la noche cuando se acueste. Memorícelos. Repáselos una y otra vez hasta que los haga de su *propiedad*.

Sature su mente con la verdad del perdón de Dios de modo que pueda grabarse en lo más profundo de su corazón. Permanezca en ella para que acalle las voces de condenación que buscan sentenciarlo a un castigo que usted no tiene que sufrir.

Ese es un paso importante hacia sentirse perdonado finalmente, pero quiero añadir esto: el perdón no depende de nuestros sentimientos. Cuando entregamos nuestros pecados a Cristo, estamos perdonados porque Dios lo dice así, sin importar si sentimos algo o no. Por ello, nuestra actitud no debería ser «Creo que estoy perdonado cuando me siento así», sino «Creo que estoy perdonado porque Dios dice que eso es verdad».

Con el paso del tiempo, mientras nos percibimos cada vez más como individuos perdonados, aparecerá la sensación de ser perdonados. Y permítame decirle algo: cuando la realidad del perdón de Dios llega al fin de ese tramo a veces difícil y tortuoso que va desde nuestra cabeza (en donde lo entendemos) hasta nuestro corazón (en donde lo experimentamos emocionalmente), es una experiencia que le deja sin aliento.

Buscar el perdón de quienes hemos lastimado

En ocasiones, la razón por la que se nos hace difícil perdonarnos a nosotros mismos es porque jamás hemos puesto fin a nuestra maldad al pedirle a la persona a quien hemos lastimado que nos perdone. Efectivamente, recibimos el perdón de Dios o *vertical*, pero no nos sentimos perdonados porque nos hace falta el perdón relacional u *horizontal* del individuo al que hemos lastimado.

De hecho, es posible que usted no pueda perdonarse a sí mismo por la forma en la que descuida a sus hijos. El remordimiento puede seguir vivo porque jamás ha acudido a ellos, no se ha disculpado, ni les ha pedido que lo perdonen. O quizás usted echó a perder una relación personal, y la razón por la que no puede sacudirse esa incómoda sensación de culpa es porque jamás trató de reconciliarse. Las heridas de su pasado siguen abiertas porque nunca trató de sanarlas arreglando las cosas con la persona a quien usted afectó.

Jesús toma esto tan en serio que dijo que, si usted está de camino a su iglesia y se da cuenta de que existe una ruptura en sus relaciones personales, debe ir a reconciliarse primero con esa persona y luego adorar a Dios.

¿Por qué estaba él tan preocupado por eso? Porque nuestra relación con Dios se obstaculiza cuando nos rehusamos neciamente a manejar nuestros problemas de relaciones personales con integridad. El apóstol Juan dijo: «el que ama a Dios, ame también a su hermano».[8]

Pero seamos sinceros: pedir que nos disculpen va en contra de la fibra de cada uno de los instintos que poseemos. Tendemos a ser disuadidos por una cantidad de obstáculos persistentes en nuestro camino, tales como:

♦ *La barrera del autoengaño*. «Vamos, no le hice daño a nadie. El único papel que juego en la vida es el de víctima».

- *La barrera de la autodefensa.* «Está bien, es posible que haya lastimado a alguien, pero miren lo que me hizo a mí. Además, ¡él o ella fue quien comenzó!».
- *La barrera del interés propio.* «Si admito lo que usted me dice, entonces usted tendrá una ventaja sobre mí, y eso le dará un poder que no quiero que tenga».
- *La barrera de la duda.* «Si pido perdón por haberte lastimado de una forma de la que posiblemente no estés totalmente consciente, admitiré que la imagen que tengo de ser un gran tipo no es verdad; y si la gente se entera de cómo soy realmente, ya no se interesarán por mí».
- *La barrera de la protección.* «Sencillamente le tengo miedo a la vergüenza que implica pedir perdón. Tengo miedo de la ira de la otra persona hacia mí».
- *La barrera de la importancia.* «¿Por qué debería *humillarme yo* y pedirle a alguien más que me perdone?».

Todas estas barreras nos tientan a dar una vuelta en «U» cuando vamos por el camino de la búsqueda del perdón. Sin embargo, si usted elige tomar una desviación, le diré qué es lo que encontrará, porque yo ya tomé esa ruta antes: encontrará un camino pavimentado con la culpa que continuará corroyéndole, encontrará baches en sus relaciones personales que jamás se arreglarán, y terminará frustrado porque su vida espiritual estará vacía.

Pero si usted busca la reconciliación, los beneficios pueden ser tremendos, como lo testificó una

mujer en una carta a un columnista que ofrece consejos en el periódico.

Ella escribió que, cuando era adolescente, echó a
perder sin la más mínima consideración la relación
con su madre, que la crió sola desde que falleció su
padre.

Terminó relacionándose con un hombre que abu-
saba físicamente de ella. Estaba asustada y avergonzada, sin saber a dónde ir.

«Adivine usted a dónde fui», escribió. «Regresé
con mi madre. Hablamos muchísimo y yo le pedí que
me disculpara. Reconstruimos los puentes que yo
incendié.

»Durante los siguientes cuatro años, mi madre se
convirtió en mi mejor amiga. Cuando se retiró, yo no
tenía mucho dinero para un gran regalo, así que le
extendí una invitación para almorzar conmigo los
martes de cada semana. Resultó que el regalo que yo
pensé que le había dado a mi madre en realidad me lo
di a mí misma. Mi madre murió seis meses después
de retirarse y los recuerdos de esos almuerzos son un
gran tesoro para mí».

Concluyó su carta de la siguiente forma: «*Ahora
vivo en paz: en paz conmigo misma por haber enderezado
las cosas con mamá*».

Nosotros podemos experimentar esa clase de paz,
esa bendita ausencia de autoacusación, cuando buscamos reconstruir los puentes, tal como lo hizo ella. Sin
embargo, hay que tomar algunas precauciones.

Prepárese para la posibilidad de que sus esfuerzos por lograr la reconciliación no sean bien recibidos por las personas a quien ha lastimado.

Es posible que no le den un beso y un abrazo luego de que usted admita la forma en que les lastimó. Es posible que ventilen su ira y le lancen acusaciones horribles. Es posible que digan: «Después de lo que me hiciste, ¿cómo esperas que te perdone?». Algunos tienen como pasatiempo el odio, disfrutan despreciarle y no quieren dejar de hacer eso. Esos son riesgos que debemos correr. El apóstol Pablo nos escribió: «Si es posible, *y en cuanto dependa de ustedes, vivan en paz con todos*».[9] Recuerde que usted es responsable de sus propios actos, no de los actos de los demás.

En su esfuerzo por pedir que le disculpen, no lastime inadvertidamente a alguien más.

Se deben levantar señales de advertencia si en su mal proceder estuvo involucrado el adulterio, la promiscuidad u otra mala conducta en la que pedir perdón en este momento podría hacer más daño que bien. Si usted tuvo una relación extramarital con la esposa de otro hombre y él ni siquiera se dio cuenta de ello, podrá ver que tratar de pedirle a él que le disculpe podría causar un gran daño. Si usted tuvo hijos fuera del matrimonio, es posible que no sea para bien del niño que usted de repente se aparezca en escena. Considere cuidadosamente el momento para cada situación. Si existe alguna posibilidad de lastimar a alguien, siéntese a conversar con un amigo cristiano sabio y busque consejo bíblico.

Si la persona a quien usted lastimó ahora está muerta o ya no es posible hablar con ella, no se rinda.

Todavía puede continuar con el proceso. En ocasiones, escribir una carta, aun cuando jamás será leída por la otra persona, puede ayudar a aliviar su culpa. Por ejemplo, se encontró la siguiente nota en el Monumento Memorial de Vietnam en Washington, D. C., junto con la desgastada fotografía de un soldado vietnamita y su joven hija:

> Estimado señor,
> Durante veintidós años he llevado su fotografía en mi cartera. Yo solo tenía dieciocho años de edad el día que nos enfrentamos cara a cara en ese camino en Chu Lai, Vietnam. Jamás sabré por qué razón usted no me quitó la vida. Se me quedó mirando durante mucho tiempo, armado con su AK-47 y, sin embargo, usted no disparó. Perdóneme por haberle quitado la vida. Yo solo reaccioné de la forma en la que fui entrenado, para matar V. C. [miembros del Viet Cong]...
> Durante estos años he mirado muchísimas veces la fotografía de usted y de su hija. En cada ocasión, mi corazón y mis entrañas arden por el dolor de la culpa. Hoy, yo tengo dos hijas.
> Me puedo dar cuenta que usted fue un soldado valiente que defendía su patria. Por sobre todas las cosas, ahora puedo respetar la importancia que tenía la vida para usted. Supongo que es por eso por lo que ahora puedo estar aquí. Es hora de que yo continúe con el proceso de la vida y me libere de mi dolor y de mi culpa.
>
> Perdóneme, Señor.[10]

Escribir una carta así puede contribuir a una tremenda sensación de purificación. Pero quiero comentarle algo a partir de mi propia experiencia: su pesar se puede agravar si no actúa. Me percaté de eso años atrás, en mi relación con mi propio padre.

Casi para terminar el nivel pre-universitario, yo estaba en una época de total y absoluta rebeldía en contra de mi padre. Esa primavera le mentí, le robé, le engañé intencionalmente y me escabullí a sus espaldas para hacer lo que él me había ordenado no hacer de manera específica. Cuando él se percató de todo eso, estaba realmente lastimado. Todo llegó al clímax en una confrontación durante la cual se escucharon palabras ásperas y yo terminé dejando mi hogar.

Con el paso del tiempo regresé, pero mi papá y yo encubrimos nuestro conflicto en vez de lidiar con él. En el transcurso de los años, me di cuenta de que tenía dificultad en perdonarme a mí mismo por la forma en la que lo maltraté. Sentía culpa y remordimiento, pero siempre hallé razones para no enderezar las cosas y pedirle perdón.

En ocasiones simplemente justificaba todo, diciéndome: «Él tiene que pedir que *le* disculpe por varias cosas». En algunas ocasiones era una cuestión de orgullo: «¿Por qué razón yo debería humillarme ante *él*?». En otras, simplemente lo hacía a un lado: «Eso siempre puede arreglarse después, ¿no?».

Pero ya no hubo un después. Aunque pensé que le quedaban muchos más, mi papá falleció a la edad de sesenta y cuatro años.

Justo antes de su funeral, solicité estar un tiempo a solas con él. Me senté en el cuarto en el que preparaban el cuerpo para sepultarlo, frente al ataúd abierto. Luego de un largo periodo en silencio, finalmente pude susurrar las palabras que con desesperación deseé haber pronunciado muchos años antes: «Lo siento, Papá».

Por favor siga mi consejo: *si hay personas a quienes haya maltratado, vaya con ellas.* Ya se trate de su hijo, hija, madre, padre, hermana, hermano, un viejo amigo o colega: no se desvíe por causa de las justificaciones. No se tropiece con su orgullo. No piense en la razón por la que *ellos* deberían pedirle a *usted* que les disculpe. Vaya con ellos, escríbales una carta, llámeles por teléfono, y limpie su lado de la relación. Hágalo por su propio bien, al igual que por el de ellos.

Y deje que Dios utilice eso para ayudarle a moverse en la dirección que le conduce a perdonarse a sí mismo.

Haga contacto con alguien

Otra forma que Dios usa para hacer fluir la sensación de perdón en nuestras vidas es a través de las relaciones personales seguras y confiables con otros cristianos, quienes pueden poner nuestros sentimientos de culpa en la perspectiva correcta.

Estoy hablando de alguien que nos escuche admitir nuestros errores y diga: «¿Y crees que *eso* es grave? ¡Déjame platicarte cómo metí la pata la semana pasada!». O de alguien que le diga: «Mira, yo hice lo mismo» o «Sé cómo te sientes; también he sido tentado a hacer eso».

Estos amigos no minimizan o descartan despreocupadamente lo que hemos hecho, sino que nos animan a recibir el perdón de Dios, se compadecen con nosotros, y nos ayudar a darnos cuenta de que no estamos solos. Y concluyen la conversación diciendo cosas como estas: «¿Sabes qué? A final de cuentas no importa realmente lo que hayas hecho. Eso no cambiará el hecho de que todavía le importas a Dios, y todavía me importas a mí».

La Biblia nos dice: «Por eso, confiésense unos a otros sus pecados, y oren unos por otros, para que sean sanados».[11] Dios puede utilizar este tipo de relación para ayudarnos a resolver nuestra sensación de culpa.

A pesar de eso, algunas personas necesitan más que solo ser escuchadas. Este tipo de personas son magnetos de culpa. Tienen el hábito profundamente arraigado de culparse a sí mismas por cualquier cosa mala que ocurre a su alrededor, ya sea que lo merezcan o no. Son del tipo de personas que, luego de ser asaltadas en el Central Park, ¡se sienten mal porque no tenían un segundo reloj que ofrecerle al asaltante!

A menudo su forma de pensar es parte de un patrón que se inició muy temprano en su vida, cuando fueron criados por padres muy críticos que jamás estaban satisfechos con ninguna cosa que hicieran.

Tal y como Dios a menudo decide obrar a través de un hábil cirujano para sanar la enfermedad física de alguien, en ocasiones Dios decide obrar a través de pastores y consejeros cristianos para sanar a las personas ayudándoles a desenmarañar las motivaciones escondidas detrás de su conducta. Si de manera crónica usted amontona culpas injustificadas sobre su persona, lo más espiritual que puede hacer es buscar a un profesional cristiano capacitado para ayudarle a cortar con esa tendencia.

Y, por supuesto, todos necesitamos dirigirnos al Dios que quiere llevar nuestras cargas. Necesitamos pedirle que nos lleve al punto en donde, aunque todavía podamos recordar los errores del pasado, el dolor finalmente se haya apaciguado y la culpa se haya aliviado.

Eso es lo que significa perdonarnos a nosotros mismos.

CATEGORÍA #3 DE AUTOCONDENA: REMORDIMIENTO CORROSIVO DEBIDO A OPORTUNIDADES PERDIDAS

Había llegado finalmente el momento que todos los padres esperan tanto con emoción como con pavor. Nuestra primera hija, Alison, se mudaba para llevar a cabo sus estudios universitarios.

Leslie y yo estábamos en ella en el campus de la Universidad de Illinois en Champaign, y llorábamos juntos. Por supuesto, muchas de esas lágrimas eran buenas. Estábamos orgullosos de ella y entusiasmados por esta emocionante época en su vida. Pero tengo que admitir que algunas de mis lágrimas fluyeron por causa de mi remordimiento.

Cuando Alison era pequeñita, pasé virtualmente casi todo mi tiempo en la oficina del periódico y no con ella. Así que lloré ese día por las oportunidades perdidas que jamás podrían volver a capturarse: las tardes tranquilas en el jardín de juegos que jamás ocurrieron, los momentos especiales con ella sentada en mis rodillas que rara vez acontecieron, la lectura de libros juntos para pasar el tiempo que casi nunca hicimos... Lloré debido a las decisiones que hice. Estaba llorando la muerte de «todo aquello que pudo haber sido».

Cada vez que decidimos recorrer un camino particular en la vida, pagamos el costo de otras oportunidades.

A final de cuentas, a menudo nos vapuleamos por las decisiones que tomamos. De hecho, hay estudios que demuestran que la gente se duele más por lo que *dejó de hacer* que por lo que en realidad *hizo*.

Usted simplemente puede imaginarse a Charlie Brown dentro de sesenta años como un viejo amargado, torturándose con la siguiente pregunta: «¿Por qué no tuve el valor de pedirle a la chica pelirroja que saliéramos a pasear? ¡Ella es la única a quien amé en realidad! Tal vez la vida hubiera sido distinta».

O a la adolescente que dice: «¿Por qué no seguí el camino de la virginidad en vez de el de la promiscuidad? Piensa en todo el dolor que me pude evitar».

Una encuesta reciente muestra que la mayoría de los adolescentes activos sexualmente se sienten así.

O al ejecutivo de negocios que mira con añoranza a través de la ventana de su oficina y dice: «¿Cómo terminé encadenado a un escritorio haciendo un trabajo que detesto? Me encanta el campo; por qué no me busqué una carrera en la que realmente hallara satisfacción?».

O la persona que mira hacia atrás en el tiempo y dice: «¿Por qué no tomé más en serio la escuela? Si hubiera terminado mi carrera universitaria, ¿qué cosas hubiera logrado?». Varias encuestas demuestran que el más grande remordimiento que obsesiona a la gente se relaciona con las oportunidades educacionales que pasaron por alto.

El síndrome del «podría, pude, debería»

La gente atrapada en las garras de lo que el psicólogo Arthur Freeman denomina «el pensamiento "podría-pude-debería"» se enoja consigo misma por el temor al fracaso, por rehusarse a correr riesgos o por la miopía que evitó que tomaran el «camino correcto» primero que nada.

¿Usted se puede identificar con eso? ¿Hay algún aspecto de su vida que le obligue a hacer una mueca y decir: «¿Por qué no me fui por ese lado?». Si es así, ¿qué es lo que usted debería hacer? Una opción sería leer varios libros de consejería y obtener algunas sugerencias que le sean de ayuda, tales como las siguientes:

- Aprenda de sus errores de modo que no cometa el mismo error la próxima vez que tome una decisión. Por ejemplo, si usted eligió el camino incorrecto debido a la falta de confianza, puede tratar de tenerse más confianza en el futuro.

- Vea si usted todavía puede tomar el camino que debió tomar originalmente. Tal vez un cambio de carrera o tomar cursos universitarios puedan ayudarle a continuar en el mismo punto en el que se alejó del rumbo.

- Evite vivir en el pasado. «Pensar en lo que se hizo mal y el por qué se hizo mal le conduce a la inactividad: a rendirse y a darse por vencido», dijo el Dr. Freeman. «Pensar en lo que puede corregirse, en lo que se puede hacer, en qué oportunidades se pueden desarrollar, todo eso le conduce a la acción, a cambiar, a esperar, a una nueva actitud ante las posibilidades de la vida».[12]

Como lo dijo el apóstol Pablo: «Más bien, una cosa hago: olvidando lo que queda atrás y esforzándome por alcanzar lo que está delante, sigo avanzando hacia la meta para ganar el premio que Dios ofrece mediante su llamamiento celestial en Cristo Jesús».[13]

La sabiduría que funcionó a mi favor

En cuanto a mí, sin embargo, fueron dos trocitos de consejo bíblico los que me fueron de mayor ayuda al lidiar con mis remordimientos por los caminos que no recorrí en mi pasado.

Primero que nada, las siguientes palabras del apóstol Pablo me ayudaron al asegurarme que Dios puede crear algo positivo a partir de las decisiones negativas que tomé: «Ahora bien, sabemos que Dios dispone todas las cosas para el bien de quienes lo aman, los que han sido llamados de acuerdo con su propósito».[14] Este extraordinario versículo me dio la confianza de que, a pesar de lo que haya ocurrido, Dios puede usar lo que ocurrió para moldear algo benéfico a partir de ello.

Mírelo de esta forma: mientras usted está allí leyendo este libro, usted es la suma total de todas las experiencias de vida que ha tenido. Puede haber querido decidir otro camino, pero no lo hizo. Usted fue moldeado por todas las decisiones que hizo, tanto por las decisiones inteligentes como por las tontas. Y aquí Dios dice que puede tomar la materia prima que lo constituye en este mismo momento y conformar, a la medida, un futuro de esperanza para usted.

Cuando pienso en la época en la que tenía entre veinte y treinta años de edad, la cual se caracterizó por el egoísmo, la autodestrucción, la profanidad, la ira y, a menudo, la embriaguez, con toda sinceridad quisiera haber tomado otra ruta en la vida. Al mirar retrospectivamente, hubiera preferido comenzar a seguir a Jesús cuando era adolescente, de modo que pudiera haber evitado el quebranto de corazón que esos años me trajeron a mí y a mi familia. Pero no lo hice, y no puedo cambiar esa década. Sin embargo, Dios dice que a pesar de mi pecaminosa rebeldía durante esos años, él puede crear algo positivo a partir de ella: y lo ha hecho.

Debido mis experiencias durante esos años crudos y turbulentos, ahora puedo sentarme a conversar con personas que están viviendo ese mismo estilo de vida y decirles que existe otro camino. Cuando les digo que hay un Dios que puede rescatarlos, tengo más empatía, más comprensión y más credibilidad por todo aquello que yo mismo pasé. Y Dios ha dejado que fluya satisfacción y un sentido de realización en mi vida al ver cómo utiliza el dolor de mi pasado para alcanzar a las personas con su mensaje de amor y gracia.

El segundo versículo que me resultó esencial lo escribió el discípulo Mateo. Estas palabras me convencieron de que, en el futuro, podía tomar mejores decisiones, las cuales no terminarían en algo que lamentar: «Más bien, busquen primeramente el reino de Dios y su justicia, y todas estas cosas les serán añadidas».[15]

En otras palabras, si utilizo el mapa que tiene por nombre «Dios primero» al tomar decisiones futuras, puedo tener la confianza de que estaré tomando los caminos correctos en la vida. Después de todo, este es un mapa para tomar decisiones mucho más sano que los que he utilizado en mi pasado: mapas de conveniencia y gratificación instantánea, de promoción propia y narcisismo.

Hay un antiguo adagio que dice: «Ama a Dios, y luego haz lo que quieras». Esa es una descripción concisa de la forma de vivir una vida que da como resultado un remordimiento mínimo, dado que, si usted *realmente* ama a Dios, le pondrá en primer lugar, hará de las prioridades de él las prioridades suyas, buscará su guía al tomar decisiones y seguirá sus mandamientos mientras hace elecciones que le beneficien tanto a usted como a su familia. Al convertirme en cristiano y comenzar a usar ese mapa, me arrepiento de mucho menos cosas que se convierten en una carga para el futuro.

Cómo aliviar el dolor del pasado

El 4 de mayo de 1983, una adolescente de una comunidad cercada al área de Chicago, de quince años de edad, tuvo una riña con su madre debido a la fiesta de graduación. «Yo quería estar más tiempo del que mi mamá quería dejarme», recuerda ella. «Discutí mis razones, dije unas cuantas palabras que lamentaría después, y salí azotando la puerta de mi habitación, iracunda».

El día siguiente, vio de reojo a su madre durmiendo en el sofá, mientras «asaltaba» su bolso buscando dinero para el almuerzo. Pero esa fue la última vez que la vio viva. «Jamás esperé que me sacaran del salón de clase ese día, 5 de mayo de 1983, para decirme que mi madre, quien era mi mejor amiga, había sido asesinada a balazos por mi padrastro».

Solo un instante de ira. Toda una vida de remordimiento.

«Mi madre fue la mejor del mundo», dijo. «Finalmente pude decírselo el Día de las Madres, parada frente a su ataúd con mi hermana, despidiéndonos por última vez.

»A su alrededor había tarjetas llenas con las palabras de amor y esperanza que jamás leería. Ya han pasado años y la culpa es todavía tan fuerte como siempre desde esa riña el 4 de mayo. *Jamás desaparecerá*».

Remordimiento. Ira dirigida hacia uno mismo. Incapacidad para perdonarnos por lo que hemos hecho o por lo que dejamos de hacer. Todo esto puede obsesionarnos o, incluso, consumirnos. Sin embargo, como hemos visto, hay una esperanza real a través de Jesucristo.

Es una afirmación escandalosa pero es verdad: él quiere llevarnos a un punto en donde los errores de nuestro pasado puedan hacer aparición inoportuna en nuestra mente de vez en cuando, pero el dolor disminuirá. El dolor desaparecerá. Palidecerá bajo la sombra de la cruz, el máximo símbolo de perdón total y eterno.

Es en ese momento en el que sabemos que finalmente nos hemos perdonado a nosotros mismos: cuando hemos sido perdonados completamente por Jesús.

◆ ◆

USTED PUEDE SOBREVIVIR A LA «CARRERA DE RATAS» SIN CONVERTIRSE EN UNA

❖

Estaba sentado con los pies sobre mi escritorio en el *Chicago Tribune*, recargado en mi sillón reclinable y empapándome de la nota en la página principal: «Ford ignora el riesgo de fuego en el *Pinto*; Lo evidencian comunicados secretos». Mis ojos se concentraron en el letrero en negritas de «¡Exclusiva!» y en mi crédito como autor en la parte superior del artículo.

Hubiera querido decir que estaba preocupado por la gente que había muerto quemada en los accidentes que involucraron al controversial automóvil subcompacto modelo Pinto, pero no era así. En ese tiempo era un ateo, preocupado solamente en mi propio avance profesional, y sabía que esta historia reforzaría mi carrera.

Había descubierto el escondrijo de unos documentos secretos de la Ford Motor Company al revisar un expediente de la corte. Basado en esos documentos y en otras investigaciones, mi artículo detalló la forma en la que los oficiales de la compañía constructora de automóviles supieron de antemano que el Pinto podía explotar si era golpeado en la parte trasera a una velocidad de aproximadamente treinta kilómetros por hora, pero decidieron no mejorar su seguridad para ahorrarse unos cuantos dólares por automóvil.

Mientras planeaba la serie de artículos que continuarían la historia, sonó el teléfono. La persona del otro lado de la línea se identificó como un abogado que se encontraba a la mitad de un proceso legal multimillonario en contra de Ford.

—Mire —me dijo con urgencia—, estoy desesperado. Si no consigo esos documentos rápidamente, mi demanda se irá por el desagüe. Eso significa que las familias de algunas de las personas muertas en un accidente jamás serán compensadas por su pérdida. ¿Podría hacerme algunas copias de esos documentos?

—Disculpe, no puedo hacer eso —contesté—. Sería faltar a la ética periodística si le ayudo en su pleito con Ford. Como reportero, debo mantener la neutralidad.

—En otras palabras —dijo él—, ¿usted va a aferrarse a sus lineamientos éticos aun si eso significa que la justicia será obstaculizada y unas víctimas inocentes jamás tendrán la oportunidad que merecen de presentarse en la corte?

Hice una pausa para considerar el dilema, pero él debió interpretar mi silencio como otro rechazo.

—Está bien —dijo finalmente—. Esto es lo que voy a hacer: voy a volar a Chicago mañana. Reúnase conmigo en el aeropuerto O'Hare. Tendré un maletín lleno con cinco mil dólares en efectivo. Usted proporcióneme las fotocopias de los documentos y yo le daré el maletín. Nadie se enterará de esto.

Él dejó que se asimilara la oferta. Luego preguntó:

—¿Qué dice?

UNA CRISIS DE CARÁCTER

A final de cuentas, a Ford se le fincó la responsabilidad del cargo de homicidio por imprudencia en la muerte de tres muchachas adolescentes por causa del fuego, quienes hubieran salido caminando de una colisión en la parte trasera de su Pinto si éste no hubiera explotado. Se trató de un caso que sentó precedentes: fue la primera vez que una corporación norteamericana resultó culpable de cargos criminales por presuntamente diseñar y mercadear un producto que no tenía razón de ser peligroso.

El abogado del consumidor Ralph Nader dijo que fue «la falta de valor civil lo que puso a 1.5 millones de Pintos a rodar en el camino equipados con ese atroz tanque de gasolina». Durante el juicio subsiguiente, que duró nueve semanas, escuché cuando el ex oficial ejecutivo de la Ford, Harley Copp, expresó su opinión:

«Moral ambiciosa y desequilibrada...» en la decisión de producir el automóvil.

Ford insistió de manera inflexible que no había hecho nada malo, y la corporación fue absuelta luego de que el juez se rehusó a que el jurado revisara la mayoría de los memoranda secretos de Ford que yo ya había publicado. Sin embargo, la compañía fabricante de automóviles fue objeto de numerosas demandas civiles multimillonarias y sufrió una magulladura en sus relaciones públicas por rehusarse a mejorar la seguridad del Pinto, hasta que fue presionada por el gobierno.[1]

La controversia del Pinto, expuesta primeramente en la revista contracultural *Mother Jones* [Madre Jones], pareció marcar el inicio de una era en la que fue manchada constantemente la imagen de la ética de las corporaciones en los Estados Unidos. Durante un período de diez años, ciento quince de las quinientas compañías más grandes del país —compañías bien establecidas con nombres respetables— fueron declaradas culpables de serias conductas criminales y civiles inapropiadas.

¿Cómo ocurrió eso? Yo no creo que los líderes de estas corporaciones llegaron un día a la oficina y anunciaron algo como esto: «Violemos nuestro compromiso con la ética y la integridad».

Lo más probable es que eso fue la culminación de una pendiente larga y gradual. Los colegas comenzaron a justificarse unos a otros: «No hay problema, la competencia hace lo mismo» o «La agencia del gobierno que cobra los impuestos no revisará eso». Se ahorraron algunas cosas. El engaño a pequeña escala se pasó por alto, luego se toleró y después se alentó de forma encubierta.

Y lentamente la corporación pasó de preguntar «¿Qué es lo correcto que debe hacerse?», a «¿Qué es lo que la ley nos requiere hacer?» y luego a «¿Qué piensan que podemos hacer para evitarnos problemas por esto?

EL SIGNIFICADO DE «INTEGRIDAD»

Usted y yo no deberíamos ser demasiado santurrones: esta erosión de la ética no ocurre solamente en las salas de juntas corporativas.

El mismo deterioro puede ocurrir en las vidas de las personas cuando encaran diariamente el desafío de ser justos, honestos, legales y trabajadores en el turbio ambiente del centro de trabajo, en donde hay un color gris muchísimo más ambiguo que los claros contrastes del blanco con el negro.

Si usted está involucrado en el torbellino cotidiano del mundo de trabajo, como empleado o gerente, como vendedor o ejecutivo, como trabajador de oficina o de fábrica, entonces inevitablemente tendrá que enfrentarse a problemas éticos. Tarde o temprano tendrá que ser tentado a sacrificar su integridad en el altar del comercio.

«El problema con la "carrera de ratas"», bromea la comediante Lily Tomlin, «es que, aunque la ganes, sigues siendo una rata». Pero eso no tiene por qué ser el caso. La afirmación escandalosa de Dios es que usted puede sobrevivir la carrera de ratas sin convertirse en una de ellas.

Es un hecho que las respuestas fáciles pueden ser escurridizas. Sin embargo, exploraremos en este capítulo que existen fuertes motivadores para mantener nuestra integridad, aun en medio de una economía que parece inclinarse para honrar al dinero por encima de la moral, a las ganancias por encima de los principios y a los resultados por encima de la justicia.

La integridad, dice el adagio, comienza con uno mismo. Se inicia las formas cotidianas en las que usted y yo interactuamos con clientes y empleados, con pacientes, con jefes y juntas directivas. Al subrayar la raíz común de las palabras *integridad* y *entero* (refiriéndose al número), el autor Warren Wiersbe señala lo siguiente: «Una persona con integridad no está dividida (eso es *duplicidad*) ni tampoco es alguien que pretende ser algo distinto (eso es *hipocresía*). Él o ella está "completa" o "entera"; la vida se "integra", y todo marcha unido en armonía. Las personas con integridad no tienen nada que ocultar ni nada que temer. Sus vidas son libros abiertos».[2]

Vivir lo que creemos

Como cristianos, la integridad significa que debería haber congruencia entre nuestro carácter y nuestro credo, entre nuestra fe y nuestra conducta. Esto significa amar a Dios con la totalidad de nuestro ser y permitir que nuestra fe alcance la totalidad de nuestra vida, incluyendo nuestras profesiones. Y ahí es donde las cosas se tornan riesgosas. Por ejemplo:

- Los cristianos creen que todas las personas son importantes para Dios. Pero, ¿realmente vivimos ese valor cuando tratamos con colaboradores, clientes y competidores?

- Los cristianos hablan de humildad y dicen que es mejor servir que ser servido. Pero, ¿eso se muestra en la forma en la que nos relacionamos con la gente que trabaja para nosotros o en la forma en la que presumimos por nuestros logros buscando un ascenso?

- Los cristianos están a favor de decir la verdad. Sin embargo, ¿eso se lleva a la práctica cuando estamos vendiendo un producto, hablando acerca de un rival, prometiendo una fecha de entrega o cerrando un trato?

- Los cristianos predican la honestidad. Sin embargo, ¿eso siempre está presente en nuestra mente cuando estamos elaborando nuestros reportes de gastos o creando una campaña de publicidad?

- Se supone que los cristianos muestran a los demás el amor de Cristo. Pero, ¿cómo funciona eso en medio de un recorte corporativo de personal o cuando estamos lidiando con empleados de bajo rendimiento?

- Se espera que los cristianos traten a los demás de la forma en la que los demás quisieran ser tratados. Pero entonces, ¿cómo justifican trabajar menos de un día de trabajo a cambio del pago completo de un día? (El costo colectivo nacional por abandonar el trabajo se ha calculado hasta cerca de $350 mil *millones* de dólares al año, en los Estados Unidos de América).[3]

No soy ingenuo. No estoy sugiriendo que integrar la fe en el lugar de trabajo es algo sencillo, porque yo sé que no lo es. De hecho, si lo fuera, más gente lo haría. Sin embargo, los investigadores han descubierto que, en promedio, las personas que asisten a la iglesia no tienen una ética mucho mejor que las personas que no lo hacen. Una encuesta de Gallup descubrió que el 43% de las personas que no asisten a ninguna iglesia han hurtado artículos de oficina, mientras que el 37% de las personas que asisten a la iglesia también lo han hecho.

Obviamente, muchas personas dicen una cosa mientras se sientan en las bancas un domingo por la mañana y hacen algo totalmente distinto luego de pasar su tarjeta por el reloj checador el día siguiente. Es lamentable que, para muchos, la fe es una propuesta de fin de semana, y no una realidad de los días laborales.

INCURRIR EN LOS COSTOS DE LA INTEGRIDAD

La integridad comienza con una decisión y, si vamos a elegir no tener una fe fragmentada que aísle a Dios de nuestras carreras sino una fe integrada que le invite a trabajar al lado nuestro, entonces necesitamos conocer por anticipado en qué nos estamos metiendo. De modo que emplearemos un herramienta de negocios que se usa de forma generalizada, un «análisis de costo-beneficio», para ver si los beneficios de hacer que nuestra fe se extienda al centro de trabajo sobrepasan los costos en los que podemos incurrir.

Y quiero advertir de antemano que *habrá* costos. «La ética suena bien, pero pongámosla en términos de dólares y centavos», me dicen algunos. «Si no invento una buena historia acerca de por qué no terminé el proyecto a tiempo, el cliente me cancelará el contrato. O, si no "maquillo" mi presupuesto, no obtendré este trabajo. O, a menos que obvie los defectos del producto que vendo, no obtendré una comisión…, y la fecha límite para pagar mi hipoteca es la próxima semana».

Esas son presiones de la vida real. Esto es en donde sentimos que nuestra integridad se pone a prueba y en donde estamos tentados a ir en pos de la comodidad a corto plazo aun si esto significa que nuestro carácter se corroa o se dañe nuestra reputación en el largo plazo. La Biblia dice que «los que siembran maldad cosechan desventura»,[4] tal vez no de inmediato, pero sí a final de cuentas.

Así es, puede existir un costo financiero al ejercer la integridad en el centro de trabajo. A final de cuentas, sin embargo, este costo no es tan grande como el daño a largo plazo que causa el sacrificar nuestro carácter.

Y eso no es sencillamente una forma ingenua de pensar. Muchos ejecutivos prominente están de acuerdo. «Para ser un ganador», dijo Albert Carr en *Harvard Business Review* [Revista de Negocios de Harvard], «una persona debe jugar a ganar. Eso no significa que debe ser despiadado, cruel, severo o traicionero. Por el contrario, mientras mejor sea su reputación de persona íntegra, honesta y decente, mejores serán sus oportunidades de victoria en el largo plazo».[5]

PAGAR EL PRECIO DE LOS PRINCIPIOS

No solo es posible que incurramos en costos financieros si nos rehusamos a hacer lo que está mal, sino que es posible que suframos sacrificios económicos si escogemos hacer lo que está bien. Eso es lo que le ocurrió a Jack Eckerd, propietario de una cadena de farmacias en todo el país, justo unos días después de convertirse a Cristo.

Eckerd se paseaba por una de sus tiendas «apropiadas para la familia» y notó que estaban a la venta revistas pornográficas. Observando la situación a través de los ojos frescos de un cristiano recién convertido, Eckerd, de inmediato, ordenó que todas esas publicaciones fueran removidas de sus mil setecientas tiendas. Cuando alguien le preguntó si es que llevaba a cabo esa acción por causa de su decisión de seguir a Jesús, Eckerd respondió: «Por supuesto. ¿Por qué otra razón decidiría tirar por la ventana unos cuantos millones de dólares?».[6]

No hay forma de darle vuelta al asunto: en ocasiones tendremos que aguantar un golpe financiero cuando hagamos lo correcto. Pero ese es el precio de seguir a Jesús.

Otro costo en el que posiblemente incurramos es el distanciamiento de nuestros colegas. Por ejemplo, si usted repentinamente le diera a la compañía un cheque por las llamadas personales de larga distancia que ha hecho utilizando el teléfono celular corporativo, ¿acaso no haría ver mal a sus colaboradores y ellos se enojarían con usted? Si ellos piensan que usted es «más santo», ¿no causaría una tensión en su relación personal con ellos e, inclusive, haría que su carrera sufriera un descalabro?

Algo de este temor es más grande de lo que debería ser. Tener integridad no significa que usted se convertirá en una persona odiosa que imponga la moral y que piadosamente se exprese de manera dogmática cada vez que la compañía navegue en aguas éticamente turbias.

Muchos problemas se pueden manejar sugiriendo alternativas, con el debido tacto, y trabajando desde dentro del sistema para mejorar el clima moral corporativo con el paso del tiempo. Una encuesta mostró que solamente el 30% de quienes mantienen una postura ética terminan enfrentándose a consecuencias negativas.

Sin embargo, cuando usted mantiene una postura, en ocasiones se distingue de los demás. Y cuando usted se distingue, se puede convertir en blanco de ataques e incurrir en algunos costos.

De modo que la parte del costo en nuestro análisis de costo-beneficio incluye algunas desventajas situacionales al ir en pos de la integridad. Sin embargo, la parte del beneficio está plagada con cinco categorías de recompensas que podemos cosechar cuando vivimos de acuerdo a nuestra fe en el lugar de trabajo. Dedicaré las siguientes páginas a echarle una mirada a cada uno de los beneficios personales, familiares, de negocios, sociales y espirituales.

Beneficios personales: la habilidad de poder olvidar

Si le pide a alguien que vive con integridad bíblica que le enuncie uno de los más grandes beneficios que él o ella disfrute, la respuesta probable será «una conciencia limpia». «Quien se conduce con integridad, anda seguro; quien anda en malos pasos será descubierto».[7]

Ese es un gran beneficio personal. Cuando conducimos nuestras carreras con integridad, no tenemos que pasar tiempo preocupándonos de que alguien descubra nuestras mentiras. No tenemos que soportar la sensación constante y angustiosa de ser descubiertos haciendo algo. No tenemos que amontonar excusa sobre excusa o inventar justificaciones de gran inventiva pero tontas. Podemos hacer nuestra declaración de impuestos el día que debe hacerse y dormir como bebés esa misma noche.

Un amigo mío, Russ Robinson, se ha comprometido a conducir su carrera de abogado con integridad. «Uno de los más grandes beneficios ha sido la habilidad de poder olvidar», me dijo. «Eso quiere decir que no tengo que luchar por recordar cuándo dije la verdad y cuándo dije una mentira. No tengo que invertir tanta energía en tratar de mantener la coherencia de mis historias. ¡Y eso es algo muy liberador!».

BENEFICIOS FAMILIARES: ENSEÑAR A NUESTROS HIJOS POR MEDIO DE NUESTROS ACTOS

La Biblia es muy específica al mencionar los beneficios familiares que recibimos cuando ejercemos la ética bíblica: «Justo es quien lleva una vida sin tacha; ¡dichosos los hijos que sigan su ejemplo!».[8]

Afrontemos la realidad: los niños vienen con detectores de hipocresía ultrasensibles integrados. Son capaces de distinguir las incongruencias a un kilómetro y medio de distancia. Si usted vive una fe fragmentada, solo es cuestión de tiempo para que sus hijos detecten las grietas y se pulverice su credibilidad.

Por ejemplo, si usted está tratando de criarles con la noción de que respeten la propiedad ajena pero ellos ven que usted hurta artículos de oficina de su trabajo, pronto comenzarán a decirse a sí mismos: «Ah, ¡ya entendí! El verdadero truco está en que no te atrapen».

O si le escuchan hablar por teléfono ofreciendo excusas falsas a su jefe acerca del por qué el proyecto no está terminado, ellos llegan a la siguiente conclusión: «Ah, ¡ya entendí! Cuando estás en un apuro, mientes para librarte de él».

Es como la historia de la maestra que arregla una conferencia con el papá de Juanito:

—Juanito sigue robando cosas de los demás niños —dice—. Les quita sus bolígrafos, su papel, su cinta adhesiva, y no puedo explicar el por qué.

El padre de Juanito también está asombrado.

—No puedo entender por qué razón él sentirá necesidad de hacer eso —contestó él—. ¡Juanito sabe que le puedo conseguir en mi trabajo todos los artículos de oficina que necesite!

Cuando enviamos a nuestros hijos señales distintas y encontradas, lo que hacemos es crear confusión en sus vidas.

Tenemos que hacer una elección: o los confundimos al modelar una vida que está en conflicto y fragmentada, o modelamos integridad de modo que ellos vean cómo nuestra fe realmente determina nuestra conducta.

BENEFICIOS EN LOS NEGOCIOS: EL AMOR COMO ESTRATEGIA LEGÍTIMA

Durante años, Kristine Hanson, una ejecutiva de negocios graduada de la Universidad Harvard, y Robert Solomon, un filósofo, condujeron seminarios para negocios utilizando su experiencia en el centro de trabajo de la vida real y su experiencia académica en la ética. Esta fue su conclusión:

Las personas y compañías más exitosas son las que toman en serio la ética. Esto no es algo que deba sorprender, pues las actitudes éticas determinan en gran manera la forma en la que se trata a los empleados, proveedores, accionistas y consumidores, al igual que la forma en la que se trata a los competidores y a otros miembros de la comunidad. De forma inevitable, esto afecta la forma en la que se responde a ese trato. Los gerentes con ética y los negocios con ética tienen a ser receptores de más confianza, a ser tratados de mejor manera y a sufrir menos resentimiento, ineficiencia, litigios e interferencia gubernamental. *La ética es, sencillamente, un buen negocio.*[9]

En una época en la que la mayoría de las personas creen que la moral en los negocios se ha deteriorado, las compañías que operan con honestidad definitivamente disfrutan beneficios en los negocios.

De hecho, en una ocasión conversé con un líder de negocios que recientemente se había retirado de una carrera tremendamente exitosa como vicepresidente de una las compañías más grandes del país. Había sido el responsable de una división que tenía más de siete mil quinientos empleados, y era aclamado en todo el país como un ejecutivo sobresaliente.

«¿Qué fue lo que lo hizo un líder tan efectivo?», le pregunté.

Esta es su respuesta: él simplemente extrajo principios de la Biblia —conceptos como decir la verdad, resolver conflictos, liderazgo de servicio, etcétera— y los puso en acción en el centro de trabajo. Su gran descubrimiento fue, me dijo, que «el amor es una estrategia legítima de negocios». Lo confirmó por la forma en la que trató a sus empleados y clientes. Ellos prosperaron, y él también.

Esto es cierto también en una escala menor. Conversé con un profesional que es propietario de una firma que opera de acuerdo a la ética bíblica. Admitió que, en efecto, a través de los años perdió algunos clientes por rehusarse a cumplir con sus demandas, las cuales identificó como algo fuera de las líneas éticas. Pero me dijo que su negocio ha prosperado en términos generales porque consolidó en la comunidad la reputación de alguien que es digno de confianza.

Cuando nosotros, como cristianos, somos conocidos por cumplir nuestros compromisos, cumplir nuestras promesas y por ser gente de negocios escrupulosamente ética, entonces sobresalimos del trasfondo de la sociedad contaminada por el ruido del engaño, la falsedad y la deshonestidad. Y eso nos da una posición conveniente en el centro de trabajo.

Beneficios sociales: la influencia de un individuo piadoso

Vivir de acuerdo a nuestra fe en el centro de trabajo es también algo bueno para la sociedad en su conjunto. La verdad es que la temperatura ética de una compañía, una industria, o una nación entera se apuntala cuando cada individuo tiene un compromiso moral en los negocios.

La verdad es que esa sola persona *puede* marcar la diferencia al mantener una posición ética. Observé una buena ilustración de esto en un amigo mío, involucrado en un negocio que requería de la interacción frecuente con cierta oficina del gobierno local en Cook County, Illinois.

Normalmente, uno de sus asistentes manejaba esas transacciones, pero un día ninguno estaba ahí, así que mi amigo tuvo que ir al edificio del condado.

Ahí fue cuando se encontró con una mezquina forma de extorsión que todos los demás habían tolerado durante años y justificado como un simple costo por hacer negocios. Sin embargo, en vez de participar en la actividad ilegal, mi amigo simplemente dijo: «No, yo no voy a pagar eso».

No gritó ni causó una escena; simplemente se rehusó a perpetuar la corrupción. Y esta sencilla acción de un individuo, tranquila pero decisiva, desencadenó una serie de cosas que dieron como resultado la investigación de un gran jurado federal, la acción enérgica del gobierno y, con el paso del tiempo, la limpieza de una pequeña esquina del gobierno del condado.

No hay duda respecto a que la comunidad se beneficia cuando el pueblo toma una postura del lado de la moralidad. Por ejemplo, la costosa decisión que tomó Jack Eckerd respecto a dejar de vender revistas para adultos reverberó a través del país entero. Luego de retirar la pornografía de sus tiendas, Eckerd escribió a los presidentes de otras cadenas de farmacias para animarlos a hacer lo mismo. Como resultado de su activismo y de la presión de organizaciones cristianas, los establecimientos retiraron los materiales con clasificación «X» de sus estantes o incrementaron sus esfuerzos por mantener los materiales lejos del alcance de los niños.

«Lo que no pudo lograrse por la aprobación de leyes o los litigios en la corte, se logró cuando un hombre entregó su vida a Cristo y se entregó a su señorío», dijo Charles Colson, un amigo de Eckerd. «¡No me digan que un solo hombre no puede hacer la diferencia!».[10]

BENEFICIOS ESPIRITUALES: ACERCARSE A DIOS

De entre todos lo beneficios que obtenemos al mantener una ética bíblica en el centro de trabajo, los más significativos son los espirituales.

Cuando su lealtad es hacia Dios en los fines de semana pero solo a las ganancias durante los días laborales, usted está clavando una cuña entre usted y Dios. Es como decirle a su esposa o esposo: «mientras esté en casa, estoy dedicado a ti. Puero cuando vaya a trabajar, puede que te engañe un poquito». *Eso* crearía una ruptura en su relación, ¿no es cierto?

De forma similar, si usted vive una fe fragmentada, esto es lo que le dice a Dios:

«Estoy dedicado a ti en ciertas áreas de mi vida. Pero tienes que saber que, cuando esté en el trabajo, tengo una amante que se llama mi profesión». ¿Es lógico pensar que esto lo metería en un apuro en su relación con él?

«Nadie puede servir a dos señores», advirtió Jesús. «No se puede servir a la vez a Dios y a las riquezas».[11] La gente *cree* que puede, pero cuando se somete a la presión, uno de ellos inevitablemente queda descubierto como el verdadero amo de su vida.

Eso es lo que le ocurrió a un exitoso ejecutivo del primer siglo que pensaba que había podido hacer malabares entre esos dos amos con suficiente éxito. Pero para desenmascarar a su verdadero amo, Jesús lo probó al decirle lo siguiente: «Vende todo lo que tienes y dáselo a los pobres, y tendrás tesoro en el cielo. Luego ven y sígueme».[12]

Repentinamente quedaron expuestas las verdaderas prioridades de este hombre de negocios. Se alejó de ahí desanimado, al darse cuenta de que su riqueza y ambición ejercían un dominio en su alma al que no tenía el valor de renunciar.

Cuando intentamos servir a dos señores, nuestra relación con Dios se queda corta en su potencial. Necesitamos tener bien claro que nuestra carrera no es nuestro amo, sino Dios. En otras palabras, la carrera de ratas no es la carrera más importante en la que participamos.

Como dijo el apóstol Pablo: «He peleado la buena batalla, he terminado la carrera, me he mantenido en la fe. Por lo demás me espera la corona de justicia que el Señor, el juez justo, me otorgará en aquel día; y no sólo a mí, sino también a todos los que con amor hayan esperado su venida».[13]

Esa es la clase de invaluable beneficio que recibimos en la eternidad cuando mantenemos en orden nuestras prioridades espirituales.

Lo que es más, el simple acto de vivir un estilo de vida ético, de hecho, nos acerca a Dios. Nos unimos a él cuando dependemos de él para que nos proporcione una guía cotidiana para lidiar con los dilemas éticos, a menudo confusos, con los que nos confrontamos en el centro de trabajo.

En vez de darnos la Biblia, Dios pudo habernos provisto de un enorme y voluminoso libro de reglas detalladas, como el Código de Impuestos de los Estados Unidos, que tuviera las respuestas concretas a cada situación ética que pueda concebirse. Pero eso hubiera causado que nuestra confianza estuviera en las reglas, y no en una relación.

En vez de ello, la Biblia nos ofrece principios morales más amplios que nos animan a buscar a Dios para hacerle nuestras preguntas éticas específicas, para luchar a su lado a través de nuestros problemas, y para pedir su guía cuando no estamos seguros del camino que tomar. Esta dependencia e interacción enriquecen nuestra relación con él. Dios, dice la Biblia, «al íntegro le brinda su amistad».[14]

SOPESANDO LOS COSTOS Y BENEFICIOS

Realmente no hay comparación entre los costos y beneficios de ejercer nuestra fe en el mundo de los negocios. Sí, es posible que haya algunas pérdidas financieras o estrés en las relaciones. Debemos reconocer esos lados negativos y estar preparados para lidiar con ellos.

Pero simplemente eche un vistazo a la columna de beneficios en el libro contable.

Disfrutar de una consciencia limpia que proviene de tener un carácter que no está en venta, ser un modelo a seguir confiable al criar a nuestros hijos, contribuir a elevar la temperatura ética de la comunidad para beneficio de todos, acercarse más a Dios, obtener su promesa de recompensas eternas, vivir una vida integrada que le agrade y que tiene todo el derecho a esperar de sus seguidores: estos beneficios superan en mucho cualquier costo de corto plazo que podamos encarar.

Además, el apóstol Pedro nos dice: «Si sufren por hacer el bien», esto es, aun cuando incurramos en costos por ejercer la ética bíblica en el mundo de los negocios, «eso merece elogio delante de Dios».[15]

¿Qué tal *esa* promesa? Es nuestra máxima confirmación de que realmente no hay forma de perder cuando tomamos la decisión diaria de hacer negocios de acuerdo al Libro.

LAS TENSIONES ENTRE LOS NEGOCIOS Y LA FE

Entonces, ¿cómo tomamos decisiones que honren a Dios al tratar de resolver dilemas en el centro de trabajo? Cuando se trata de elegir entre varias alternativas, el comediante Paul Reiser tiene una singular perspectiva:

Esta es la cosa con respecto a las decisiones. *Puedo* tomarlas. Después, ya no me siento tan seguro respecto a ellas. Un amigo me dijo: «Siempre haz lo que te diga el estómago». Luego, otro amigo me dijo: «¿Sabes qué? Debes escuchar a tu corazón». Ahora tengo que tomar una decisión *más*. ¿Le hago caso al estómago o al corazón? No puedo decidirme. Voy a tener que hacer una autopsia total. Mi corazón dice «sí», mi estómago dice «no», y mi colon no está muy seguro: simplemente no sé a quién hacerle caso.[16]

Aunque no existe la respuesta directa, o el enfoque que sirva para todos los casos, en cuanto a las decisiones éticas en el mundo del trabajo, hay algunos pasos que podemos dar para ayudarnos a tomar decisiones que sean congruentes con los principios bíblicos.

Sin embargo, un requisito previo es que debemos reconocer que hay ciertas tensiones entre la fe y el comercio que es posible que jamás se resuelvan totalmente. Laura Nash llegó a esta conclusión luego de su profundo estudio acerca de la forma en la que la fe de los cristianos influye en su liderazgo corporativo.

Nash, ex integrante del cuerpo académico de la Escuela de Negocios de Harvard, entrevistó al tipo de líder que «lucha de forma genuina entre su consciencia cristiana y sus responsabilidades de negocios para buscar una respuesta tan compatible con ambas como sea posible, aun cuando sabe que el concepto de ser un cristiano "perfecto" que haga la obra cristiana perfecta está mucho más allá de la compresión humana».[17]

En su extraordinario libro *Believers in Business* [Los creyentes en los negocios], Nash define siete puntos de tensión que enfrentan los cristianos en el centro de trabajo:

- El amor a Dios y la búsqueda de ganancias
- El amor y el impulso competitivo
- Las necesidades de la gente y los compromisos de obtener ganancias
- La humildad y el ego en el éxito
- La familia y el trabajo
- La caridad y la riqueza
- El testimonio fiel en la ciudad secular [18]

Descubrió que cuando los cristianos no rehúyen estas tensiones sino lidian meticulosamente con ellas, surgen soluciones inesperadas, creativas y aplicables a lo que parece en primera instancia un atolladero moral insuperable.

Ella ofrece el ejemplo de un centro artístico en problemas que contrató a un impresor para producir folletos destinados a una presentación que beneficiaría a pacientes con SIDA en una residencia para enfermos terminales. Justo antes de la entrega, el impresor, un cristiano, descubrió que el espectáculo incluiría la participación de un coro de homosexuales. Viendo el conflicto con su fe, declinó la entrega de los folletos. Era demasiado tarde para que el centro contratara a otro impresor. La presentación, al faltarle publicidad, perdió dinero y la residencia para enfermos terminales no obtuvo un centavo.

El impresor consideró que esto era una decisión sencilla, en blanco y negro, de oposición al homosexualismo. ¿Realmente lo fue? ¿Y qué hay respecto a la compasión cristiana hacia los pacientes en estado terminal? ¿Y qué respecto a su promesa original de imprimir los folletos? Cuando se analiza con profundidad, es posible encontrar tensión entre valores legítimos que compiten uno con otro.

Otro impresor, también cristiano, manejó una situación similar de una manera distinta. Luego de orar y pensar en todos los valores distintos, no pudo hallar una solución que satisficiera a la perfección todas las perspectivas bíblicas. Concluyó que debería mantener el compromiso para imprimir los folletos, pero dijo que no podía tener la consciencia tranquila si obtenía ganancias por el trabajo. De modo que no le cobró a su cliente y le dijo que no imprimiría ningún material de promoción para espectáculos similares.[19]

¿Qué decisión fue la «correcta»? En ocasiones no está tan bien definido como parece. Sin embargo, como regla general, si pretendemos que no existen estas tensiones subyacentes, a menudo terminamos tomando decisiones superficiales y miopes, si oramos y trabajamos con estos valores en conflicto, con frecuencia somos sorprendidos por la calidad de nuestras decisiones finales.

RESGUARDÁNDONOS DE LA EROSIÓN ÉTICA

A través de los años he notado que los cristianos que son particularmente adeptos a navegar éticamente en el mundo de los negocios tienden a compartir ciertas características.

Por ejemplo, la oración es una parte especialmente importante de sus vidas, y su Biblia es su recurso más preciado.

El rey David dijo: «Tu palabra es una lámpara a mis pies; es una luz en mi sendero».[20] Esta imagen tomó un significado especial para mí en 1987, cuando me encontraba de visita en las áreas rurales de la India.

Una noche oscura algunos amigos y yo caminábamos de una villa a otra, dirigidos por un residente local que cargaba una linterna para iluminar el angosto sendero de tierra. Frustrado por su lento ritmo y pensando que podría hallar el camino por mi cuenta bajo la tenue luz de la luna, me salí del sendero para adelantarme.

Desafortunadamente, ese era el sitio en donde el sendero se transformaba en un puente. No vi por dónde iba y ¡terminé cayéndome en el lecho seco de un arroyo!

Entendí que cuando creo que puedo maniobrar a través de los problemas éticos bajo la tenue luz de mis propios instintos, inevitablemente, terminaré cayendo. Pero cuando dejo que la sabiduría, los principios y los mandamientos de la Escritura brillen sobre la situación, mis opciones están mucho mejor iluminadas.

De igual forma, las personas con ética son proactivas, se toman el tiempo por anticipado para identificar «luces rojas» potenciales en sus negocios, en donde es muy probable que se desafíe su integridad. Al identificar y monitorear cuidadosamente las áreas de posibles problemas, estos cristianos están en la posición adecuada para prevenir la erosión ética.

Además, observan cuidadosamente lo que hacen los demás, ¡*normalmente de modo que ellos puedan hacer exactamente lo opuesto!* «No se amolden al mundo actual, sino sean transformados mediante la renovación de su mente», dijo el apóstol Pablo. «Así podrán comprobar cuál es la voluntad de Dios, buena, agradable y perfecta».[21] Tal como lo explican Doug Sherman y William Hendricks:

En situaciones ambiguas, es muy seguro que la multitud, por lo general, permanecerá unida, y estará equivocada... De modo que, en cuestiones de ambigüedad moral, si todos en el trabajo parecen dirigirse hacia una dirección en general, no comience a correr automáticamente con la manada. Claro, todos le reclamarán estar haciendo algo «por su cuenta», pero es de subrayar la frecuencia con la que eso termina en lo mismo: lo que es incorrecto. Usted debe ser el que marche a un ritmo diferente.[22]

Para concluir, los cristianos que toman en serio el integrar su fe y su profesión buscan establecer relaciones personales con personas que tengan un discernimiento y una forma de pensar semejante en la misma profesión para poder discutir un tema con frecuencia, para rendirse cuentas mutuamente, para orar unos por otros, y para obtener consejo inteligente pero piadoso al lidiar con la tensión actual entre la consciencia y el comercio.

Es irónico que, mientras escribía esta sección, recibí una llamada telefónica de larga distancia de una periodista que deseaba recibir mi consejo como ex reportero y editor.

Parece que en su organización de noticias estaban pensando en asignarle la corresponsalía en religión, pero en su tiempo libre ella se estaba involucrando cada vez más como voluntaria en un ministerio cristiano de creciente influencia. ¿Era esto un conflicto de intereses? De ser así, ¿cómo podría manejarse de manera ética?

Conversamos acerca de esto durante una media hora, examinando la cuestión desde muchos ángulos distintos. Finalmente, ella dijo: «Bien, Lee, ya sé qué voy a hacer. Gracias por tus comentarios».

Al colgar el teléfono, vino a mi mente la imagen bíblica del hierro afilando el hierro: mantenemos en perfecto estado nuestro filo ético cuando nos abrimos al consejo cristiano.[23]

No hay un camino que le dé la vuelta: si queremos sobrevivir a la carrera de ratas sin convertirnos en ratas, necesitamos confidentes que nos amen lo suficiente para decirnos la verdad. Y algo de igual importancia: necesitamos poseer un espíritu que pueda admitir la enseñanza y que nos mantenga abiertos a hacer lo correcto. Aun cuando lo incorrecto parezca demasiado atractivo.

AHORA BIEN, RESPECTO A ESOS CINCO MIL DÓLARES...

Mmmmmh. Cinco mil dólares en efectivo, libres de impuestos. Todo lo que debía hacer era violar mi ética periodística. ¿Qué hubiera hecho usted en mi lugar?

Ya que mencioné el intento de soborno del abogado al inicio de este capítulo, es justo que le diga qué es lo que hice finalmente. Admito que me sentí tentado. El primer pensamiento que pasó por mi mente fue: «¿Realmente puedo hacer esto sin que nadie se dé cuenta?». Comencé a pensar en todo lo que podía hacer con el efectivo. Luego comencé a justificarme: «Si yo soy la única persona que puede proporcionar estos memoranda de modo que una familia en medio del dolor pueda tener una oportunidad en la corte, tal vez debería hacerlo».

Sin embargo, aunque todavía yo no era cristiano, de forma intuitiva realicé mi propio análisis de costo-beneficio. Por supuesto, sería cinco mil dólares más rico,

¿pero cómo sería capaz de mirarme en el espejo? ¿Cómo podría vivir con la ansiedad ocasionada por la posibilidad de ser descubierto? ¿Y qué ocurriría si alguna vez se supiera sobre el soborno? Yo sería humillado, perdería mi carrera y el respeto de mi familia, y enfrentaría la cárcel por evasión de impuestos. Además, si mi carrera estuviera en oferta por cinco mil dólares, realmente no valía mucho en primera instancia.

Así que rechacé la oferta. Y ocurrió que, varios meses después, vi un artículo acerca del caso de ese abogado. Resultó que la familia tuvo su oportunidad en la corte y se compensó su pérdida, todo sin mi asistencia ilícita.

Pero no me conceda demasiado crédito. La verdad es que, aunque hice lo correcto, no lo hice por las razones correctas: no rechacé el soborno por amor a Dios o por el deseo de imitar a Jesús.

Sin embargo, aun siendo ateo, pude percatarme de lo evidente: la ética del cristianismo tiene sentido en el centro de trabajo. Tiene más sentido que ganar la carrera de ratas, pero convirtiéndose en una.

◆ ◆

MARQUE UNA DIFERENCIA QUE PERDURE POR LA ETERNIDAD

❖

El bufón de los dibujos animados, Homero Simpson, no había visto a su vecina Maude Flanders durante algún tiempo.

Para ser sincero, no estoy tan seguro de que la haya extrañado. El continuo comportamiento alegre y risueño de Maude y su esposo, Ned, claramente le eran molestos. El dulce ánimo de sus hijos solo acentuaban la demoníaca maldad del hijo de Homero, el ruin Bart, identificado por su peinado de cabellos parados. La fe de los Flanders, que llenaba todas sus conversaciones, parecía totalmente irrelevante para el clan Simpson, el cual siempre está enredado en las desalentadoras realidades de la vida.

Aun así, cuando Homero vio a Maude en su patio trasero, la saludó afectuosamente.

—No te he visto por estos lugares en un par de semanas —dijo él—. ¿En dónde has estado?

—Oh —respondió Maude alegremente—, estuve fuera, en un retiro bíblico… aprendiendo cómo criticar mejor.

¡Vaya!

Me imaginé a millones de televidentes en todo el país rompiendo en carcajadas y susurrando: «¡Amén!».

Y es que, desafortunadamente, eso es lo que muchísimas personas piensan de los cristianos en estos días. Cuando se representa en *Los Simpson* a las personas que tratan por la fuerza y de manera entusiasta persuadir a otros a creer en la Biblia y en el cristianismo, lo que se exhibe es una fe rígida y superficial, insistente y moralista, empalagosa y fuera de sincronía con la realidad. Cuando yo era un escéptico espiritual, esa era también la forma en la que solía estereotipar a los cristianos. Como lo dijo Sheldon Vanauken: «El mejor argumento *a favor* del cristianismo son los cristianos: su gozo, su seguridad, su plenitud. Pero el argumento más fuerte *en contra* del cristianismo también son los cristianos: cuando son sombríos y serios, cuando son santurrones y engreídos por su consagración autocomplaciente, cuando son obtusos y represivos; entonces es cuando el cristianismo muere mil veces».

Annie Dillard tampoco tiene pelos en la lengua: «Qué lástima que sean los cristianos los que vengan pisándole los talones a Cristo».

William Hart, quien le dio el tercer lugar a Jesús (luego de Mahoma y Sir Isaac Newton) en su libro sobre las cien personas de mayor influencia en la historia, escribió: «Jesús, con méritos propios, sería en definitiva la persona de mayor influencia de todos los tiempos. El problema son sus seguidores. Han hecho relativamente un muy mal trabajo en llevar su mensaje».

Jesús debió saber por anticipado lo que ocurriría. Y eso, sin embargo, no le restringió de hacer una de las más extravagantes afirmaciones de todas.

EL DESAFÍO MERCADOTÉCNICO DE DIOS

Ocurrió en una ladera fuera de Capernaúm. Jesús apenas terminaba de dejar asombrada a una multitud al anunciarle noticias increíbles: las personas de quienes se pensaba que jamás serían candidatos a entrar en el reino de Dios, ahora son invitadas a entrar, no debido a la bondad de *ellos* sino sobre la base de la bondad de *él*.

Jesús quiso que este mensaje transformador de vidas y que altera la eternidad se comunicara alrededor del mundo y a través de la historia. Pero, ¿de qué forma? ¿Cuál sería su método?

Ahí fue cuando Jesús develó su plan estratégico y, aparentemente, escandaloso. En efecto, dijo a sus discípulos: «Ustedes son mi estrategia de promoción. *Ustedes* son el medio por el cual mi mensaje se propagará en su familia, su vecindario, su centro de trabajo, y su escuela. Lo llevarán a cabo al ser sal y luz. *Ese* es el Plan A. Y, amigos míos, más vale que esto funcione, porque no hay Plan B».

Obviamente, Jesús usó las metáforas de la sal y la luz en un sentido positivo. Le dijo a la gente que fuera como sal al vivir una vida que ocasionara que otros tuvieran sed de Dios, que sazonara al mundo y que retrasara la descomposición moral de la sociedad. Y, al igual que la luz expone las cosas y resulta atractiva, Jesús dijo: «Quiero que vivan una vida que ilumine con mi verdad a la gente, que haga brillar mi compasión en los lugares oscuros de desesperanza y desesperación, y que atraiga a la gente hacia mí porque, en última instancia, yo soy la luz de la vida».

Qué idea tan estrafalaria: personas frágiles, falibles, tímidas, tartamudas, inseguras e incongruentes como usted y como yo, son los principales proveedores de la monumental noticia que puede cambiar el destino eterno de la gente. Fue una estrategia de muy alto riesgo. Y los resultados han sido... bueno, admitámoslo: un poco mezclados. Esto es debido a que, aunque Jesús utilizó las imágenes de la sal y la luz de forma positiva, algunos cristianos se las han ingeniado para convertirlas en metáforas negativas.

SAL QUE PICA, LUZ QUE DESLUMBRA

Si usted alguna vez ha puesto sal en una herida, sabe cuánto arde. Si usted pone demasiada sal en su comida, rápidamente la escupe. Y la luz excesiva puede ser igual de mala, como cuando usted va conduciendo su automóvil en una carretera de solo dos vías y el brillo de las luces altas del automóvil que viene en sentido contrario hace que usted baje la velocidad y aparte la vista.

De forma similar, el problema con algunos cristianos es que, aun cuando tienen buenas intenciones, inadvertidamente hacen que la gente se aleje del reino de Dios, en vez de atraerlos a él. Al menos, me pude percatar de que eso es verdad cuando yo era ateo.

Básicamente, hubo cuatro tipos de cristianos que me hicieron rehusarme a aceptar la fe. Si usted es alguien que está en una búsqueda espiritual, vea si puede identificar a alguno de ellos. Si usted es cristiano, pregúntese con honestidad si es que usted se ajusta a alguna de las siguientes categorías.

En primer lugar, estaban los cristianos *«no me importa»*. Un ejemplo de ellos era una persona a la que solía ver en una esquina en la calle al caminar hacia mi oficina en el *Chicago Tribune*. Solía gritar en un altavoz que distorsionaba a tal grado sus palabras que yo ni siquiera podía saber qué decía. Pero agitaba con enojo una Biblia en el aire, así que yo tenía una idea básica. Yo solía pensar: «Si el cristianismo es *eso*, ¡no cuenten conmigo!».

Recientemente llegó a mis manos un manual de instrucciones detalladas acerca de la forma en la que los cristianos pueden conectar un altavoz a su automóvil para predicar en el camino. La guía ofrece consejos tan útiles como estos: «Mientras más rápido vaya su automóvil, más corto deberá ser su sermón». Incluso contenía ejemplos de frases útiles. Por ejemplo, si su automóvil debe detenerse en un semáforo, se supone que debe gritar: «¡Estacione su automóvil ahora mismo y pida a Jesús que salve su alma!».

Cuando un cristiano «no me importa» empujaba propaganda en mi mano al caminar por la calle, yo la solía apretujar y colocar en el siguiente depósito de basura a mi paso. Cuando una pareja que llevaba una Biblia bajo el brazo tocaba a mi puerta, yo pretendía estar fuera de casa.

Estas personas siempre estaban ansiosas por entablar una discusión espiritual en los momentos más inoportunos. De hecho, podía imaginarme entrando a un teatro abarrotado durante la exhibición de una película, buscando un asiento vacío y preguntándole a alguna persona si el asiento a su lado estaba ocupado.

«No, está libre», me respondería a la vez que me señalaba amenazador. «Pero la pregunta más importantes es: ¿Está *usted* libre por la sangre de Cristo?».

Déjeme decirle que, si eso hubiera ocurrido, ¡me hubiera ido a buscar un asiento del otro lado de la sala de exhibición! El fondo de todo esto es que yo tomaba a mal a los extraños que trataban de entrar a la fuerza, y sin ser invitados, en algo tan personal como mis creencias espirituales.

También me eran repulsivos los cristianos «*de tarjeta postal*», los cuales tenían una comprensión tan superficial de su fe que solo podían hablar de ella en la forma de las frases simplonas que usted encuentra en las tarjetas de Navidad.

Les hacía una pregunta de un millón de dólares sobre el cristianismo, pero me ofrecían una respuesta de veinticinco centavos; o no me ofrecían respuesta alguna. Para ellos, el cristianismo era emocional, no racional. Eso era suficiente para disuadirme, porque pensaba: «¿Cómo pueden creer en algo que obviamente no han razonado a profundidad?».

Además, los cristianos «*soy más santo que tú*» me eran repugnantes. Pagados de sí mismos y santurrones, se describían como mucho mejores de lo que realmente eran, y encasillaban a la gente como yo como mucho peores de lo que realmente éramos, como si todo problema social en los Estados Unidos resultara del hecho de que no todos estaban de acuerdo con ellos al ciento por ciento. Eso me irritaba.

Estos cristianos tenían una mentalidad de «nosotros contra los demás». Los creyentes eran los buenos de la película y se suponía que debían estar alejados de los malos de la película, como yo. Entendí que si me aventuraba a visitar una de sus iglesias, la gente susurraría frenéticamente detrás de mi espalda: «¡Mira nada más! ¡Es uno de esos paganos que irán al infierno! ¡Rápido, guarden las cosas de valor! ¡Reúnan a los niños! ¡Protejan a las mujeres!».

Eso es algo repugnante.

Los otros que me alejaban de la fe eran los cristianos «*cosméticos*». Su espiritualidad era tan profunda como su piel, se veía bastante bien en el exterior pero no penetraba lo suficiente como para alterar sus conductas y actitudes.

Como aquel periodista que era uno de los reporteros más carentes de escrúpulos en Chicago pero que les hacía saber a todos que era un hombre muy dedicado a su familia y no dejaba de asistir a la iglesia.

O el político que orgullosamente publicaba su afiliación religiosa durante los años de elecciones pero que era un peligroso traidor tras las puertas cerradas. O el oficial de policía que era el individuo más racista que conocía pero que jamás dejaba de asistir a un servicio dominical. Francamente, no creo que nada sea más repulsivo para la gente que la hipocresía de los cristianos «cosméticos».

Afortunadamente, estos cuatro tipos de cristianos no fueron los únicos que conocí durante mis años como escéptico. También conocí a los seguidores de Cristo llamados Ron, David, Linda y Jerry, cuya salinidad me dejó sediento por aprender acerca del Jesús que parecían conocer tan bien.

¿Qué es lo que ellos hicieron de forma distinta? ¿Cómo representaron las metáforas de Jesús de la sal y de la luz en términos del siglo XX?

Permítame responder a esas preguntas al relatarle las historias acerca de cómo el Espíritu Santo utilizó sus caracteres y actitudes para atraerme, de forma gentil pero poderosa, hacia Jesús.

UN CRISTIANISMO COSTOSO

Ron fue sal y luz para mí por esta razón: vivía de acuerdo a su fe, aun cuando esto le implicara un costo.

Conocí a Ron cuando era reportero del *Tribune* en el edificio de la corte criminal, una edificación abarrotada, lóbrega y adyacente a la Prisión del Condado de Cook, en la zona oeste de Chicago. Día tras día observé un flujo constante de acusados, la mayoría de ellos evidentemente culpables, que trataban con desesperación de explotar cualquier escapatoria para evitar el castigo que merecían. Todos querían llegar a un arreglo, tomarle el pelo al jurado, engañar al juez, evitar la culpa o el castigo, cualquier cosa excepto hacerse responsables de sus actos.

Entonces fue cuando entró Ron, quien volteó todo de cabeza. Permítame contarle algunos de sus antecedentes.

Cuando tenía ocho años de edad, Ron arrojó un martillo a la cabeza de alguien y terminó en la corte juvenil. Ese fue el primero de muchos encuentros con la ley. Luego dejó la escuela, se involucró en el tráfico de drogas y terminó como el segundo comandante de los *Belaires*, una cruel banda callejera que aterrorizó varias áreas de Chicago en los años sesenta y setenta.

Se metió en un gran lío cuando tenía veintiún años. Una banda rival denominada los *Gaylords* de la Calle Palmer atacó brutalmente a uno de los amigos de Ron, y Ron juró vengarse.

Pidió prestada una pistola y se lanzó a la caza de Bob, quien dirigió el ataque los *Gaylords*.

No tomó mucho tiempo para que Ron localizara a media docena de los *Gaylords* mientras salían de una taberna. Aunque Bob no estaba entre elos, sí lo estaba Gary, su hermano.

Rápidamente se gestó un plan en la mente depravada de Ron: decidió asesinar a Gary y, cuando Bob se presentara en el funeral de su hermano, Ron lo emboscaría también a él.

De esa forma mataría a *dos Gaylords*. De modo que Ron salió de su escondite, apuntó la pistola al pecho de Gary, gritó ¡*Belaires!*… y tiró del gatillo.

Clic.

La pistola no detonó. Ahora, Ron estaba frente a *seis Gaylords* muy molestos. Cuando comenzaron a perseguirlo, Ron apuntó el arma al aire y jaló el gatillo nuevamente. Esta vez el arma sí disparó, ocasionando que los *Gaylords* se dispersaran.

Ron comenzó a perseguir a Gary en la acera, disparándole mientras corrían. Finalmente una de las balas dio en el blanco, atravesando el tejido de su espalda y alojándose cerca de su hígado. Gary se derrumbó de frente sobre el pavimento.

Ron llegó hasta él y lo volteó boca arriba. «¡No me dispares, viejo!», suplicó Gary. «¡No me dispares otra vez! ¡No me mates!».

Pero sin un gramo de compasión o un momento de duda, Ron empujó la pistola al rostro de Gary y tiró del gatillo.

¡*Clic!* Esta vez, el arma estaba vacía.

Una sirena sonó a lo lejos. Ron escapó de la policía, pero rápidamente se emitió una orden para arrestarlo bajo el cargo de intento de asesinato. Con el extenso registro criminal de Ron, apresarlo significaría que tuviera que purgar una condena, sin duda alguna, de veinte años en la penitenciaría.

Ron no podría digerir eso. Él y su novia huyeron al Canadá, luego emigraron al oeste y terminaron en Pórtland, Oregon, en donde Ron obtuvo su primer empleo legítimo, trabajando en un taller metalúrgico.

Por coincidencia divina, sus colaboradores eran cristianos y, a través de su influencia, Ron se convirtió en un fiel seguidor de Jesús.

Con el paso del tiempo, los valores y el carácter de Ron comenzaron a cambiar. Su novia también se convirtió al cristianismo. Contrajeron matrimonio. Tuvieron una niña de nombre Olivia. Ron se convirtió en un empleado modelo, un participante activo en su iglesia, y en un miembro muy respetado de su comunidad.

Pero algo no dejaba de corroerle por dentro. Aunque se había reconciliado con Dios, no se había reconciliado con la sociedad. Todavía existía una orden para su arresto.

Aunque la policía había dejado de buscarlo y probablemente podría haber pasado el resto de su vida en Oregon sin ser capturado, sintió que la única cosa honesta que podía hacer era entregarse y enfrentar la posibilidad de veinte años tras las rejas, lejos de su familia.

De otro modo, pensó él, estaría viviendo una mentira. Como cristiano, simplemente pensó que esa no era una opción.

Yo estaba allí cuando Ron apareció ante la corte. Sorprendentemente, y a diferencia de otros acusados que trataban de eludir la responsabilidad, Ron miró al juez a los ojos y dijo: «Soy culpable. Yo lo hice. Soy el responsable. Si debo ir a prisión, está bien.

»Pero ahora soy cristiano, y lo correcto es admitir lo que hice y pedir perdón. Lo que hice estuvo mal, así de llano y simple, y lo lamento. Realmente lo lamento».

¡Quedé extremadamente sorprendido! Esto *no* era cristianismo cosmético. Cuando alguien da un paso tan costoso como ese, es claro que fue impulsado por una fe que le transformó radicalmente desde lo más profundo.

Y eso me atrajo al cristianismo. ¿Por qué? Porque vivimos en una época a la que le hacen falta ideas, valores y cualidades firmes, cuando el lema nacional bien podría ser: «Toma la salida fácil». De modo que cuando la gente dice: «Voy a hacer algo no porque sea conveniente o fácil, sino porque es lo correcto», eso intriga e, incluso, inspira a otros. Hace que la gente les respete por la profundidad de su fe. Solíamos llamar «héroes» a esa clase de personas.

Estaba tan intrigado por lo que Ron hizo que no tuvo que acercárseme para hablar sobre su fe. *Yo* le pregunté *a él* sobre ella. Cuando me contó la forma en la que Jesús lo había transformado de ser un líder de banda callejera a un seguidor de Cristo, él tuvo toda mi atención, y cierto tipo de credibilidad especial. Tanto su ejemplo como sus palabras dejaron una huella indeleble en mí.

De modo que si usted quiere saber qué significa ser sal y luz, he aquí una respuesta: *viva de acuerdo a su fe aun cuando tenga que pagar un precio.* Y es que, cuando usted toma su fe *así* de seriamente, otros que le observan comenzarán a tomarla en serio también.

Eso significa cosas distintas para las distintas personas. Para algunas, esto puede significar pagar un costo profesional al rehusarse a tomar atajos éticos por la forma en la que su jefe o su cliente quieren que lo haga. Puede significar pagar un costo social al hablar de su fe en medio de un grupo que menosprecia al cristianismo. También puede significar apartar algo de su muy escaso tiempo libre para acercarse a un prójimo que sufre. Puede significar sacrificar su orgullo al pedirle a alguien que le perdone.

Puede significar subvaluar una propiedad cara porque alguien la necesita más que usted. Puede significar la renuncia a algo de rentabilidad en su negocio para tener una vida familiar más balanceada, lo cual envía un mensaje acerca sus prioridades a quienes le rodean. Puede significar admitir ante su jefe que usted tomó artículos de papelería de su oficina para su uso personal y decir que le gustaría pagar el costo de restitución.

Esos son pasos «salados» porque son pasos costosos.

En cuanto a Ron, esperaba pagar en su totalidad un precio importante al pasar dos décadas detrás de las rejas.

Sin embargo, e irónicamente, el juez dijo que estaba tan impresionado por la forma en la que Dios transformó la vida de Ron que no creía necesario enviarlo a prisión. En vez de ello, su conclusión fue que Ron ya no era un peligro para la sociedad y le otorgó libertad condicional. «Váyase a casa a estar con su familia», dijo.

¡La sentencia me dejó sorprendido! Luego de que suspendió la sesión de la corte, me apresuré a entrevistar a Ron en el pasillo.

—¿Cuál es su reacción a lo que hizo el juez? —pregunté.

Ron se puso directamente frente a mí y me miró directo a los ojos.

—Lo que el juez hizo fue extenderme la gracia; algo muy parecido a lo que hizo Jesús —respondió Ron—. Y Lee, ¿me permite decirle algo? *Si usted se lo permite, Dios le extenderá su gracia también.* Nunca olvide eso.

Viniendo de un tipo como Ron, eso llevaba un enorme peso.

A final de cuentas, Ron salió de mi vida tan rápidamente como había entrado. Pero nuestro breve encuentro en esa deprimente corte, con el paso del tiempo, se tornó en un momento decisivo que ayudó a marcar una diferencia eterna en mi vida.

UN CRISTIANISMO COMPASIVO

Otro cristiano me permitió dar un vistazo a la forma en la que es Jesús. Su nombre era David, y no me dijo sencillamente que Dios me ama, sino que lo demostró a través de sus acciones.

Hace casi treinta años, mi esposa Leslie dio a luz a nuestra primera hija, una niña a la que bautizamos como Alison Joy.

Como cualquier padre primerizo, quedamos atrapados por toda la emoción y la euforia de un acontecimiento largamente esperado.

Recuerdo haber llamado a nuestros familiares desde la habitación de recuperación en el hospital. «Ustedes saben que todos los bebés recién nacidos están arrugados y son feos, ¿verdad?», les decía. «Bueno, pues ¡Alison no es así! ¡Ella es absolutamente hermosa!».

Al día siguiente, Leslie y yo estábamos esperando en su habitación que las enfermeras trajeran a Alison a la 1:00 P.M. para amamantarle. Pero no se presentaban. Finalmente, justo antes de que fuésemos a ver qué las estaba retrasando, alguien tocó a la puerta. Un contingente de médicos de rostro sombrío entró para darnos noticias que hicieron que el corazón saltara hasta nuestras gargantas.

Algo muy terrible le ocurría a Alison. No estaban seguros de qué cosa era, pero era algo serio. Ya la habían transferido a la unidad de cuidado intensivo. Necesitaban nuestras firmas en unos documentos que autorizarían la extracción inmediata del líquido espinal y otras pruebas. Se nos dijo que deberíamos prepararnos para lo peor.

Estallamos en llanto, sollozando por causa del temor y de la pena. ¿Por qué a ella? ¿Por qué a nosotros? Los varios días que siguieron a esto fueron un confuso episodio que tenía a nuestro estómago en la peor condición posible. Era una agonía ver a nuestra pequeñita hija conectada a las máquinas, con una aguja intravenosa insertada en su tobillo y con monitores chirriando a su alrededor. Se trataba de algo especialmente malo para nosotros, pues cuando no se tiene fe en Dios, realmente no hay nada a qué recurrir.

Sin embargo, en medio del horror, recuerdo claramente haber recibido una llamada en el teléfono público del pasillo del hospital ya muy entrada la tarde.

Era David, un hombre a quien conocí varios años antes pero que no había visto en un largo tiempo.

No me siento orgulloso de decirlo, pero la verdad es que en el curso de los años en los que interactué con David, le mentí, lo engañé, me burlé de él, no cumplí las promesas que le hice, y critiqué con crueldad a su iglesia y a todo lo que él representaba. Pero David era un cristiano que tomaba en serio su fe, y esa fue la razón por la que estaba al teléfono ese día.

—Me enteré de lo que está sucediendo con tu pequeñita —dijo—. ¿Qué puedo hacer por ti? ¿Puedo ir a donde estás y quedarme un rato contigo? ¿Quieres conversar? ¿Puedo llevarte algo? ¿Necesitas que haga algo mientras tú estás allí? Lee, solo dime y estaré lo más pronto posible. Mientras tanto, estaré orando por ti y por tu hija, al igual que todos mis amigos en mi iglesia.

Yo pensaba: *¡Esto es increíble! No puedo creer que esté dispuesto a dejar todo para viajar cien kilómetros solo para hacerme sentir bien y servirme de algo en esta crisis. No puedo creer que va a pasar tiempo sobre sus rodillas intercediendo ante su Dios por mi pequeñita. No hay razón en este mundo por la que pueda ser merecedor de eso; y en especial de parte de él.*

Casi tres décadas después pude transportarle a usted a ese preciso momento en el que recibí la llamada. Esa es la forma tan profunda en la que quedó en mi memoria. Y ese es el tipo de impacto que tienen los cristianos cuando están dispuestos a ir más allá de las palabras y poner el amor de Cristo en acción.

Jesús sabía eso, y por eso dijo: «Hagan brillar su luz delante de todos, para que ellos puedan ver las buenas obras de ustedes y alaben al Padre que está en el cielo».[1] Esa es la definición de ser luz.

Los cristianos se olvidan de eso de cuando en cuando, pero de forma periódica hay recordatorios. Por ejemplo, leí un libro en el que el autor Ferry Muck describe una carta escrita por un hombre que solía no tener interés alguno en cuestiones espirituales.

Era vecino de un cristiano, y ellos mantenían una relación casual: conversaciones sobre la cerca que dividía sus patios traseros, se prestaban la máquina podadora de césped, y cosas así. Repentinamente, la esposa del no cristiano fue atacada por el cáncer, y murió tres meses después. Aquí está parte de lo que escribió luego:

Estaba totalmente devastado. La preparación del funeral y el funeral mismo los pasé como si estuviera en trance. Luego del funeral caminé por el sendero junto al río durante toda la noche. *Pero no caminé solo.* Mi vecino —temiendo por mí, me imagino— estuvo conmigo toda la noche.

Él no dijo nada; ni siquiera caminó a mi lado. Solamente me siguió. Cuando salió el sol finalmente sobre el río, se me acercó y me dijo: «Vamos a desayunar».

Hoy día asisto a la iglesia. A la iglesia de mi vecino. *Una religión que puede producir el tipo de cuidado y amor que me mostró mi vecino es algo de lo que quiero saber más.* Quiero ser así. Quiero amar y ser amado así por el resto de mi vida.[2]

Si usted quiere ser sal y luz tal y como Cristo lo pre-vió, entonces esta es la manera de hacerlo: muéstrese compasivo con un vecino, colega, amigo o extraño que esté en necesidad. En vez de estar congelado en la inac-tividad, simplemente hágase esta pregunta: «¿Qué haría Jesús?».

La palabras se evaporan rápidamente, pero la gente recuerda un amable acto de servicio para siempre. Hay pocas cosas que provean sazón como la sal o tan ama-bles que iluminen como un simple acto de bondad lle-vado a cabo en el nombre de Jesús.

Yo soy testigo de ello, porque nunca olvidaré a David.

UN CRISTIANISMO CONGRUENTE

De entre todas las personas que influenciaron en mi jornada espiritual, Linda y Jerry fueron probablemente las más significativas. Fueron para mí sal y luz de la siguiente forma: fueron genuinos, aun cuando no sabía la forma en la que los observábamos.

Hace años, Linda y Jerry vivían en el mismo edificio de departamentos que Leslie y yo, así que llegamos a conocernos mutuamente bastante bien. De hecho, nuestra hija Alison (quien, por cierto, se recuperó total-mente de su todavía misteriosa enfermedad al nacer), se convirtió en la mejor amiga de su hija, Sara.

Pero de lo que Linda y Jerry no se dieron cuenta es de cuánto analizábamos su estilo de vida en esa época. Fueron directos respecto al hecho de que eran cristia-nos, y nosotros teníamos mucha curiosidad por ver si ellos eran *genuinos*. ¿Sabe usted a lo que me refiero con esto?

Queríamos saber si podíamos detectar una actitud de «yo soy más santo que tú» hacia quienes no se suscribían a su teología. Queríamos ver cómo manejaban el conflicto en su matrimonio. Queríamos ver si pondrían una cara de felicidad cristiana, pretendiendo que nunca se enojaban, preocupaban o frustraban.

Queríamos ver si decían la verdad y si pedían perdón cuando cometían algún error. Queríamos ver si albergaban resentimientos si nosotros hacíamos algo que les hiriera. Queríamos ver si eran honestos acerca de las cosas pequeñas de la vida. Queríamos escuchar los comentarios que hicieran acerca de las personas que no estaban presentes en ese momento.

Los observamos por un largo periodo de tiempo y adivine de qué nos percatamos. Descubrimos que no eran perfectos. Sin embargo, nunca afirmaron serlo.

Lo que observamos básicamente fue un espíritu amable de aceptación hacia nosotros, mucho más humildad que orgullo, disposición para admitir sus errores, prontitud por la reconciliación cuando había conflicto, presteza para reconocer las asperezas de su carácter a la par de un esfuerzo sincero por limarlas, se rehusaban a hacer teatro pretendiendo que la vida cristiana siempre es feliz, reconociendo que cuestionaban su fe una que otra vez, pero más que otra cosa y apoyando todo lo anterior, observamos un deseo honesto de asemejarse un poco más cada vez a Jesús, pasito a pasito, conforme pasaba el tiempo.

En pocas palabras, eran *genuinos*. Fueron sal y luz. Y Leslie y yo nos convertimos en ciudadanos del reino de Dios en gran medida a través de su ejemplo.

Ahora bien, yo no quiero que usted se sienta paranoico pero, si usted es un seguidor de Cristo, necesita saber esto: *alguien le está observando*. Sus amigos, vecinos y conocidos monitorean su vida con su radar de hipocresía, porque quieren saber si usted es auténtico. Y lo que observen les frustrará o impulsará en su jornada espiritual.

De modo que permítame ser directo y hacerle una pregunta: *¿Qué es lo que detectarán?* Vamos, diga la verdad. ¿Puede honestamente decir que observarán a alguien que se enfrenta a la vida con integridad, al igual que Linda y Jerry?

«PARA MÍ, TÚ REPRESENTAS A JESÚS»

Maggie fue el ejemplo de alguien cuya perspectiva sobre la fe había sido envenenada por cristianos no genuinos. La conocí luego de que se aventuró a asistir, de manera muy tentativa, a la iglesia de la comunidad Willow Creek: su primera visita a alguna institución religiosa desde su niñez.

Lentamente se convirtió en alguien que se encuentra en una búsqueda espiritual, y me escribió esta perturbadora carta acerca de sus primeras experiencias con cristianos:

El cristianismo en el que crecí fue muy confuso desde que yo era una niña. La gente decía una cosa y hacía otra. En público, parecían muy espirituales pero en privado eran abusivos. Lo que hacían y lo que decían nunca concordaba. Había tal discrepancia que llegué a odiar al cristianismo, y no quería estar asociada con una iglesia.

¿Puede usted darse cuenta de la forma en que los cristianos cosméticos descarrilaron su trayecto hacia Dios?

Continuó explicando que había conocido a algunos cristianos en nuestra iglesia e incluso se involucró en un grupo pequeño de personas en una búsqueda espiritual, dirigido por una pareja cristiana:

De modo que cuando llegué a Willow Creek y a mi grupo pequeño, necesitaba amabilidad. Necesitaba poder hacer cualquier pregunta. Necesitaba que mis preguntas fueran tomadas en serio. Necesitaba ser tratada con respeto y ser valorada.

Más que otra cosa, necesitaba ver personas cuyos actos concordaran con sus dichos. No estoy buscando personas perfectas, sino genuinas. *Integridad* es la palabra que viene a mi mente. Necesito escuchar a personas genuinas que hablen de la vida real y necesito saber si Dios es, o puede ser, una parte de la vida real.

¿Le importan las heridas que tengo? ¿Le importa que necesite un lugar para vivir? ¿Puedo llegar a ser una persona saludable y completa? He hecho este tipo de preguntas y no se han reído de mí, no me han ignorado ni me han puesto a un lado. Nadie me ha presionado en forma alguna.

Luego, añadió lo siguiente:

No entiendo el cuidado que he recibido. No entiendo el por qué los líderes no parecen tener miedo de mis preguntas. No me dicen cosas como «Usted simplemente debe tener fe» o «Usted necesita orar más». No parecen tener miedo de decir quiénes son. *Parece que son genuinos.*

Esta joven terminó su carta con un hermoso poema de su autoría. Contiene los sentimientos provenientes del corazón de una persona que está en una búsqueda espiritual hacia quienes somos cristianos. Lea estas palabras con cuidado, y al hacerlo, imagine que esta preciosa persona está dirigiendo estas palabras directamente a usted. Porque así es.

¿Sabes acaso,
entiendes que
para mí,
tú representas a Jesús?

¿Sabes acaso,
entiendes que
cuando me tratas con gentileza,
viene a mi mente el pensamiento
de que tal vez él es gentil, también, y que
tal vez él no es alguien
que se ría cuando me lastiman?

¿Sabes acaso,
entiendes que
cuando escuchas mis preguntas

y no te ríes de ellas,
pienso: «Será que Jesús también está interesado en
mí»?

¿Sabes acaso,
entiendes que
cuando te escucho hablar sobre discusiones,
conflictos y heridas de tu pasado
pienso: «Tal vez yo soy una persona promedio,
y no una niña mala, sin bondad en ella,
que merece el abuso»?

Si tú te preocupas,
Pienso que tal vez él se preocupa:
Y hay una llama de esperanza
Que se enciende dentro de mí;
Por un momento
Tengo temor de respirar
Porque siento que mi aliento puede apagarla.

¿Sabes acaso,
entiendes que
tus palabras son sus palabras;
Tu rostro, su rostro,
Para alguien como yo?

Por favor, sé quien dices que eres.
Por favor, Dios, no permitas que eso sea otro truco.
Por favor permite que esto sea real.
Por favor.

¿Sabes acaso,
entiendes que
para mí,
tú representas a Jesús?

Brotaron lágrimas de mis ojos al leer ese poema por primera vez. Sentí el aguijón del remordimiento por las veces en las que supe que quienes estaban en una búsqueda espiritual miraron hacia mí sin ver a Jesús. Lamenté las veces en las que mi falta de sensibilidad, engreimiento o indiferencia pudieron haber retrasado a alguien en su jornada espiritual. Y decidí una vez más ser *genuino*, para con Dios y para con los demás.

Sentí que las palabras de Maggie eran tan poderosas que quise leérselas a toda nuestra congregación. De modo que le llamé una noche para obtener su permiso.

—Maggie, me encantó tu poema —le dije—. ¿Habría algún problema si lo leo durante las reuniones de este fin de semana?

—Oh, Lee —me dijo—. ¿No te han dicho?

Se me cayó el alma a los pies. Y ahora, ¿qué había ocurrido? ¿Se habría encontrado con alguien que habría sido como sal que pica o como luz que deslumbra? ¿La hipocresía de alguien alejó a esta joven de Dios una vez más?

—No, Maggie —respondí con una voz temblorosa—. No me han dicho nada. Dime qué ocurrió.

—No, no entiendes: son buenas noticias —me dijo—. ¡Hace unas cuantas noches le entregué mi vida a Jesús!

Casi salté de mi sillón.

—Maggie, ¡eso es formidable! —exclamé—. Es la mejor noticia que he escuchado en mucho tiempo.

Dime, ¿qué evidencia te convenció de que la Biblia es verdad? ¿Qué hecho descubriste que finalmente te comprobó que la Resurrección fue real?

Después de todo, ese era el tipo de cuestiones intelectuales que jugaron un papel muy importante en conducirme a la fe.

—No, para mí no se trató de nada de eso —respondió ella—. Verás: *simplemente conocí a un montón de personas que, para mí, son como Jesús.*

Hizo una pausa como para encogerse de hombros.

—Eso fue todo —me dijo.

Suspiré. Vaya lección para alguien como yo, cuyo primer impulso es tratar de discutir con la gente acerca del reino de Dios con evidencia, datos, hechos históricos y lógica.

De hecho, vaya lección para todo cristiano: solo se necesitó que algunas personas fueran sal y luz para ella, tal como Jesús lo planeó en su extravagante estrategia que todavía, luego de dos mil años, sigue funcionando para transformar al mundo, una vida a la vez.

◆◆

Dios puede CONCEDERLE EL PODER QUE NECESITE

❖

Desde que tuve edad suficiente para leer, quise convertirme en reportero de un periódico. Por ello, cuando cumplí dieciséis años, decidí que mi primer trabajo de verano fuese en esa industria y comenzar a ascender en la escalera periodística.

Armado con un directorio que enlistaba a todas las publicaciones periódicas semanales y diarias en el norte del estado de Illinois, me ausenté un día de la escuela y me quedé en casa para telefonear a los periódicos, en orden alfabético, y averiguar si querían contratar a un adolescente sin experiencia.

Telefoneé a editores en Addison, Antioch, Arlington Heights y Barrington… «Lo siento, no estamos interesados». Lo intenté con Cristal Lake, Elgin, Glencoe, Joliet… y, uno a uno, escuché el rechazo de los editores.

Luego de pasar la mayor parte del día haciendo muecas por causa de un rechazo tras otro, apenas estaba por llegar al final del alfabeto. Cuando solo me quedaban unas cuantas posibilidades, llamé al *Daily Sentinel* en Woodstock, aun cuando no sabía en dónde se localizaba ese poblado.

Me di ánimos preparándome para otro brusco rechazo pero, en vez de ello, el editor dijo: «Es posible que esté interesado. Ven para acá y conversemos al respecto».

Resultó que Woodstock quedaba a cuarenta y cinco kilómetros de casa. Como no tenía automóvil, tomé el tren hacia allá, tuve mi entrevista para el trabajo, ¡y me quedé con el trabajo! Quedé extasiado... hasta enterarme que el *Sentinel* era un periódico vespertino. Eso quería decir que mi trabajo comenzaba a las seis de la mañana, antes de que hubiera trenes disponibles para trasladarme hacia allá.

Mi único recurso fue acudir a mis padres. «Ustedes saben cuánto deseo trabajar en un periódico», les dije, «y ahora tengo esa oportunidad. Pero tengo que mudarme de casa para hacerlo. Ganaré setenta dólares a la semana y encontré una casa de huéspedes que me cobra quince dólares a la semana, así que puedo pagarlo yo mismo. ¿Qué piensan? Sé que solo tengo dieciséis años pero, ¿me dejarían ir de casa para seguir mi sueño?».

Hay muchísimos tipos de padres en el mundo. Algunos mantienen a sus hijos con una rienda fuerte, lo cual puede ser apropiado para algunos niños, pero siempre existe el peligro de sofocarlos.

Mis padres, sin embargo, eran de los del tipo que habilitan a sus hijos. Querían capacitarme y equiparme de una manera responsable para que tuviera oportunidades de crecer, aprender y desarrollarme. De modo que mamá y papá me concedieron el permiso y, al terminar mi primer año en la preparatoria, me mudé de casa para trabajar en el periódico de Woodstock. De hecho, terminé trabajando ahí durante tres veranos y, antes de que me diera cuenta, ya estaba ascendiendo por la escalera que me llevaría, con el paso del tiempo, al *Chicago Tribune*.

El punto es este: mis padres tenían un poder virtualmente total sobre mi vida, pero no utilizaron su autoridad para reprimirme. En vez de ello, y dado que estaban profundamente interesados en mi desarrollo y en mi futuro, me dieron su bendición para convertirme en todo lo que pudiera llegar a ser.

Y esto me lleva a otra de las afirmaciones escandalosas de Dios: aunque es innegable que él es poderoso, también elige ser un Dios que *comparte el poder*.

Él está lo suficientemente preocupado por nosotros como para estar dispuesto a infundir su fuerza en nosotros, *siempre y cuando* la utilicemos apropiadamente. En suma, él nos concede el poder según sea necesario.

Permítame ilustrar esto con un pasaje de las Escrituras que no solo es majestuoso en su fuerza descriptiva sino que contiene uno de los finales más sorprendentemente alentadores de la Biblia.

EL PODER DE UNA TORMENTA DEL DESIERTO

Al tratar de capturar de una manera creativa toda la extensión de la increíble fuerza de Dios, el rey David recordó sus días como pastor, cuando podía observar las asombrosas tormentas que rugían a través del desierto con una temible intensidad. Él escribió lo que denominamos el Salmo 29, el cual usa un lenguaje pintoresco para exaltar la omnipotencia de Dios:

> La voz del SEÑOR está sobre las aguas;

Aparentemente, esta tormenta hacía estruendo desde el Mediterráneo.

> resuena el trueno del Dios de la gloria;
> el SEÑOR está sobre las aguas impetuosas.
> La voz del SEÑOR resuena potente;
> la voz del SEÑOR resuena majestuosa.
> La voz del SEÑOR desgaja los cedros,
> desgaja el SEÑOR los cedros del Líbano.

¿Sabe usted lo enormes que llegan a ser los cedros en el Líbano? Pueden crecer hasta nueve metros de diámetro y levantarse hasta la altura de un edificio de veinte pisos. Sin embargo, David dice que basta el mero susurro de Dios para astillar espontáneamente esos árboles y convertirlos en leña de forma instantánea. ¡Eso es poderoso!

> hace que el Líbano salte como becerro,
> y que el Hermón salte cual toro salvaje.

Hermón es un monte de tres mil metros de altura. En otras palabras, la voz de Dios es como un poderoso terremoto que hace que las planicies y las montañas se sacudan, tiemblen, se ondulen y dancen.

La voz del SEÑOR lanza ráfagas de fuego.

Piense en el increíble poder desencadenado por cuarenta millones de rayos que caen en los Estados Unidos cada año. En una fracción de segundo, cada rayo descarga cien millones de voltios de electricidad y treinta mil millones de caballos de fuerza, ¡a una temperatura cinco veces mayor que la de la superficie del sol! Sin embargo, una sola declaración de los labios del Señor es mucho más potente que todos los rayos de las mil ochocientas tormentas eléctricas que ocurren en un momento determinado alrededor del planeta.

La voz del SEÑOR sacude al desierto;
el SEÑOR sacude al desierto de Cades.

Cades está en el sur; Hermón en el norte: lo que esto significa es que el tremendo poder de Dios fluye a través de toda la tierra. Nadie puede huir de él.

La voz del SEÑOR retuerce los robles
y deja desnudos los bosques

¿Recuerda las fotografías después de que hizo erupción el Monte St. Helens? En una explosión con la fuerza equivalente a quinientas bombas atómicas, un total de más seiscientos kilómetros cuadrados de árboles gigantes fueron derribados como fósforos y descortezados: millones y millones de árboles, suficientes para construir trescientas mil casas. Sin embargo, eso fue un juego de niños, en comparación con el poder de Dios. Se necesitaría solo uno de sus murmullos para aplanar las trescientas treinta millones de hectáreas de Selva Tropical en el Amazonas.

Entonces, ¿cuál es nuestra respuesta natural a un Dios cuya fuerza es tan inmensa que hace parecer minúsculas las increíbles energías desencadenadas en una tormenta del desierto?

> en su templo todos gritan: «¡Gloria!»
> El Señor tiene su trono sobre las lluvias;
> el Señor reina por siempre.

¿Qué otra reacción podemos tener si no adorarle por ser un Dios tan asombrosamente poderoso e impresionante, quien merece reinar sobre toda su creación?

Pero es entonces cuando el poema de David toma un curso de importancia crítica. Luego de describir el poder de Dios, el salmo llega a una conclusión repentina, con un giro totalmente inesperado:

> El Señor fortalece a su pueblo;
> el Señor bendice a su pueblo con la paz.

El punto es este: nuestro omnipotente Dios no simplemente acumula su poder. En vez de ello, es una

Deidad habilitadora que ofrece compartir su fuerza con quienes creó. Y eso es algo bueno, porque el resultado es que podemos hallar paz en donde tenemos pánico, resistencia en donde nos sentimos vacíos, y valor cuando sentimos cobardía. «Pues Dios no nos ha dado un espíritu de timidez», dijo el apóstol Pablo, «sino de poder, de amor y de dominio propio».[1]

¡Qué afirmación tan escandalosa de parte de un Dios de una fuerza tan extravagante!

¿Quién no necesita un poder como ese en su vida? ¿Quién no quisiera ser el receptor de la oferta generosa de Dios para infundir en nosotros su fortaleza sobrenatural? Existen muchas áreas en las que podríamos beneficiarnos de recibir este poder, pero me concentraré en tres de nuestras necesidades más comunes: poder cuando hay dolor, poder cuando hay tentación y poder para hacer lo correcto.

PODER CUANDO AMENAZA UN VIENTO DESTRUCTOR

Por ejemplo, necesitamos el poder de Dios para salir de tiempos dolorosos en los que sencillamente no creemos que podemos salir por nuestra cuenta. Permítame ofrecerle un ejemplo.

Me encontraba tomando el almuerzo cierto sábado de una tarde de agosto cuando sonó el teléfono en la cocina. La voz del otro lado de la línea se identificó como un médico de la sala de emergencias y me dijo que un amigo mío, de nombre Bob, necesitaba hablar conmigo urgentemente. Mi primer pensamiento fue:

«Oh, no. Conociendo a Bob y sabiendo lo intenso que es, apuesto a que tuvo un ataque cardíaco».

El doctor le dio el auricular a Bob, pero el ruido que se escuchaba en la bocina no sonaba a algo humano: era un aullido angustioso y que causaba gran pesar.

—Bob —le dije—, cálmate, cálmate. Dime qué ocurre.

Pasaron unos momentos para que Bob recuperara el aliento y la compostura lo mejor que pudo.

—Se trata de mi hija —logró decirme antes de volver a estallar en sollozos—. La atropelló un conductor en estado de ebriedad. ¡Me dicen que tiene muerte cerebral! Por favor, Lee, ¡ven al hospital!

Llegué a la unidad de cuidado intensivo en cuestión de unos minutos. Ahí estaba ella, con un lado de su cabeza rasurado por causa de la cirugía en el cerebro, sus ojos cerrados por la hinchazón, su cara magullada y llena de golpes, conectada a un respirador automático. Era una visión horrenda.

Tomé la mano de Bob y la de ella, la que estaba flácida y fría, y oré por los dos. Mientras oraba, no pude dejar de pensar en mi propia hija única y cómo fue que una vez me sentí tan impotente, siendo ateo, al estar al lado de su cuna en la unidad neonatal del hospital, observando su lucha por su joven vida.

Permítame contarle algo que le dará mucho en qué pensar: lo que le ocurrió a mi amigo Bob le ocurrirá a usted. Es posible que no se trate del mismo tipo de tragedia, pero es inevitable que usted, en algún momento y de alguna manera, experimentará la clase de congoja que atraviesa el alma y que proviene de una pérdida demasiado dolorosa como para soportarla. Usted no es inmune a ello y yo tampoco.

Jesús dijo lo mismo: «Yo les he dicho estas cosas para que en mí hallen paz. En este mundo afrontarán aflicciones, pero ¡anímense! Yo he vencido al mundo».[2] Lo que dijo con claridad es que vivimos en un lugar distorsionado y corrompido por el pecado, y que sufriremos las consecuencias durante el tiempo que permanezcamos aquí.

Sin embargo, en ese versículo Jesús también ofrece esperanza. Dice que podemos recibir precisamente las dos cosas que necesitamos más cuando un viento destructor amenaza con hundir nuestra vida: paz y valor. ¿Y de dónde provienen? De un Dios que nos proporciona la fortaleza para superar el dolor que pensamos que jamás superaríamos por nuestra propia cuenta.

Si hoy te sentaras a tomar una taza de café con mi amigo Bob, él te diría que sin lugar a dudas la muerte de su hija fue el valle más profundo y sombrío por el que jamás ha transitado. Pero también te diría convencido que si Dios no hubiera caminado con él, si no lo hubiera habilitado y fortalecido, jamás hubiera podido salir de allí. No por lo menos en una pieza.

Cuando llegue el momento en el que usted necesite obtener ese tipo de fortaleza, ¿cómo la obtendrá? Esa es la gran pregunta, ¿no es cierto? *Cómo.* Bueno, espere unos momentos y trataré ese asunto de la forma más clara que me sea posible.

PODER CUANDO NOS ATRAEN LAS TENTACIONES

Cuando la tragedia nos acecha, no solo necesitamos desesperadamente la fortaleza de Dios, sino su poder para evitar hacer lo que sabemos que no debe hacerse.

Las tentaciones nos atraen todos los días. En una ocasión vi una etiqueta adherida al parachoques de un automóvil: «No me dejes caer en tentación; soy perfectamente capaz de caerme por mi cuenta». C. S. Lewis lo dijo de esta forma: «Actualmente se piensa que las personas buenas no saben lo que significa la tentación. Esa es una mentira evidente. Solo quienes tratan de resistir la tentación saben lo fuerte que es».

Las tentaciones son todos esos atajos inmorales o no éticos que inevitablemente nos meten en un callejón sin salida:

+ ¿Debería ocultar la verdad en su currículum vitae? *Eh, nadie verifica jamás esas cosas.*

+ ¿Debería tratar de conquistar a esa persona nueva del trabajo? *Si eres discreto, tu cónyuge jamás sospechará.*

+ ¿Debería rentar esa película pornográfica? *¿Qué daño haces? Ya eres una persona adulta.*

+ ¿Debería atribuirse el crédito por las ideas de su asistente? *Si lo haces en la forma adecuada, jamás se enterará y tú cosecharás las recompensas.*

+ ¿Debería pagar impuestos por ese ingreso extra? *Por supuesto que no, ellos no tienen forma de rastrearlo.*

+ ¿Debería llegar al final de una mala racha financiera y comprar un automóvil caro? *Te mereces un poco de diversión, ¿no es así?*

Antes de convertirme a Cristo, tenía dos criterios para determinar a qué tentaciones cedería. En primer lugar, ¿cuánto placer obtendría? En segundo lugar, ¿cuáles sería las posibilidades de meterme en problemas? El resultado: terminé cediendo a placeres de corto plazo que inevitablemente producían dolores de cabeza al largo plazo.

Luego de convertirme en seguidor de Jesús, me di cuenta de que las tentaciones no cesaron. Para empeorar las cosas, mi punto de vista original sobre la actitud de Dios hacia las tentaciones estaba totalmente equivocado. Imaginaba a Dios como si me tuviera agarrado por una correa, como la que le colocaba a mi perro gigante, Nick, cuando era cachorro. Cada vez que Nick amenazaba con alejarse hacia donde pensaba que podía divertirse más —tal vez presentarse con aquella linda perrita al final de la calle—, yo tiraba rápidamente de la correa para hacerlo entrar en orden. Me imaginaba a Dios tirando de mi correa, simplemente desafiándome a sucumbir a una tentación para que él pudiera con enojo tirar de mi correa otra vez. De modo que me sentía intimidado y solo.

Pero al leer la Biblia, me percaté de que esa no es en lo absoluto la actitud de Dios. Él no está tratando arbitrariamente de echarme a perder la diversión; más bien, con amor quiere protegerme de toda desventaja emocional, física, relacional y espiritual que pueda propiciarse cuando cedemos a las tentaciones.

De hecho, él está en mi esquina: «Porque no tenemos un sumo sacerdote incapaz de compadecerse de nuestras debilidades», dice la Biblia, «sino uno que ha sido tentado en todo de la misma manera que nosotros, aunque sin pecado».[3]

Siempre es más fácil hablar sobre cómo tratar con la tentación con alguien que ya experimentó eso. De modo que, cuando hablo con Jesús acerca de las presiones a las que estoy sometido para menoscabar mi moral o tomar atajos éticos, no lo imagino diciendo: «¡Vaya, vaya! ¡Qué vergüenza que pienses siquiera esas cosas!». Más bien, lo imagino diciéndome: «Yo sé, yo sé. Créeme, te entiendo. Ven aquí, déjame ayudarte».

Y él me ayuda. «Dios es fiel, y no permitirá que ustedes sean tentados más allá de lo que puedan aguantar», nos asegura el apóstol Pablo. «Más bien, cuando llegue la tentación, él les dará también una salida a fin de que puedan resistir.».[4]

Pero nuevamente la verdadera cuestión es el *cómo*. Hablando en términos prácticos, ¿cómo es posible tener acceso a esa fortaleza? Bueno, espere un poco más y exploraremos esa cuestión.

PODER PARA VIVIR RECTAMENTE

Dios dice que puede ayudarnos a evitar las actividades dañinas en las que sabemos que no deberíamos enredarnos. ¿Y qué hay del otro lado de la moneda? La verdad es que también necesitamos la ayuda de Dios para hacer lo que sabemos que *deberíamos* hacer pero que nos falta poder para hacerlo por nuestra cuenta.

Si usted ha leído la Biblia, sabe que contiene muchísima enseñanza acerca de cómo debemos vivir si queremos ser hombres y mujeres de carácter piadoso. Pero estoy dispuesto a confesar que, sin la ayuda de Dios, sencillamente no puedo hacer mucho por ello.

* ¿Servir a otros? *Lo siento, pero prefiero poner en primer lugar mis necesidades.*
* ¿Ser humilde? *Todo mundo sabe que la mejor forma de estar en primer lugar en estos días es ser nuestro más grande animador.*
* ¿Ser generoso? *Me inclino por aferrarme a mis posesiones.*
* ¿Ser paciente? *No es algo probable cuando te encuentras atascado en la hora de tráfico más denso, a través de una zona de construcción o detrás de alguien en la tienda de víveres que, aunque está formado en la línea rápida, tiene treinta artículos en su carrito de compras.*
* ¿Perdonar a quienes me han hecho daño? *Oye, soy de Chicago, en donde el credo es: «No te enojes, ¡véngate!».*

Como cristianos, nuestro objetivo en la vida debería ser que «Cristo sea formado» en nosotros.[5] Eso involucra el recorrer un sendero, a menudo arduo, de sujeción, crecimiento y madurez que, francamente, no es posible que recorra por mi propia cuenta. Necesito el poder de Dios si quiero progresar. Y nuevamente aparece la pregunta del *cómo*. ¿No es esa la clave? Todos *queremos* el poder que proviene de Dios pero ¿cómo lo *obtenemos*? Ya no voy a eludir más esa cuestión.

Tener acceso al poder de Dios no es una cuestión de oprimir los botones correctos o entonar las palabras correctas para, repentinamente, ser transformados en una versión cristiana de los *Power Rangers*. Sin embargo, hay ciertos pasos bíblicos que debemos dar cuando nos sentimos abrumados por la tragedia, vulnerables a la tentación, o demasiado débiles para crecer en carácter; o, en todo caso, cuando nos sentimos tímidos, vencidos o frágiles en nuestra fe.

Les denomino «los pasos AAAPA» para que me sea más sencillo recordarlos. Las descubrí al buscar en las páginas de la Biblia y, al aplicarlos en mi propia vida a través de los años, me he percatado invariablemente de que son una tremenda ayuda. Mientras los lee, considere la forma en la que pueden dejarlo en una posición adecuada para obtener poder de nuestro omnipotente Dios.

Paso 1: Admitir que, sin tener a Dios, usted es débil

Mi primera reacción en una crisis es tratar de salir de ella por mi propia cuenta, porque no me gusta depender de nadie más. Pero esta es la cuestión: *no podemos ser llenos con el poder de Dios hasta que primero no nos deshagamos de la pretensión de que podemos arreglárnoslas por nuestra propia cuenta*. Necesitamos admitir que no podemos salir de esta tragedia, que no podemos resistir esta tentación, que no podemos moldear nuestro carácter, sin una intervención externa. En las Escrituras, muy a menudo, desde Moisés hasta Pablo, leemos sobre personas que primero admiten humildemente su debilidad y que luego Dios las llena con su poder.

De hecho, Pablo dijo en cierto punto: «Pero [el Señor] me dijo: "Te basta con mi gracia, pues mi poder se perfecciona en la debilidad". Por lo tanto, gustosamente haré más bien alarde de mis debilidades, para que permanezca sobre mí el poder de Cristo».[6]

Mientras con más necedad nos resistamos a lo evidente, al hecho de que en última instancia somos impotentes por nuestra propia cuenta, nos hundiremos más profundamente en el fango. Después de todo, no podemos estirarnos y aferrarnos de la fortaleza de Dios si estamos demasiado ocupados aferrándonos a nuestra autosuficiencia.

«Nada lleva más lejos nuestra vida de oración como sentir nuestra propio desamparo», escribió Ole Hallesby en su clásico libro *Prayer* [Oración]. «Es cuando estamos desamparados que realmente abrimos nuestros corazones a Dios».

Paso 2: Afirmar el poder y la presencia de Dios

Una vez que nos enfrentamos cara a cara con la realidad de nuestra propia debilidad, necesitamos recordarnos a nosotros mismos que somos seguidores de un Dios todopoderoso quien, a través de la historia, tiene un misterioso registro de proporcionar fortaleza a sus seguidores.

La Biblia dice que necesitamos mantener esa verdad en el primer lugar en nuestra mente: «¡Refúgiense en el SEÑOR y en su fuerza, busquen siempre su presencia! ¡Recuerden las maravillas que ha realizado, los prodigios y los juicios que ha emitido!».[7]

En otras palabras, permítase descansar en la forma en la que facultó a Moisés, fortaleció a David, preparó a Daniel, dio confianza a Pedro y apoyó a Pablo. Recuerde cómo vez tras vez Dios probó que es confiable.

Hace algún tiempo conocí a una joven que tenía una fe muy frágil y llena de dudas. Al conversar, fue evidente la razón: realmente jamás había leído la Biblia. No conocía la gran historia de cómo Dios, repetidamente, entró en acción a favor de sus seguidores. De modo que tomé una hoja de papel y escribí una sencilla receta: «Lea la Biblia». No se dedique solo a consumir libros y cintas cristianos. Estudie la fuente original.

Además de reconocer el poder de Dios, también deberíamos afirmar su voluntad por estar presente en nuestras vidas.

Alison fue parte de un coro en la escuela preparatoria que cantaba *From a Distance* [Desde la distancia], una canción que Bette Midler hizo famosa. Cuando cantaban la parte de la letra que decía «Dios nos mira desde la distancia», yo quería levantarme y gritar: «¡Oigan, eso no es cierto!».

Por compasión a Alison, me abstenía de hacerlo. Pero quería que todos supieran que Dios no solo se nos queda viendo desde lo lejos. Él está en este lugar. Es cercano. Es accesible. El Señor le dijo a Josué: «¡Sé fuerte y valiente! ¡No tengas miedo ni te desanimes! Porque el SEÑOR tu Dios te acompañará dondequiera que vayas».[8]

Sencillamente asegurarnos de esta verdad puede marcar una gran diferencia. Nuestra confianza, valor y fortaleza se refuerzan cuando recordamos que, el Dios que facultó a su pueblo a través de todas las épocas, es el mismo Dios que quiere estar presente en nuestra vida hoy día: en este momento, en medio de nuestras crisis, tentaciones o encrucijadas de carácter.

Paso 3: Alinearse con la voluntad de Dios

¿Ha escuchado la canción del refrán que dice «Buscando amor en todos los sitios equivocados»? La verdad es que, en ocasiones, buscamos la fortaleza de Dios por las razones equivocadas. Sin embargo, el poder de Dios no está en una fuente de poder eléctrica a la que podemos conectarnos para el propósito que se nos antoje.

«Yo soy la vid y ustedes son las ramas», dijo Jesús.[9] Eso quiere decir que usted y yo necesitamos estar íntimamente ligados con Dios y con sus propósitos.

Él continúa diciendo ahí mismo: «El que permanece en mí, como yo en él, dará mucho fruto». En otras palabras, es cuando obramos en concierto y armonía con Dios que él está dispuesto a concedernos el poder para lograr grandes cosas.

El versículo concluye con este apropiado, aunque duro, recordatorio: «Separados de mí no pueden ustedes hacer nada». Cuando de manera independiente estamos en pos de nuestra propia agenda, no deberíamos esperar que Dios, necesariamente, contribuirá con ella.

Piense un poco en eso.

No tendría mucho sentido para Dios renovar de forma sobrenatural nuestra fortaleza de modo que fuésemos en pos de un proyecto personal que va en contra de su propio plan para nuestra vida. Necesitamos asegurarnos de viajar en el mismo camino que él quiere para nosotros antes de buscar su ayuda para recorrerlo. Mírelo de este modo: si lo que él quiere es lo mejor para nosotros, ¿no tendría más sentido para nosotros estar en sincronía con él?

El alinearnos con la voluntad de Dios comienza cuando ponemos nuestra confianza en Jesucristo como el que perdona nuestros pecados y como el líder de nuestra vida. Y esto es un proceso continuo mientras crecemos en nuestra relación con él y nos sometemos cada vez más a su agenda para nuestra vida.

Al madurar en nuestra fe, nos hacemos más y más diestros en discernir su voluntad. Nos familiarizamos con su voz. Nos sumergimos en su Libro y constantemente probamos todo a la luz de él. Recibimos la guía del Espíritu Santo que mora en nosotros. Buscamos consejo sabio de otros cristianos. Y desarrollamos la confianza de que, mientras vamos en la dirección de Dios, vamos por el buen camino, y él estará ahí para alentarnos y habilitarnos.

Paso 4: Pedir a Dios el poder que necesita

Cuando estaba en la escuela preparatoria, mi hermano Ray compró un reluciente convertible Corvette nuevo. Por supuesto, siempre quise que me lo prestara, pero me sentía demasiado intimidado para dirigirme a él y pedírselo. Así que le daba la vuelta al asunto al hacer sugerencias no muy sutiles.

—Supongo que el automóvil simplemente se quedará ahí toda la noche, ¿no? —diría en tono casual—. Todo solito. Qué pena. Parece como si necesitara un poco de ejercicio…

Yo continuaba así hasta que Ray exclamaba, finalmente:

—Mira, Lee, si lo que quieres es que te preste el auto, ¡solo *pídemelo* !

Con mucha frecuencia queremos con desesperación que Dios intervenga en nuestras vidas, pero le damos la vuelta al asunto. La Biblia dice, simple y sencillamente: «No tienen, porque no piden».[10] Necesitamos presentarnos ante él y expresarle el deseo de nuestro corazón.

Luego de admitir que no somos capaces de manejar las cosas por nuestra propia cuenta, luego de afirmar el poder de Dios y su presencia en nuestra vida, y luego de alinearnos con Dios queriendo aquello que él quiere para nosotros, debemos pedir de forma directa y específica su ayuda sobrenatural.

En ocasiones he hecho eso y —*¡qué impresionante!*— he experimentado un torrente de valor, de firmeza, y de efectividad que solamente puedo atribuirlos a la obra de Dios en mi vida. Por ejemplo, pienso en las ocasiones en las que me he sentido acobardado antes de dirigir unas palabras a la multitud. Estoy totalmente convencido tanto de su falta de interés como de mi incapacidad para decir algo que valga la pena. Pero, luego de dar estos primeros cuatro pasos, me encuentro en la mitad de mi mensaje diciendo: «¿Y *esto* de dónde vino?

¿Cómo es que puedo articular claramente unos pensamientos que parecían estar tan desordenados apenas hace una hora? ¿Por qué siento confianza en vez de cobardía?». Y es cuando sé, sin duda alguna, que la fuente de eso fue Dios.

Pero he de ser franco: no siempre ocurre de esa forma. Hay ocasiones en las que he dado esos primeros cuatro pasos y no siento diferencia alguna. Todavía me siento atemorizado y débil. ¿Alguna vez le ha ocurrido a usted algo así? Si es así, ¿qué debería hacer? Me he percatado de que la mejor estrategia es dar el paso final.

Paso 5: Actuar en obediencia a Dios

Mi amigo Bill Hybels me señaló un patrón en las Escrituras que enseña lo siguiente: *aun cuando no nos sintamos habilitados, si actuamos, sin embargo, recorriendo el camino que Dios quiere que caminemos, él nos dará poder conforme se vaya necesitando poder.*

Como ejemplo, Bill se refirió a Jesús en el jardín de Getsemaní. Estaba abrumado de emociones por su muerte inminente. Se sentía débil y atemorizado pero, luego de orar y asegurarse de que estaba alineado con la voluntad de su Padre, con obediencia salió del jardín a los brazos de quien le traicionó, y recorrió el camino hacia la muerte. Dios le dio fortaleza cuando se necesitó fortaleza.

Fue capaz de soportar la flagelación, los golpes, las burlas, la corona de espinas, los clavos punzantes en sus manos y pies, y el aplastante peso de los pecados del mundo sobre sus hombros. Pasó por todo eso hasta declarar: «Todo se ha cumplido»,[11] habiendo pagado el precio para redimir al mundo. Dios el Padre se aseguró de que su Hijo tuviera la cantidad exacta de fortaleza que necesitó para llevar a cabo su esencial misión redentora en el mundo.

Y cuando usted y yo recorremos el camino de obediencia a Dios a pesar de que no nos sentimos habilitados, lo que demostramos es *fe*. La fe no es solamente suponer algo: es creer *y* adoptar una conducta. Es creer algo y actuar de acuerdo a lo que creemos. Alguien definió alguna vez a la fe como «una creencia que se convierte en valentía».

La Biblia dice: «Sin fe es imposible agradar a Dios».[12] Pero también es cierto que *con* fe, esto es, siendo obediente y confiando que Dios nos asistirá, recibiremos poder conforme se requiera poder.

En mi propia vida he visto la demostración de esto una vez tras otra. Por ejemplo, hace algún tiempo yo sabía que debía reconciliarme con alguien a quien había maltratado, pero me sentía demasiado intimidado y avergonzado de hacerlo. Iba a ser algo difícil para mí admitir mi falta.

Tenía temor de que él pudiera enfurecerse conmigo. Ni siquiera estaba seguro de cómo traer el asunto a discusión sin ser inoportuno al respecto.

De modo que admití que necesitaba de la fortaleza de Dios. Me aseguré a mí mismo que él es poderoso y que él está conmigo.

Sabía que estaba alineado a su voluntad, porque la Biblia me dice lo siguiente: «Si es posible, y en cuanto dependa de ustedes, vivan en paz con todos».[13] Además, oré, pidiendo a Dios el valor para seguir adelante.

En vez de sentirme electrizado con poder, todavía me sentía aprehensivo e incompetente. A pesar de ello, tomé la decisión consciente de dar el quinto paso. Eso quería decir *actuar* al hacer lo que sabía que Dios quería que hiciera.

Me acerqué al teléfono y me obligué a marcar el número de este hombre, sabiendo que si yo caminaba por el camino de la obediencia, Dios me daría el poder conforme se necesitara el poder. Y fue así que, mientras se desarrolló la conversación esa noche, Dios me dio confianza y fortaleza a través de esa muy complicada conversación. Hoy estoy reconciliado con ese amigo.

De modo que si usted necesita poder en su vida, *actúe*. Si está abrumado por una tragedia personal, ponga un pie frente al otro y acuda a su iglesia a buscar ayuda, confiando en que Dios le dará la fortaleza conforme necesite la fortaleza.

Si la tentación le envuelve con sus tentáculos, *actúe*. Levante el teléfono para decirle a la persona con la que ha estado coqueteando que eso debe parar. Empaque los videos pornográficos y tírelos a la basura. Abra su armario y comience a empacar, de modo que pueda salir de esa relación en unión libre con su novio o novia. Sí, son pasos difíciles de dar, pero cuando se mueve en la dirección que sabe que Dios quiere que usted se mueva, puede confiar en que él le dará el poder conforme se necesite el poder.

Si sus deficiencias de carácter no le permiten hacer lo que es correcto, *actúe*. Vaya al teléfono y hable con un amigo cristiano a quien le tenga confianza. Converse con él al respecto y pídale que con amor le pida cuentas y le ayude a crecer en esta área. Y espere que Dios le dé el poder conforme se necesite poder.

El hermano Andrés es testigo de la efectividad de este paso. Se ganó el sobrenombre de Contrabandista de Dios por introducir de manera muy creativa millones de Biblias en países cerrados al Evangelio a través del mundo, incluyendo sociedades tan hostiles al cristianismo que nadie pensaba que alguien podría penetrarlas. ¿Cómo le fue posible hacerlo?

Una vez que sentía que Dios le dirigía a llevar materiales de contenido cristiano a una nación, el hermano Andrés llevaba a cabo acciones concretas en obediencia, aun cuando la puerta de entrada pareciera seguramente cerrada al principio. De alguna forma, mientras se aproximaba a la frontera con sus libros, Dios siempre lo habilitaba para cumplir su misión. El hermano Andrés lo describió de esta forma:

La puerta puede parecer cerrada, pero solo está cerrada de la forma en la que lo está la puerta de un supermercado. Permanece cerrada cuando usted está lejos pero, conforme se acerca deliberadamente a ella, un ojo mágico por encima ve que usted se aproxima, y la puerta se abre. Dios espera que nosotros caminemos hacia delante en obediencia de modo que pueda abrirnos la puerta para que le sirvamos.[14]

Lo que descubrirá es que, cuando usted demuestra fe dando pasos específicos de obediencia a Dios, él está más que dispuesto a intervenir de forma sobrenatural en su vida. A través de todo, sencillamente aférrese a las palabras que pronunció el rey David: «Encomienda al SEÑOR tu camino; confía en él, *y él actuará*. Hará que tu justicia resplandezca como el alba; tu justa causa, como el sol de mediodía».[15]

PODER PARA ALCANZAR SU POTENCIAL

Existe la posibilidad de que usted necesite la fortaleza de Dios en algún área de su vida. Todos la necesitamos y Dios ya sabe eso. De hecho, mientras Dios le ve en este momento, sentado allí leyendo este libro, ¿qué es lo que ve?

¿Acaso ve a alguien tímido, temeroso y paralizado? ¿Alguien que se está doblando bajo el peso de la vida? ¿Alguien que rutinariamente se derrumba ante las tentaciones? ¿Alguien que no puede recobrar el valor para hacer lo correcto o que se siente demasiado débil para dejar de hacer lo incorrecto? ¿Alguien cuyo indicador de la fe registra un peligroso estado de «casi agotada»? ¿Qué es lo que Dios ve cuando le mira a usted?

Espere un segundo. No responda demasiado rápido.

Primero, permítame contarle una historia. Es acerca de alguien que era el miembro más débil de una familia incrédula que vivía en el lado equivocado de la vía.

Tenía una personalidad indecisa y llena de dudas. Cuando lo hallamos por primera vez en la Biblia, se estaba acobardando por la posibilidad de que unos proscritos merodeadores pudieran asesinarlo.

Su nombre era Gedeón. Cierto día, un ángel se apareció ante él y adivine cómo saludó a este tembloroso cobarde.

Simplemente pudo haberle dicho: «¡Oye tú, gallina panza amarilla!», u «¡Oye tú, el de la espina dorsal débil!». Sin embargo, el ángel dijo algo totalmente inesperado: «¡Oye Gedeón, *poderoso guerrero*!».

¿Por qué le llamó así? Por que Dios podía ver a Gedeón no solo por lo que era, sino por aquello en lo que podía convertirse, *siempre y cuando* tuviera acceso al poder de Dios.

Con eso Dios sabía que Gedeón tenía el potencial para convertirse en alguien que cambiara la historia y que actuara con valor y audacia.

Al final de la historia Gedeón recibió la fortaleza de Dios. Aunque tropezó ocasionalmente, continuó para lograr cosas grandes para Dios. Y su nombre se ha preservado a través de los siglos hasta el día de hoy.[16]

Así que permítame reformular mi pregunta: *¿Mientras Dios le mira sentado allí, en este momento, cómo podría llamarle?*

Qué tal: «¡Oye, tú, hombre o mujer que cambia la historia!», u «¡Oye, tú, edificador del reino!, u «¡Oye, tú gran hombre de carácter¡», u «¡Oye, tú, maravillosa mujer de integridad!», u «¡Oye, tú increíble padre o madre!», u «¡Oye, tú, el de la fe inspiradora!», u «¡Oye, tú, el pilar de fortaleza!», u «¡Oye, tú modelo de virtud!», u «¡Oye, tú, Gedeón de la era moderna!».

Piense por un momento. Imagínese en lo que puede convertirse si descansa en la fortaleza de Dios en vez de en la suya. Adelante. Considere las posibilidades.

Usted puede estar completamente seguro de esto: Dios ya lo hizo.

◆ ◆

USTED GANA AL DARSE A LOS DEMÁS

❖

Su nombre es George, pero no le llamaban así los bravucones de su escuela secundaria cerca de Chicago. Día tras día lo bombardeaban con nombres como «tonto», «idiota» y «raro». Se burlaban de él, lo empujaban y trataban de provocarlo para que peleara con ellos: todo debido a que George es un poco distinto.

A final de cuentas obtuvieron una amarga victoria. Debido al incesante acoso y a la falta de capacidad de los profesores para reducirlo, los padres de George decidieron sacarlo de la escuela y educarlo en casa.

Desafortunadamente, la bravuconería es una forma de vida. Los bravucones son las personas más fuertes que nosotros, física, económicamente o de cualquier otra forma, que obtienen gran placer en molestarnos de una manera que no los olvidemos. Las estadísticas indican que tres de cada cuatro personas han sido víctimas de un bravucón en algún momento de su vida. Como lo dijo un experto: «Ser un bravucón tiene que ver totalmente con el poder».

En el capítulo anterior, exploramos el fenomenal poder de Dios. Si el viejo refrán es cierto (que el poder corrompe y el poder absoluto corrompe absolutamente), sería algo comprensible que Dios se comportara como un bravucón cósmico, echando todo su peso en toda dirección, menospreciándonos e intimidándonos, restregándonos, engreído, el hecho de que en la vista panorámica de las cosas, él es el jefe y nosotros somos no más que unos enclenques debiluchos.

Pero Dios no es así.

Observe lo que ocurrió cuando Jesús comió con sus discípulos un día, como lo registra Juan 13. Los versículos tres y cuatro de ese capítulo constituyen una de las frases más escandalosas de toda la Biblia. Es como un corte en el flujo de la narración, en el que parece que dos pensamientos no van unidos, porque en esencia están en desacuerdo. La primera parte de la frase dice: «Sabía Jesús que el Padre había puesto todas las cosas bajo su dominio, y que había salido de Dios y a él volvía; así que…». En otras palabras, Jesús estaba totalmente consciente de que era Dios, que era todopoderoso, que podía hacer cualquier cosa que él quisiera, que existía desde la eternidad como parte de la Trinidad y que pronto volvería a su posición santificada y exaltada en el cielo.

Pero luego está ese par de palabras aparentemente insignificante: *así que*. Así que... conociendo toda esa información, embriagadora y capaz de inflamar el ego, ¿qué es lo que hace Jesús? ¿Utiliza su superioridad para hostigar a los discípulos? ¿Demanda con arrogancia que lo mimen y le den de comer?

Esta es la incongruente conclusión de la frase: «Así que se levantó de la mesa, se quitó el manto y se ató una toalla a la cintura». De forma inesperada y asombrosa, Jesús asumió la conducta de un siervo, alistándose a lavar los polvorientos, mugrosos y apestosos pies de sus discípulos para darles palmaditas gentilmente hasta secarlos con una toalla. El Jesús todopoderoso y omnisciente elegía llevar a cabo una desagradable tarea que era tan degradante que ninguno de los discípulos estuvo dispuesto a llegar tan bajo para hacerlo por su cuenta. Qué increíble y humilde despliegue de una actitud de servicio pura, ¡de parte de quien podría haber demandado, con todo derecho, que le sirvieran!

¿Quién podría comprender este grande y maravilloso misterio, que Jesús «no vino para ser servido, sino para servir, y para dar su vida en rescate por muchos»?[1]

PASARLE A USTED LA TOALLA

Aun cuando los conceptos de poder puro y actitud humilde de servicio parecen contradecirse uno al otro, ambas cualidades residen, sin duda alguna, en Dios. En última instancia, Dios es un siervo porque Dios es amor, y el amor, por su propia naturaleza, involucra el entregarse a uno mismo. De hecho, esa es la esencia de la vida de Cristo tal y como se describe en Filipenses 2:6-8, la cual Eugene Peterson traduce de una forma magistral en *The Message* [El Mensaje]:

> Jesús tenía un estatus igual al de Dios pero no pensaba en términos superiores de él mismo de modo que tuviera que aferrerse a las ventajas de ese estatus, sin importar nada. En lo absoluto. Cuando llegó el tiempo, hizo a un lado los privilegios de la deidad y se apropió del estatus de un esclavo, ¡*convirtiéndose en ser humano*! Luego de convertirse en ser humano, permaneció así. Fue un proceso increíblemente humillante. No reclamó privilegios especiales. Más bien, vivió una vida obediente y desinteresada y luego murió, de una forma obediente y desinteresada, la peor muerte posible: la crucifixión.[2]

Eso es lo que se conmemora el Viernes Santo: que Jesús sirvió como nuestro sustituto para pagar la pena de muerte que merecíamos por la maldad que hemos cometido. Este Jesús, que con todo derecho podría haber sido un bravucón, en vez de ello se convirtió en un siervo sufriente por usted y por mí, aun cuando nuestra rebelión y maldad no nos garantizaba nada menos que la condena eterna.

¿Escandaloso? ¡Totalmente! Y ese es solo el principio de la historia, porque Jesús luego nos pide a usted y a mí que hagamos algo estrafalario también. Luego de secar los pies del último de sus discípulos con una toalla, Jesús se volvió a los que estaban reunidos y pronunció las siguientes y extraordinarias palabras: «Les he puesto el ejemplo, para que hagan lo mismo que yo he hecho con ustedes».[3]

Y este es el punto que quiero resaltar: es algo comprensible que queramos adorar a Dios por su disposición para ser un siervo de modo que pudiéramos recibir el perdón y ser reconciliados con él. Sin embargo, a pesar de estar en contra de la intuición, también debemos agradecerle por invitarnos a un estilo de vida de siervo. Y esto porque, a final de cuentas, ahí es en donde hallaremos el tipo de satisfacción en nuestra alma del que, de otro modo, adoleceríamos si simplemente viviéramos para tratarnos bien a nosotros mismos.

LA INFLUENCIA DE LOS QUE PORTAN LAS TOALLAS

Recién salido de la escuela de periodismo, luego de trabajar como reportero por solo cinco meses en el *Chicago Tribune*, se me asignó la intimidante tarea de escribir una serie de treinta partes sobre los pobres de Chicago. La idea era escribir el perfil de una familia necesitada distinta cada día, relatando su historia en un tono de interés humano que alentara a la gente a contribuir con el Fondo de los Niños más Necesitados, un esfuerzo conjunto de los medios de comunicación de Chicago para ayudar a los niños desposeídos durante Navidad.

Al ahondar en esta asignación, errando por la ciudad en busca de las familias apropiadas sobre las cuales escribir, me topé con algo en lo cual realmente nunca había pensado antes. Por primera vez, mis ojos se abrieron a la vasta e informal red de cristianos que servían, hasta el extremo del sacrificio, a los pobres. Conocí sitios de distribución gratuita de comida, albergues para personas sin hogar, centros de abastecimiento de ropa, instituciones para la capacitación en diversos oficios, clínicas gratuitas, programas para la rehabilitación de las adicciones, ministerios deportivos para niños... todos operados por organizaciones de caridad cristianas.

Quedé especialmente inspirado por un albergue de emergencia para las familias sin hogar que era operado por el Ejército de Salvación en la zona norte de Chicago. Durante el curso de mi investigación me convertí en alguien conocido en ese lugar, recorriéndolo para conversar con familias desplazadas pero también para observar a los voluntarios que derramaban sus vidas, sirviendo desinteresadamente a personas que, de otra forma, estarían olvidadas.

Para mí en lo personal, la asignación del *Tribune* pasó al último plano cuando comencé a concentrarme en el tema mucho más grande de aquello que motivaba a estos cristianos a disponer de su tiempo, energía y dinero para ayudar a otros. Como ateo, eso sencillamente no tenía sentido. Quise saber el *por qué*.

Estos voluntarios no servían a pesar suyo o por obligación. Al contrario, el servicio los energizaba. Parecía brindarles gran emoción y satisfacción. Parecía que el servicio fluía de manera natural en sus vidas. Una y otra vez sentí que de alguna forma, no había manera en la que *no* sirvieran. Quedé entretejido en la fibra de lo que les constituía.

Su impacto, aunque rara vez se escribía al respecto, era alucinante. Fundaban hospitales, dirigían escuelas, proveían comida, donaban ropa, proporcionaban consejo, remodelaban edificios, cuidaban a los ancianos, servían a las madres solteras, ayudaban a los adictos a dejar las drogas, capacitaban a los desempleados, construían casas y alentaban a otros. Lo que es más, donaban enormes cantidades de su dinero. Un estudio mostró que las iglesias y las sinagogas contribuyen más que otra organización no gubernamental a los servicios sociales en Norteamérica. Las donaciones alcanzan los diecinueve mil millones de dólares al año, además de otros seis mil millones de dólares en esfuerzo voluntario que se ofrece anualmente.[4]

Comprendí que estos «portadores de toallas», que cuidan a la gente en gran medida igual que Jesús lavó los pies de sus discípulos, son motivados originalmente en agradecimiento a la forma en la que Jesús los sirvió a ellos con su muerte. Y ellos se han percatado de que, como subproducto sobrenatural de su actitud de siervo, Dios tiene la tendencia de proporcionar satisfacción a sus vidas también. La realización no es su meta pero, a final de cuentas, es algo que reciben.

Mientras hacía un poco de investigación acerca de las muy distintas vidas de Teresa de Calcuta y de Madonna, la estrella de rock, me topé con un contraste inesperado.

Por un lado está Madonna, quien concentró todas sus energías en tratar de autocomplacerse, pero quien dice que ni siquiera *conoce* a una sola persona que sea feliz. Pero Teresa de Calcuta dedicó su vida entera a servir a Dios y a los demás, y decía que se sentía increíblemente satisfecha.

Yo quería saber una cosa: *¿Cuál es la fuente de ese tipo de realización?*

Con el paso de los años, primero como escéptico y luego como cristiano, he notado seis fuentes específicas. Permítame conducirle a través de ellas en las siguientes páginas de modo que las exploremos juntos.

LOS PORTADORES DE TOALLAS HALLAN REALIZACIÓN AL SER OBEDIENTES A DIOS

John Newton negoció insensiblemente con la mercancía de la carne humana —como traficante de esclavos— antes de que Cristo transformara su vida. Se le recuerda bien como el autor de la canción *Amazing Grace* [Gracia Admirable], pero uno de sus pensamientos más perdurables fue un comentario acerca de la actitud de siervo. Dijo que si dos ángeles del cielo recibieran asignaciones de Dios en el mismo instante, uno para gobernar la nación más grande de la tierra y el otro para barrer la aldea más sucia, *cada ángel sería totalmente indiferente respecto a quién recibe qué asignación.*

Simplemente no sería algo importante para ellos. ¿Por qué? Porque el verdadero gozo radica en ser obediente a Dios. *Para un seguidor de Cristo, lo importante no es lo que Dios nos manda a hacer; lo importante es que hacemos lo que Dios quiere que hagamos.*

Cuando somos obedientes a la dirección de Dios para nuestra vida, el Espíritu Santo nos concede un tranquilo sentido de afirmación, algo así como recibir unas palmaditas celestiales. Y permítame decirle algo: los portadores de toallas se mueren por que Dios sonría con aprobación por causa de sus vidas. Esto les emociona y pone en acción como ninguna otra cosa.

LOS PORTADORES DE TOALLAS HALLAN REALIZACIÓN AL UTILIZAR SUS DONES ESPIRITUALES

Cuando viajé a un orfanato dirigido por cristianos en el sur de la India en el año de 1987, llevé una cámara para tomar fotografías instantáneas porque sabía que los niños jamás habían visto una. Mi idea era sacar una fotografía de cada uno y luego ver la expresión de sus rostros mientras la fotografía se revelaba lentamente frente a sus ojos. Mientras la foto se volvía más grande y se hacía más clara, sus ojos se abrían más y más, y luego estallaban en una amplia sonrisa. Sonreían y reían. Estaban totalmente fascinados por ver su aspecto en la película.

Ocurre un proceso análogo con los cristianos cuando pasan por un curso de capacitación para descubrir sus dones espirituales, esto es, la habilitación divina que Dios ofrece a sus seguidores de modo que le puedan servir a él y a otros. La Biblia enlista dones como el de enseñanza, administración, evangelismo, liderazgo, misericordia, ayuda, pastoreo, exhortación y otros más.

Conforme se desarrolla el curso, los participantes comienzan a verse a sí mismos como nunca antes. Identifican sus dones, exploran sus temperamentos y tipos de personalidad y descubren la forma en la que fueron particularmente integrados para lograr algo significativo para el reino de Dios. Mientras ven cada vez con más claridad su potencial en términos de alguien que puede marcar una diferencia, es como si se vieran a sí mismos bajo una luz totalmente nueva.

Recuerdo cuando descubrí por primera vez que mi don espiritual principal es el de evangelismo, o ayudar a otros a entender qué es lo que significa convertirse en seguidor de Jesús.

Ocurrió que, cierto día, mi jefe en el periódico me preguntó la razón de mi fe en Cristo. Jamás le había explicado eso a nadie antes, pero cerré la puerta de su oficina y conversé con él durante cuarenta y cinco minutos sobre la diferencia que Cristo había hecho en mi vida.

Cuando salí de su oficina, fue como si toda mi vida, hasta esa reunión, hubiera sido una película filmada en una cinta en blanco y negro, muy granulada y con mal sonido. ¡Pero estos cuarenta y cinco minutos estaban en vívido y brillante Technicolor y con sonido Dolby estéreo! Supe en ese instante que quería desarrollar y desplegar mi don de evangelismo de cualquier forma posible, a partir de ese día.

Existe una sensación muy singular de realización al someter nuestros dones al uso que Dios quiera darles y al pedirle que los energice de forma sobrenatural, dando luego un paso atrás para observar lo que hace. Esto puede ser la diferencia entre meramente existir en blanco y negro y disfrutar de una vida que se ve a todo color.

LOS PORTADORES DE TOALLAS HALLAN REALIZACIÓN EN LOS SACRIFICIOS COSTOSOS

Realización y *diversión* no son necesariamente sinónimos. Muchas veces, el servir a otros puede tener un costo físico, nos puede extenuar emocionalmente, puede ser costoso en términos financieros, o extremadamente peligroso. Sin embargo, y de forma asombrosa, esos son los mismos tiempos en los que Dios parece deleitarse en proporcionar una dosis extra de gracia en las vidas de los portadores de toallas.

Un recio periodista inglés fue testigo de esto cuando viajó a la India para visitar el ministerio de Teresa de Calcuta. Luego de observar a los voluntarios que servían con ella, escribió: «Su vida es difícil y austera de acuerdo a los estándares mundanos, pero jamás me he topado en mi vida con servidores tan llenos de alegría y felicidad, ni tampoco he visto una atmósfera de gozo absoluto como la que ellos crean». Aun en medio de un costoso sacrificio, Dios hacía fluir un río fresco de satisfacción en sus vidas.

En cierta ocasión leí una historia conmovedora escrita por David Jeremiah acerca del fundador de *World Vision* [Visión Mundial], la agencia internacional cristiana de ayuda. Bob Pierce tenía leucemia avanzada, pero fue a visitar a un colega en Indonesia antes de morir.

Mientras caminaban por una pequeña aldea, se toparon con una niñita que yacía en un tapete de bambú cerca de un río. Estaba agonizando por causa del cáncer y tenía muy poco tiempo de vida.

Bob quedó indignado. Demandó saber la razón por la que no estaba internada en una clínica. Pero su amigo le explicó que ella provenía de la jungla y deseaba pasar sus últimos días cerca del río, un lugar fresco y que le era familiar.

Bob, al observarla, sintió tal compasión que se arrodilló en el lodo, la tomó de la mano y comenzó a acariciarla. Aunque ella no le entendía, él oró por ella. Luego ella levantó la vista y dijo algo.

—¿Qué fue lo que dijo?—, preguntó Bob a su amigo.

Su amigo respondió:

—Ella dijo: «Si tan solo pudiera dormir otra vez, si tan solo pudiera dormir otra vez».

Parecía que su dolor era tan grande que no le permitía el alivio del descanso.

Bob comenzó a llorar. Luego metió la mano en su bolsillo y sacó sus píldoras para dormir, las que su médico le había dado debido a que el dolor de su leucemia era demasiado fuerte como para permitirle dormir durante la noche.

Le dio la botella su amigo.

—Asegúrate de que esta damita duerma bien —le dijo—, mientras duren estas píldoras.

Bob estaba a diez días de distancia del lugar en donde podía volver a abastecer su receta médica. Eso significó diez noches de dolor y sin descanso. Ese día, su actitud de siervo le significó un alto costo. Pero en medio de su sufrimiento, Dios le infundió una sensación sobrenatural de satisfacción por haber hecho lo correcto.[5]

No digo que los servidores deberían abusar de sí mismos constantemente o que simplemente se conviertan en trapos pasivos. Lo que digo es que portar la toalla inevitablemente trae consigo un costo, y que aun cuando el costo sea alto, sin embargo, pueden contar con que Dios traerá realización a sus seguidores.

LOS PORTADORES DE TOALLAS HALLAN REALIZACIÓN CUANDO DIOS CONVIERTE SU DOLOR EN BENEFICIO

Algunos portadores de toallas son siervos heridos. Luego de que enfrentaron por su cuenta la tragedia, la pena, la enfermedad, o la pérdida, son luego capaces de dar la vuelta y ayudar de una forma única a la gente que enfrenta circunstancias similares. Hallan particular placer, casi cierto tipo de venganza espiritual en contra de la injusticia de un mundo corrompido por el pecado, cuando testifican sobre la forma en la que Dios toma sus aflicciones y extrae algo positivo de ellas.

Yolanda Lugo es un ejemplo. Cuatro años antes de que yo conversara por primera vez con ella, había desarrollado la enfermedad de Hodgkin, esto es, cáncer en el sistema linfático. Para una mujer de veintiún años que apenas comenzaba a disfrutar de la vida, se trató de un diagnóstico devastador, en especial porque los médicos le advirtieron que la enfermedad ya se había propagado extensamente en su cuerpo.

Yolanda me contó cómo había pedido a Dios que le concediera la fortaleza para combatir su enfermedad, y que él lo había hecho. Le concedió el valor y la fortaleza al someterse a la quimioterapia, tratamientos radiactivos y cirugía. Con el paso del tiempo el cáncer entró en remisión.

A pesar de su sufrimiento, Yolanda mantuvo vivo su sueño de convertirse en oficial de policía en la Ciudad de Nueva York. Perseveró debido a su deseo de «servir y proteger» [como es el lema de ese cuerpo policíaco] y, finalmente, a la edad de veinticuatro años, fue seleccionada para unirse al departamento.

Se trató de un triunfo personal para ella, pero jamás previó la forma en la que Dios escogería utilizar su enfermedad para lograr algo que nadie más podría haber hecho.

El drama se desencadenó cierto día en el que Yolanda conducía de vuelta a su hogar sobre el Puente Verrazano Narrows, el cual conecta la isla Staten con Brooklyn. Repentinamente un hombre salió de su automóvil y subió a lo alto de una parte del puente que está a sesenta metros sobre el agua.

Yolanda frenó inmediatamente y corrió hacia él.

—¿Qué hace? —le gritó.

—¡Aléjese de mí! —fue la respuesta—. ¡Voy a saltar! ¡Me voy a suicidar!

Yolanda jamás había enfrentado algo como esto. No estaba segura de qué hacer, así que trató de conversar con él. Él respondió cortando la conversación.

—Mire, ¡aléjese de aquí! —gritó él—. ¡Yo sé que no le importo!

—Oiga, estoy fuera de servicio. No tenía por qué detenerme. No tengo que estar aquí. No tengo que hablar con usted —dijo Yolanda—. Pero quiero hacerlo. Quiero ayudar.

El hombre hizo una pausa.

—Bueno, entonces —le dijo—, venga aquí arriba.

A Yolanda no le gustaban mucho las alturas, y esta parte del puente estaba sobre una caída de unos veinte pisos por encima del agua helada. Pero solo dudó por un momento. Yolanda, que pesaba unos cuarenta y cinco kilogramos, subió. Cuando logró acercarse lo suficiente al hombre, trató de conversar para tranquilizarlo nuevamente pero, en cada ocasión, él se tornaba hostil y amenazaba una vez más con saltar.

—¡Yo a usted no le importo! —le dijo—. A nadie le importo. Mi esposa me abandonó; tengo todo tipo de problemas familiares. Voy a terminar con todo ahora mismo…

Se puso en posición de saltar. Yolanda solo tenía una fracción de segundo para responder. Pero cuando habló, las palabras de ella lo detuvieron en seco.

—Yo sé de sus problemas —dijo ella, suavemente.

El hombre estaba con la guardia baja. Nuevamente hizo una pausa.

—¿Qué quiere decir? —preguntó él, sonando genuinamente curioso—. ¿Cómo puede una persona como usted saber de mis problemas?

Yolanda le contestó:

—Tengo cáncer.

—¿De verdad? ¿En dónde tiene usted cáncer?

Yolanda comenzó a describirle su enfermedad. Le contó sobre sus temores e incertidumbres. Habló sobre el dolor que había tenido que soportar y explicó la forma en la que Dios le ayudó a lidiar con sus circunstancias.

—Yo puedo ayudarle —le dijo—. *Por favor, déjeme ayudarle.*

Transcurrieron varios momentos de tensión.

—Tal vez necesito un amigo —dijo él en voz baja.

Yolanda sonrió.

—Entonces yo seré su amiga.

Yo no sé si algún psiquiatra podría haber conversado con ese hombre desesperado al borde del suicidio. Estaba en la orilla a punto de saltar a la inconsciencia. Pero estoy seguro de esto: pudo hacer conexión con Yolanda por causa del dolor y los problemas que ella había pasado. Dios utilizó su dolor para llegar a ese hombre en la única forma que él necesitaba recibir ayuda.

A final de cuentas él descendió con ella y ella lo acompañó para recibir consejo y ayuda espiritual. El día siguiente, los periódicos aclamaban a Yolanda como una heroína. Pero ella fue la primera en contar que fue Dios quien tornó su enfermedad —su desastre— en un elemento valioso para salvar la vida de otra persona.

Él hace ese tipo de cosas todo el tiempo, usualmente en formas menos espectaculares. Para quienes tienen cicatrices físicas o emocionales, para quienes han sido golpeados por la vida o han soportado las heridas causadas por las relaciones personales, Dios puede abrir oportunidades para influenciar a quienes están pasando por una mala experiencia similar. Cuando él hace eso, se trata de una vista inspiradora que disfrutar y de una misión satisfactoria que cumplir.

Los portadores de toallas hallan realización en conducir a las personas a Cristo

Bill Perkins me contó una historia acerca de un huerfanito inglés que miraba con anhelo a través de la ventana de una tienda de rosquillas justo después de la Segunda Guerra Mundial. El olor le hacía agua la boca, pero no tenía ni un solo centavo. Se encontraba orando por algo bueno que comer.

Un soldado norteamericano se puso a su lado.

—¿Quieres? —, le preguntó, señalando la pastelería.

El niño asintió con la cabeza, ansioso, así que el norteamericano entró, compró una docena de rosquillas y en silencio le ofreció la bolsa al jovencito.

El niño miró hacia el interior de la bolsa, luego hacia el rostro del soldado.

—Señor —dijo con una voz de inocente admiración—, ¿usted es Dios?

De una cierta forma, los portadores de toallas representan a Cristo ante aquellos a quienes sirven.

«Hagan brillar su luz delante de todos», dijo Jesús, «para que ellos puedan ver las buenas obras de ustedes y alaben al Padre que está en el cielo».[6]

Una de las emociones más estimulantes para un portador de toallas se da cuando el amor por Jesús brilla a través de su actitud de siervo de tal forma que alguien abre su corazón a Dios por primera vez. Luego, el portador de toallas observa el asombroso espectáculo que es ver a Dios causando una revolución en otra vida humana: ver sus valores transformados, sus relaciones personales renovadas, su carácter renovado y sus prioridades reorganizadas.

Hace algún tiempo tuve la oportunidad de servirle a un amigo que estaba pasando por circunstancias personales muy difíciles. Pasé una semana aconsejándole, y, a final de cuentas, él tomó la decisión de seguir a Jesús. Ahora su vida está comenzando a cambiar. De hecho, esta es una nota que me escribió algunas semanas después:

> Lee,
> He leído la Biblia *cada* noche. Ya casi llego a Mateo. ¡Es un libro *asombroso*! La primera vez que la leí, hace veinticuatro años, no significó gran cosa. Ahora, casi cada oración tiene un mensaje profundo que impacta mi vida. Jamás había leído los Salmos. Su intensidad es casi abrumadora…
> Sospecho que me esperan tiempos extremadamente difíciles, en especial las semanas y meses próximos. Estoy tratando que Jesús me guíe en vez de intentar manejar todo por mi cuenta. He descubierto que, cuando las cosas se ponen difíciles, lo más reconfortante que puedo decir es «Jesús me ama».
> Gracias.

¡Nada más trate de ponerse en mi lugar leyendo esa nota! De todas las experiencias que he tenido, nada es más satisfactorio que tener un asie para observar cómo Jesús transforma humano.

Sin embargo, algunos cristianos impacto que tuvieron sino hasta Recuerdo el funeral de una pareja que murió en un accidente automovilístico y que eran parte de la iglesia de la comunidad Willow Creek. Eran siervos veteranos en el ministerio de grabación de la iglesia, en el que reprodujeron decenas de miles de cintas con mensajes que llegaron a muchas personas alrededor del mundo. Jamás conocieron a esas personas pero, debido a que esas cintas contienen el mensaje redentor de Cristo, conocerán a algunas de ellas en el cielo.

Y allí celebrarán juntos por la eternidad.

LOS PORTADORES DE TOALLAS HALLAN REALIZACIÓN EN LA PROMESA DE RECOMPENSA QUE DIOS LES HACE

Imagínese esto: nuestro Dios omnisciente observa todo acto de servicio motivado por su amor, cada ocasión en la que se da algo para edificar su reino, cada sacrificio hecho en su nombre, y él promete solemnemente recompensarnos en la eternidad: «Porque Dios no es injusto», dice el autor de Hebreos, «como para olvidarse de las obras y del amor que, para su gloria, ustedes han mostrado sirviendo a los santos, como lo siguen haciendo».[7]

Inclusive recuerda hasta los actos de gentileza que nosotros hemos realizado, ¡pero que hemos olvidado!

...me ofrecerle un ejemplo. Elija al azar cualquier
... de su pasado. Por ejemplo, supongamos que regre-
samos la cinta de la historia hasta el último sábado de
abril de 1989. ¿Qué es lo que estaba haciendo ese día?
¿Puede usted recordarlo? Tal vez pasó parte de ese día
con una toalla en su brazo, sirviendo a la gente en el
nombre de Cristo, y ni siquiera puede recordarlo. Pero
Dios sí.

De hecho, apuntemos a una sola congregación: La
iglesia de la comunidad Willow Creek en South
Barrington, Illinois. Cuando Dios mira en retrospectiva
ese fresco día de abril hace muchos años, ¿qué es lo que
recuerda?

A las 8:30 de esa mañana, Kim Rasmussen, una
líder en el ministerio de adolescentes, causaba impacto
en las vidas de media docena de niñas de secundaria
mientras eran voluntarias para limpiar un parque como
gesto de gentileza hacia la comunidad. *Dios lo recuerda.*
Él recuerda con claridad cómo es que Kim fue de
influencia en una niña de nombre Julie para ayudarle a
despertar a la realidad del amor de Dios.

Ese mismo día, a las 10:15 de la mañana, Dale
Nusbaum y su hijo Tyler, de cinco años de edad, limpia-
ban y aspiraban las oficinas en la iglesia, preparándolas
para otra semana de ministerio. Mientras tanto, en el
piso de abajo, Jack Mains, presidente de una empresa,
limpiaba ventanas meticulosamente para terminar los
preparativos del servicio de esa noche en la iglesia para
quienes están en una búsqueda espiritual. *Y Dios lo
recuerda.*

También esa mañana, un grupo de adultos solteros convertían un edificio deteriorado del vecindario cercano a la Plaza Logan de Chicago en un centro recreativo y oasis de seguridad para los niños que viven en las áreas urbanas. El capataz voluntario, Bill Kolker, llegó temprano ese día y observó que unos adolescentes jugaban básquetbol en las instalaciones parcialmente terminadas. «Lloré», dijo. «Recibí mi recompensa al mirar a estos niños». *Y Dios lo recuerda.*

A la 1:45 de la tarde, Carolyn Schuldt estaba sentada al lado del lecho de Elaine Ducay, quien agonizaba a causa del cáncer en un hospital cercano a la iglesia. Carolyn tomó su mano, susurró palabras de consuelo y aliento, oró con ella y trató de convertirse en Jesús para ella en ese momento. *Y Dios lo recuerda.* Elaine ya no pudo abandonar el hospital. Sin embargo, en menos de un mes llegó a su Hogar.

A las 2:00 de la tarde, una líder de la escuela dominical de nombre Karen Smiskol era la anfitriona en un almuerzo al aire libre, cerca del estanque de la iglesia, para algunas niñas de quinto grado, con el objeto de darles a conocer lo importantes que son para Dios y lo importantes que son para ella. «Me encanta el gozo de ofrecerles mi amistad», dijo Karen. *Y Dios lo recuerda.*

A las 3:00 de la tarde, Robert Green, quien tiene un gran temor a las alturas, estaba precariamente posicionado en lo alto de una escalera alineando las luces para el siguiente servicio, de modo que la gente pudiera ver el escenario cuando se explicara el mensaje de Cristo. *Y Dios lo recuerda.*

A las 3:45 de la tarde, una afligida mujer estaba sentada en el área de distribución de comida gratuita de la iglesia. Su esposo acababa de dejarla con sus dos hijos, y temblaba por el dolor y la frustración. Una voluntaria de nombre Sue Blacker se arrodilló cerca de donde se encontraba y escuchó su historia.

«Usted es muy valiente», le dijo Sue. «Nos alegra poderle ayudar a través de esto y apoyarle. Dios tiene interés en usted. Es fácil olvidar eso en su situación, pero así es. Para Dios usted realmente es importante». *Y Dios lo recuerda.*

A las 6:35 de la tarde, un químico de veintisiete años de nombre Chris Scorzo, o «el señor Chris», como le llaman los niños, estaba en la clase de escuela dominical, ayudando a ochenta y siete niños, de cuatro y cinco años de edad, a entender que Dios *existe* y que les ama. Los niños nunca olvidarán eso, y Dios tampoco.

¿MANOS SUAVES O CALLOSAS?

Esos son solo algunos ejemplos de un día en la vida de un iglesia en una comunidad hace muchos años. Se llevan a cabo actos de servicio en las iglesias y ministerios cristianos las veinticuatro horas y alrededor del mundo: y cada uno de esos momentos de sacrificio se queda grabado en la memoria de Dios, para recordarse algún día, cuando se otorguen las recompensas eternas.

La pregunta es, entonces, ¿qué es lo que él recordará de usted? ¿Recordará la forma en la que usted, humildemente, recogió una toalla, la puso sobre su brazo, y se inclinó a servir a quienes estaban en necesidad?

«La espiritualidad cristiana es la espiritualidad del Hombre Pobre de Nazaret que tomó la forma de siervo», escribió Kenneth Leech. «Seguir el método del Reino es, por tanto, seguir a quien alimentó a los hambrientos, sanó a los enfermos, fue amigo de los marginados y bendijo a los pacificadores».[8]

El pastor titular de Willow Creek, Bill Hybels, lo dijo de esta forma: «Jamás querría algún día estirar una mano suave y sin callos, una mano que jamás se ha ensuciado por servir a otros, y estrechar la mano de Jesús, atravesada por un clavo».

Con una perspectiva que deja tanto en qué pensar, permítame preguntarle otra vez: *¿Qué es lo que Dios recordará de usted?*

◆ ◆

UNA DOSIS DE DUDA PUEDE FORTALECER SU FE

❖

Lee, necesito tu ayuda. Veo a tanta gente en la iglesia que tienen una fe tan fuerte que siento que no encajo. Me *gustaría* sentirme confiado, *desearía* no tener dudas, pero tengo más preguntas que respuestas. Ahora estoy comenzando a dudar si de verdad soy cristiano. ¿Puedes identificarte con esto? ¿Qué debería hacer? ¿Me podrías llamar en cuanto leas esto?

Reconozco la firma: se trataba de un ejecutivo brillante y sincero a quien yo estaba considerando como candidato para un área del liderazgo de la iglesia.

Pero su mensaje no me alarmó. De hecho, percibí como algo alentador el hecho de que se rehusara a ocultar su escepticismo y se montara en los faldones espirituales de otros. Además, *yo he* pasado por momentos en los que me puedo identificar con lo que estaba diciendo. Y tal vez lo mismo es cierto con respecto a usted.

Quizá haya cuestionado si es que Dios realmente le ha perdonado. O tal vez se ha preguntado si es que la Biblia es completamente confiable. O es posible que no pueda conciliar la idea de un mundo que sufre con la idea de un Dios que nos ama. O tal vez leyó un artículo escrito por un científico o por un teólogo liberal en el que le dan golpes bajos a su fe por debajo de la mesa.

La verdad es que se ha propagado un virus espiritual en los círculos cristianos durante siglos, y su nombre es «duda». Si no se ha contagiado, se contagiará. De hecho, podríamos dividir a los cristianos en tres grupos. El primero estaría formado por aquellos que han dudado. El segundo por quienes no han tenido dudas pero las tendrán. El tercero estaría formado por quienes tienen muerte cerebral.

Dado que usted es una persona que piensa, si es que usted contempla con seriedad su fe y el significado de seguir a Jesús, hay probabilidades de que una que otra vez usted tenga preguntas, problemas, preocupaciones, incertidumbres, indecisiones o dudas.

Y por cierto, ese no es un fenómeno circunscrito al cristianismo. Yo soy testigo de que los ateos también tienen dudas acerca de sus posturas de vez en cuando. Como lo escribió C. S. Lewis: «Ahora que soy cristiano tengo momentos en los que todo parece muy improbable; pero cuando era ateo tenía momentos en los que el cristianismo se veía terriblemente probable».[1]

Así que la cuestión no es si usted se contagiará con el virus de la duda; todos somos portadores de él en algún grado. La gran pregunta es esta: ¿Cómo podemos prevenir que ese virus se torne en una virulenta enfermedad que, en última instancia, sea devastadora para nuestra fe?

La escandalosa afirmación de Dios es que usted puede sobrevivir a sus ataques de duda, y no solo eso, sino que su fe puede resultar fortalecida. Por increíble que suene, ¡el tener dudas puede convertirse en lo más saludable que le ocurra!

TAMBALEÁNDOSE ENTRE EL «SÍ» Y EL «NO»

De esto no hay ni sombra de duda: a los cristianos les asusta la duda. Contemplan la oscuridad de la noche, molestos por las vagas incertidumbres y persistentes preguntas que los dejan ansiosos y vulnerables, casi como si estuvieran experimentando un vértigo espiritual.

Y para empeorar todo, la mayoría de los cristianos se rehúsan a emitir una sola palabra al respecto, porque no quieren sentirse avergonzados. «Me dio tanto gusto escucharle decir que la duda es algo común; yo pensaba que era la única que las tenía», me dijo una mujer luego de que ofrecí una conferencia al respecto. «Tenía temor de admitir que tenía algunas preguntas. ¡No quería que todo mundo aquí pensara que soy una debilucha!».

Cuando mantenemos reprimidas las dudas en nuestro interior, sin darnos cuenta les concedemos un poder creciente sobre nosotros. Por otro lado, cuando finalmente dejamos que emerjan y las enfrentamos directamente, es asombrosa la frecuencia con la que desaparece su poder.

De modo que vamos a poner el virus bajo el microscopio en donde podamos exponerlo para hacerle un escrutinio y destruir algunas de nuestras ideas equivocadas que le dan fuerza injustificada. Y créame, existen *muchísimas* ideas equivocadas al respecto.

Por ejemplo, la mayoría de los cristianos creen que la duda es lo opuesto a la fe, pero no es así. Lo opuesto a la fe es la falta de fe, y es muy importante que entendamos esa diferencia. En el libro *In Two Minds* [Entre dos formas de pensar], el cual ya es un clásico, Os Guinness escribió: «Duda viene de una palabra que significa "dos". Creer es estar en "una forma de pensar" acerca de aceptar algo como cierto; no creer es estar en "una forma de pensar" acerca de rechazarlo. Dudar es ondear entre ambas, creer y no creer a la vez y por ello "estar entre dos formas de pensar"».[2]

Guinness señaló que en la Biblia, la falta de fe se refiere a rehusarse voluntariamente a creer o a una decisión deliberada de desobedecer a Dios. Pero la duda es algo distinto. Cuando dudamos, somos indecisos o ambivalentes sobre alguna cuestión. No hemos llegado al grado de no creer, pero estamos en el aire respecto a algunas preguntas y preocupaciones. «Dudar no significa negar o contradecir», escribió Karl

Barth. «La duda solo significa balancearse y tambalearse entre el "sí" y el "no"».[3]

Lynn Anderson, cuyo libro *If I Really Believe, Why Do I Have These Doubts?* [Si de verdad soy creyente, ¿por qué tengo estas dudas?] describe con candidez sus luchas con la fe, dijo que los incrédulos son personas «que han tomado decisiones conscientes o inconscientes para no tener fe». En contraste, quienes dudan puede tener incertidumbre respecto a que tengan una fe real o a que no sepan exactamente qué creer, pero todavía «quieren tener fe».[4]

Permítame ofrecerle unas palabras de aliento: *usted puede tener una fe fuerte y al mismo tiempo albergar algunas dudas.* Usted puede estar dirigiéndose hacia el cielo y, sin embargo, expresar incertidumbre sobre algunas cuestiones teológicas. Usted puede ser alguien totalmente cristiano sin haber resuelto totalmente cada una de las preguntas de la vida de una vez por todas. De hecho, se ha dicho que luchar con Dios respecto a las cuestiones de la vida no demuestra una *falta* de fe: eso *es* fe. Si usted no me cree, ¡simplemente lea con detenimiento los Salmos!

«Los verdaderos creyentes pueden experimentar dudas», dijo Gary Habermas, un erudito que ha investigado profundamente este tema. «Tanto en el Antiguo como en el Nuevo Testamentos, los creyentes claramente expresan amplios rangos de cuestionamientos, en especial en temas como el dolor y el mal, la forma personal en que Dios trata con la gente, y la cuestión de la evidencia para la fe personal. En cada uno de estos temas, la duda se expresa con claridad por parte de creyentes prominentes».[5]

Adelante, dé un suspiro de alivio. Esas palabras pueden ser justo lo que necesitaba escuchar para comenzar a neutralizar la ansiedad que el virus de la duda ha generado en su interior.

DESLIZARSE DESDE LA CERTEZA HACIA LA DUDA

La duda no solo es algo distinto de la falta de fe sino, contrario a la opinión popular, la duda también es algo que se perdona. Dios no nos condena cuando lo cuestionamos. Al discutir este tema conmigo, Habermas ofreció una ilustración muy persuasiva que involucró a Juan el Bautista.

Si alguien debía ser inmune al virus de la duda, me dijo Habermas, esa persona debía ser Juan. Dedicó su vida entera a pavimentarle el camino a Jesús. Él fue quien, con total confianza, señaló a Jesús y declaró: «¡Aquí tienen al Cordero de Dios, que quita el pecado del mundo!».[6] Bautizó a Jesús y luego fue testigo presencial de que los cielos se abrieran y de la proclamación de Dios: «Tú eres mi Hijo amado; estoy muy complacido contigo».[7] Él es la persona que dijo de Jesús lo siguiente: «Yo lo he visto y por eso testifico que éste es el Hijo de Dios».[8]

Sin embargo, cuando se encontraba sufriendo en la prisión, esperando ser ejecutado, las preguntas comenzaron a arremolinarse en su mente. Repentinamente ya no estaba tan seguro. El historiador Lucas describe cómo Juan envió a dos de sus amigos a buscar a Jesús y preguntarle sin rodeos: «¿Eres tú el que ha de venir, o debemos esperar a otro?».[9] Para Juan, esa era otra forma de decir lo siguiente: «Solía estar convencido de que eres el Mesías pero ahora... bueno, tengo mis dudas».

¿Y cómo reaccionó Jesús? No hizo nada para avergonzarlo. Más bien, le dijo a los discípulos de Juan: «Vayan y cuéntenle a Juan lo que han visto y oído: Los ciegos ven, los cojos andan, los que tienen lepra son sanados, los sordos oyen, los muertos resucitan y a los pobres se les anuncian las buenas nuevas».[10]

Es decir, les dio instrucciones para que contaran a Juan toda la evidencia que habían visto que confirmaba que Jesús realmente era el Mesías. Luego, como lo sugiere Jesús, Juan sería sanado de la plaga de la duda.

Y adivine cómo afectó esto la imagen que Jesús tenía de Juan. En vez de concluir que sus preguntas lo habían convertido en alguien inútil o lo habían descalificado para desempeñar algún papel en el reino, Jesús declara esto: «Les digo que entre los mortales no ha habido nadie más grande que Juan».[11]

Piense en ello: ¡Jesús pronunció esas palabras acerca de Juan el Escéptico! En medio de sus preguntas y preocupaciones, mientras lucha con sus dudas e incertidumbres sinceras, Jesús tampoco hará nada para avergonzarlo a usted.

¿No cree que Dios preferiría que usted fuese sincero con él respecto a lo que usted duda en vez de querer que usted profese una fe falsa? De todas maneras, él sabe lo que ocurre en nuestro interior; es difícil pensar que podemos poner ante él una máscara a nuestras dudas. Una relación auténtica implica decir la verdad respecto a lo que sentimos: y ese es el tipo de relación personal que Dios quiere establecer con nosotros.

EL LADO VENTAJOSO DE LA DUDA

Otra idea equivocada es que el virus de la duda siempre es dañino para nuestra salud espiritual. Sin embargo, la escandalosa verdad es que Dios puede usar nuestras dudas para producir efectos colaterales extremadamente positivos.

Para continuar con nuestra analogía médica, esto es algo así como vacunarse. Con el objeto de ayudarle a su cuerpo a combatir una enfermedad futura, los médicos le inyectan una pequeña cantidad de la misma enfermedad de modo que usted genere anticuerpos que combatirán ese mal si es que algún día llega a amenazarle. De hecho, su cuerpo es más saludable debido a esa experiencia.

De manera similar, cuando usted está infectado con el virus de la duda y ésta lo impulsa a buscar respuestas a sus preguntas, usted emerge más fuerte que nunca porque su fe nuevamente es confirmada. Usted emerge con una confianza renovada para lidiar con la duda en el futuro.

Eso es lo que me ocurrió cuando era un cristiano relativamente nuevo y me ofrecí como voluntario para responder a las preguntas que eran entregadas por quienes asistían a la iglesia.

Cierto domingo, una niña de doce años de edad entregó una tarjeta en la que se leía que ella, simplemente, quería conocer más de Jesús.

—¿Podrían usted y su esposa venir a cenar conmigo y con mi papá de modo que podamos hablar? —preguntó en una conversación telefónica posterior.

—¡Por supuesto! —respondí con entusiasmo. No podía imaginar una mejor forma de pasar una noche que hablando de Jesús a una niña y a su padre.

Pero cuando Leslie y yo llegamos a su casa, observé en la mesa de centro una pila de libros de corte académico escritos por críticos del cristianismo. Resultó que el padre de la niña era un científico que se había dedicado a estudiar, por un largo tiempo, las críticas hechas a la fe.

Comiendo pizza y tomando gaseosas, él me acribilló con preguntas hasta la medianoche, y muchos de sus desafíos me hallaron totalmente con la guardia baja. Para ser sincero, algunos de ellos hicieron temblar mi fe. Finalmente le dije:

—No puedo responder a todas sus preguntas, pero no creo que luego de dos mil años usted será la primera persona capaz de destruir los fundamentos del cristianismo. Permítame investigar un poco y luego volveré a usted con la respuesta.

Esta experiencia generadora de dudas me impulsó a ahondar en nuevas áreas de investigación, en las cuales pronto encontré respuestas satisfactorias que llevaron mi confianza en los postulados del cristianismo hasta alturas mucho mayores. Hoy estoy mejor equipado para manejar este tipo de preguntas, y es menos probable que permita que las preguntas difíciles me generen dudas. En suma, mi fe es mucho más sana por esa experiencia.

El autor Mark Littleton está de acuerdo en que este tipo de experiencia puede convertirse en un tremendo beneficio. «A través de la duda podemos aprender más que a través de la confianza ingenua», dijo. «La verdad puede ponerse a prueba. La duda es el fuego a través del cual se pasa. Cuando ha sido probada emergerá como oro».[12]

Francis Bacon lo dijo muy bien hace cerca de cuatrocientos años: «Si un hombre comienza con certezas, terminará con dudas; pero si está satisfecho en comenzar con dudas, terminará con certezas».

EL DESCUBRIMIENTO DE LAS HUELLAS DE DIOS

Y ese no es único resultado positivo que podemos experimentar cuando resolvemos nuestras dudas. En ocasiones, cuando las incertidumbres nos afligen, sentimos como si Dios estuviera ausente de nuestras vidas. Sin embargo, Henri Nouwen dijo que esto puede convertirse, de hecho, en una bendición disfrazada. Podemos descifrar el misterio de la presencia de Dios, dijo él, cuando experimentamos una profunda consciencia de su ausencia. Cuando esta ausencia crea un anhelo por Dios cada vez más profundo dentro de nosotros, es cuando «descubrimos sus huellas»:

Exactamente como el amor de una madre por su hijo puede profundizarse cuando él se encuentra lejos, al igual que los hijos aprenden a apreciar más a sus padres cuando dejaron el hogar, justo como los amantes se redescubren el uno al otro durante largos periodos de ausencia, del mismo modo nuestra relación personal e íntima con Dios puede profundizarse y madurar más por medio de la experiencia purificadora de su ausencia.[13]

Qué ironía: cuando nuestras dudas nos distancian de Dios, podemos desarrollar un hambre nueva por su presencia en nuestra vida y, de esta forma, emerger con una fe que sea más saludable que nunca. Qué testimonio tan sorprendente de la voluntad de Dios para hacer crecer nuestra fe si resolvemos dar el paso en dirección hacia él aun cuando nuestras propias incertidumbres amenacen con alejarnos de él.

Y existe otra forma en la que la duda puede ser saludable para nosotros: nos puede ahorrar las consecuencias de nuestra propia credulidad. Por ejemplo, ¿qué hubiera pasado si los seguidores de David Koresh hubieran cuestionado su grotesca enseñanza bíblica antes de que fueran guiados a su propia destrucción en Waco? ¿Qué hubiera pasado si los residentes de Jonestown hubieran dudado acerca de las enseñanzas de Jim Jones antes de que los atrajera a la trampa del suicidio masivo? En ocasiones experimentamos la duda porque sentimos que nos están llevando por el mal camino. Prestar atención a esa advertencia puede ser el mejor paso que podamos dar.

«Sométanlo todo a prueba», advirtió el apóstol Pablo. «Aférrense a lo bueno».[14] Cuando recibimos una enseñanza que no cuadra con las Escrituras, es momento de cuestionar al maestro —y permitir que nuestras dudas nos eviten el daño. Los maestros piadosos alientan la elaboración de preguntas; los que tienen algo que ocultar son los que demandan obediencia sin razonamiento.

El virus de la duda, entonces, nos puede servir para bien bajo ciertas circunstancias, siempre y cuando busquemos un tratamiento inmediato y minucioso para la infección. En vez de corroer nuestra fe, puede, de hecho, dejarnos más fuertes que nunca. A principios del siglo XX, el pastor cuáquero Rufus Jones lo dijo de esta forma: «Una fe reconstruida es superior a una fe heredada que nunca enfrentó la tensión de una gran tormenta de pruebas. Si usted no se aferra a un pedazo roto de su viejo barco en la oscuridad de la noche de su alma, su fe podría no tener el poder sustentador que le conduzca hasta el final de su jornada».[15]

Cuando usted se sienta mareado y desorientado debido a la duda, recuerde esa observación. Cuando usted emerja de sus incertidumbres, bien podría poseer una fe más entusiasta, más profunda, más capaz de soportar pruebas y más resistente que lo que fue antes de someterse a la prueba.

En *The Gift of Doubt* [El don de la duda], Gary E. Parker reconoce que ciertas personas pueden sentirse incómodas con la idea de que la duda puede fortalecer la fe de una persona. Sin embargo, él cree que esto es verdad: «Si la fe nunca se enfrenta a la duda, si la duda nunca combate con el error, si el bien nunca lucha con el mal, ¿cómo es posible que la fe conozca su propio poder? En mi propio peregrinar, si tuviera que elegir entre una fe que ha mirado directamente a los ojos a la duda y la ha hecho parpadear, o una fe ingenua que jamás ha conocido la línea de fuego de la fe, elegiría siempre la primera».[16]

Y como alguien que personalmente experimentó la forma en la que la duda puede purificar la fe, yo haría la misma elección —sin duda.

A pesar de su potencial lado ventajoso, no es una buena idea salirnos del camino para encontrarnos con la duda. Cuando experimentamos incertidumbres, debe-ríamos trabajar de forma positiva para resolverlas. Si pasivamente permitimos que el virus de la duda cause estragos en nuestras creencias, esto podría diez-mar nuestra fe en última instancia. Pero para determi-nar la receta correcta para combatir el virus, necesita-mos comprender las distintas formas en las que la duda nos puede infectar: a través de nuestra mente, nuestras emociones y nuestra voluntad.

REFLEXIONARLO

Un lugar en el que la duda obtiene acceso en nuestras vidas es a través de nuestras preocupaciones intelectua-les acerca de la fe. Por ejemplo, nos comenzamos a pre-guntar si es algo racional creer en los ángeles, los demonios, el cielo, el infierno, los milagros y la Resurrección. En especial somos vulnerables al virus de la duda si no sabemos el *por qué* creemos lo que cree-mos.

Esto puede iniciarse con una conversación en la que alguno de sus conocidos pregunta:

—Entonces, ¿crees que Jesús es Dios?

—Sí —responde usted—, por supuesto.

—Bueno, ¿y por qué crees eso? —pregunta él.

Usted toma su Biblia y está a punto de mostrarle todos los pasajes que demuestran que Jesús es Dios, pero él lo interrumpe.

—Espera un segundo… ¿no esperas que crea nada de lo que dice *ese* libro, verdad?

Usted queda asombrado.

—Bueno, ¿por qué no?

—Por que todo mundo sabe que está lleno de contradicciones, mitología, supersticiones, y mala ciencia. Vamos, ¡este es el siglo XXI! ¿Por qué tendrías que creer que ese libro es la Palabra de Dios?

—Mmmh…, bueno — tartamudea usted—, simplemente creo, ¡eso es todo!

Aquí es cuando los gérmenes de la duda hacen acto de presencia. Tal vez él está en lo correcto. Tal vez usted se tragó el anzuelo, cuerda y plomo de Jesús sin hacer las preguntas correctas. ¿Cómo es que usted *está* seguro de que la Biblia es confiable?

Se ha dicho que los cristianos deberían *creer con sencillez*, esto es, poseer la fe pura de un niño, pero que no deberían *simplemente creer*. Esto es porque es probable que alguien, en algún momento, en algún lugar, va a desafiar su fe. No saber el por qué cree lo que cree le hace especialmente vulnerable al virus de la duda.

Y lo mismo ocurre al no conocer *aquello* que usted cree. Si usted posee una imagen distorsionada o desequilibrada de Dios, esto lo puede predisponer a desilusiones injustificadas que son un caldo de cultivo para el virus de la duda. Por ejemplo, si usted conoce todo acerca del amor de Dios pero nada acerca de su justicia, santidad y rectitud, desarrollará dudas acerca del por qué él hace lo que hace y del por qué él no hace lo que usted cree que debería hacer.

O, si usted piensa que Dios prometió responder rápidamente a cada una de sus oraciones, desarrollará dudas cuando no parezca responderle. O si usted cree que él garantiza la salud y la riqueza a quienes simplemente ejercen la fe suficiente, comenzará a cuestionar su fe cuando el dinero y la salud no lleguen de manera automática. O si usted piensa que su fe ofrece un manto de protección ante las turbulencias de la vida, desarrollará incertidumbres cuando las dificultades sigan acorralándole.

El problema no es con Dios. En primer lugar, él no prometió estas cosas. El problema es que, cuando tenemos una concepción imprecisa de sus promesas y carácter, esto crea expectativas poco realistas. El resultado: infección por causa de la duda.

EL ESCÉPTICO POR NATURALEZA

No solo nuestra mente puede ser un caldo de cultivo para la duda. También pueden serlo nuestras emociones. Para algunos, la fe se basa totalmente en los sentimientos. Tuvieron una experiencia eufórica cuando entregaron su vida a Cristo y fueron inflados emocionalmente al principio pero, con el paso del tiempo, ese punto máximo espiritual comenzó a desaparecer y comenzaron a sentir pánico debido al temor de que su fe estuviera desapareciendo o de que jamás fueron *verdaderos* cristianos desde el principio.

En esencia, entendieron mal el papel de las emociones y de la fe. La fe, en esencia, no es un sentimiento; seguir a Jesús es una decisión de la voluntad, y eso no va y viene dependiendo de qué tan emocionalmente cargados nos sintamos.

La personalidad también pude ser un factor. Así como ciertas personas son más susceptibles a ciertas enfermedades, algunos temperamentos, en especial los que tienen a ser más melancólicos y contemplativos, son más vulnerables a las preguntas y dudas. Por ejemplo, Lynn Anderson se describe como una persona «escéptica por naturaleza»:

> Nosotros somos los adultos acosados por la «angustia existencial», una sensación fundamental de incertidumbre acerca de las cosas básicas de la vida, y tendemos a estar plagados con preguntas perturbadoras que no podemos dejar debajo de la alfombra. No queremos molestar, y no queremos ser rebeldes o irreverentes. Muchos de nosotros, sin embargo, anhelamos quedar libres de la duda… Los expertos pueden no estar de acuerdo respecto al origen de estas dudas, ¡pero se *siente* como si hubiéramos nacido con ellas![17]

El autor y educador Daniel Taylor utiliza el término «cristiano reflexivo» para describir a aquella persona que es «ante todo, alguien que hace preguntas: alguien que halla en cada experiencia y en cada aseveración algo que requiere de más investigación. Él o ella es alguien que voltea las rocas, atraído o atraída por las cosas horribles que se arrastran y que viven debajo de las rocas y detrás de las declaraciones humanas».[18]

Él se refiere al autor del libro del Eclesiastés como una persona con esas características: «Volví entonces mi atención hacia el conocimiento, para investigar e indagar acerca de la sabiduría y la razón de las cosas».[19]

La duda también tiende a desarrollarse entre quienes fueron marcados emocionalmente por una experiencia en su pasado. Si sufrieron de abuso por parte de sus padres cuando eran niños, si fueron abandonados por sus padres o por su cónyuge, si sintieron que quienes eran más importantes para ellos no les amaban, es posible que desarrollen incertidumbre crónica respecto a Dios. En lo profundo de su alma pueden estar esperando que Dios los abandone de la misma forma que lo hicieron las personas en su pasado.

Es muy interesante que muchos de los incrédulos más grandes de todos los tiempos —como los ateos Kart Marx, Sigmund Freud, Bertrand Russell, Jean Paul Sartre, Friedrich Nietzsche y Albert Camus, entre otros— experimentaron la muerte o el abandono de su padre cuando eran jóvenes, o tuvieron serios conflictos con él.[20]

Aunque la mayoría de las víctimas del abandono por parte de los padres no recurren al extremo del ateísmo, es verdad que en ocasiones tienen dificultad en confiar en su Padre celestial; y, en donde hay falta de confianza, pronto lo que le sigue es la duda.

DECISIONES QUE CONDUCEN A LA DUDA

Además de nuestro intelecto y emociones, la duda también puede entrar a nuestras vidas a través de nuestra voluntad, esto es, la parte de nosotros que toma decisiones. Por ejemplo, las dudas pueden multiplicarse en un cristiano que deliberadamente toma la decisión de no alejarse de un patrón de maldad en su vida.

El pecado, por supuesto, crea una falta de paz, y la sensación de estar separado de Dios. De modo que, cuando una persona no tiene paz, cuestiona la razón por la que Dios no le consuela. Cuando siente que Dios está distante, comienza a cuestionar si es que Dios existe, a pesar de que todo el tiempo la causa subyacente de su duda es su propia decisión voluntaria de aferrarse al pecado.

Otro factor también puede ser un obstinado sentido de orgullo. «El hombre orgulloso *necesita* dudar porque el sentido de su propia importancia así lo demanda», escribió Guinness. «En su naturaleza no está el inclinarse ante nadie».[21]

En consecuencia, se sale del camino para invitar a la duda y justificar su decisión de no permitirle a Dios el acceso total a su vida.

El teólogo Alister McGrath está de acuerdo en que nuestra falta de humildad puede invitar a la duda, pero por una razón distinta. «Todos estamos tentados a creer que, debido a que no tenemos las respuestas para las preguntas difíciles de la fe, no existen respuestas a esas preguntas»,[22] escribió.

Y nadie cuestionaría que la duda arrasará su vida como un incendio si usted nunca toma la decisión de dedicar su vida a Cristo.

Es posible que usted viva una fe que le fue transmitida por parte de sus padres o creer que usted es cristiano porque fue bautizado cuando era niño, asistía a la iglesia o está de acuerdo en términos generales con la doctrina cristiana.

Sin embargo, la Biblia es clara respecto a que necesitamos tomar una decisión para recibir el don gratuito del perdón y de la vida eterna que Cristo ofrece.

Cuando hacemos eso, somos adoptados para pertenecer a la familia de Dios y comenzamos una relación personal con él que nos acercará cada vez más a él con el paso del tiempo. Además, el Espíritu Santo nos confirmará que pertenecemos a Dios.

Si está lejos de esa decisión, la cual transforma su vida y altera su eternidad, no es de extrañar que una persona sienta que Dios está distante y separado; y no es de extrañar que continúen multiplicándose las dudas debido a esto.

Finalmente, permítame reconocer el papel que juega Satanás en propagar el virus de la duda en donde quiera que pueda y en alentarlo a que se salga de control. Jesús le llamó «el padre de la mentira»[23] debido a la forma en la que nos susurra distorsiones para crear falta de confianza y confusión.

No deberíamos caer en la trampa de ignorar la amenaza que representa, pero tampoco deberíamos enredarnos en una segunda trampa: obsesionarnos con él.

Como el apóstol Juan les recordó a los seguidores de Cristo: «Ustedes, queridos hijos, son de Dios… el que está en ustedes es más poderoso que el que está en el mundo».[24]

DIRIGIÉNDOSE HACIA LA CERTEZA

Las anteriores son algunas de las formas en las que podemos infectarnos con la duda. Una vez que nos aflige, es imperativo que hagamos algo para recobrar nuestra salud espiritual. Y a menudo eso no es fácil.

No quiero hacerle pensar, equivocadamente, que existe un elixir espiritual que contesta sus preguntas. Algunos terminan viviendo con una frustrante infección de la dudas, la cual tiene un bajo nivel, por periodos prolongados de tiempo. Sin embargo, al mismo tiempo, *hay* esperanza.

«¿En qué momento la duda se convierte en falta de fe?», preguntó Alister McGrath. «Respuesta: cuando usted lo permite».[25] *Por lo tanto, no lo permita.* Al actuar, usted puede prevenir que las preguntas, las preocupaciones o las dudas se multipliquen sin control para convertirse en una completa falta de fe.

Al tratar con personas a través de los años, desde quienes simplemente se sentían molestas por preguntas incómodas hasta quienes podrían clasificarse como «escépticos por naturaleza», he descubierto que existen cinco pasos que les pueden ayudar a combatir el virus de la duda.

Paso #1: Descubra la raíz de su duda

Esta es la fase del diagnóstico, el momento cuando se ahonda en lo que está detrás de su tendencia a la duda. Acabamos de explorar varios ejemplos de la forma en la que la duda pude infectarnos a través de nuestro intelecto, nuestra emoción y nuestra voluntad y, tal vez al leer esto, usted dijo: «¡Oye, ese soy yo!». Si no mencioné su tipo particular de duda, examínese a sí mismo e investigue de modo que pueda localizarla.

Tom es el ejemplo de alguien que era acosado de manera crónica por dudas intelectuales, pero no podía explicarse la razón.

Cuando le ayudé a dar este paso, llegué a la conclusión de que sus dudas tenían su raíz en una concepción equivocada de la naturaleza de la fe.

Él demandaba prueba absoluta respecto a Dios y, sin importar cuánta evidencia desenterrara, siempre se quedaba corta de la certeza perfecta. En ese punto es en donde aparecían sus dudas.

Una vez que diagnosticamos la causa de su duda, pude ayudarle a entender que la existencia de Dios no puede ser totalmente probada o totalmente rebatida. Hay evidencia de sobra que apunta convincentemente en la dirección de Dios pero, en última instancia, necesitamos dar un paso de fe en esa misma dirección al poner en él nuestra confianza.

Una vez que se aclaró el concepto de la fe, Tom pudo lidiar de manera constructiva con sus dudas y sentirse seguro de que su confianza en Dios está en el mejor lugar posible.

Paso #2: Pida ayuda a Dios y a otros

Sea sincero con Dios como el padre cuyo hijo fue apresado por el mal. «¡Sí creo!», le dijo a Jesús, «¡Ayúdame en mi poca fe!».[26] De hecho, no sufría de falta de fe, más bien, se encontraba afligido con la duda; recuerde, existe una diferencia. Pero esta es la clave: *le pidió ayuda a Jesús, y Jesús le ayudó.* Sanó a su hijo.

Vuélvase a Dios para buscar su ayuda; no como último recurso sino como la principal prioridad.

Pídale que le dirija hacia las respuestas, que le provea de una comprensión profunda, que le dé sabiduría y que refuerce su confianza. Háblele de su deseo de poseer una fe fuerte y vibrante.

Luego, acuda a los cristianos que conoce. Por esta razón es tan importante ser parte de un círculo reducido de amigos en los cuales se estimule la autenticidad y se promueva el crecimiento espiritual.

Santiago dijo que deberíamos admitir honestamente nuestras luchas y defectos los unos con los otros y que orásemos los unos por los otros. ¿Por qué razón? De modo que, dijo Santiago, pudiéramos ser sanados.[27]

He descubierto que es particularmente útil buscar a personas que tengan una fe fuerte. Supongo que esto se remonta a una experiencia en la niñez.

Cuando éramos niños, mi hermana menor, Lorena, contrajo paperas, y yo estaba celoso por causa de todos los regalos que recibió debido a eso.

Así que me quedé a su lado hasta que contraje yo mismo la enfermedad, y tuve también una cosecha de bienes.

Aunque la fe no es literalmente contagiosa, podemos beneficiarnos de estar cerca de personas que tengan una fe profunda y creencias sólidas.

Tienden a funcionar como anclas y darnos seguridad, y siempre podemos aprender de las prácticas espirituales que han integrado a su vida y que les ayudan a edificar una fe a prueba de dudas.

Paso #3: Ponga en operación un tratamiento

Una vez que descubrió la causa de su duda y buscó sabiduría tanto de parte de Dios como de parte de consejeros piadosos, entonces usted está en una mejor posición para identificar y poner en operación una estrategia para combatir el virus de la duda.

Por ejemplo, en vez de simplemente concluir que usted tiene preocupaciones intelectuales e imprecisas acerca del cristianismo, tómese el tiempo para escribir las preguntas específicas que usted tiene.

Esta disciplina le ayudará a ubicar exactamente qué es lo que le perturba. Se sorprenderá de la cantidad de recursos disponibles y a la mano que hay para ayudarle a buscar respuestas satisfactorias.

O quizá usted determinó que las cuestiones emocionales están creando gérmenes de duda. Tal vez un plan de acción apropiado sería discutirlas con un pastor o un consejero cristiano que pueda ayudarle a resolverlas. O, si se trata de una cuestión de la voluntad, pregúntese específicamente qué está ocultándole a Dios.

Después de todo, la elección es suya: usted puede dejar que la desobediencia deliberada o el orgullo le

asedie con la duda por el resto de su vida, o puede sujetar todo su ser a Dios y experimentar realmente la aventura de ser cristiano.

Y si usted no tiene certeza de que realmente le ha
dado su vida a Cristo, asegúrese de una vez y para
siempre: ore para recibir a Cristo como su líder y como
aquel que le perdona.

Y no hay problema si esto se trata de una dedica-
ción renovada. Sin embargo, una vez que haga esto con
sinceridad, deje de preocuparse por el asunto. La Biblia
nos asegura que cuando recibimos de Cristo y con
humildad el don de la vida eterna, somos adoptados en
su familia para siempre. Ya no tenemos que dudar nuestra salvación.

Diagnosticar la raíz de su duda, buscar consejo y
llevar a cabo un plan de acción le ubicará en el curso de
la recuperación, aunque es posible que tenga que lidiar
con algunas recaídas en el camino. El siguiente paso es
importante en mantener a raya las infecciones en el
futuro.

Paso #4: Cuide escrupulosamente su salud espiritual

Un organismo es menos susceptible a los virus
cuando está saludable porque puede combatir infecciones menores antes de que se conviertan en algo
serio. De una forma similar, una fe fuerte es mejor
para combatir el virus de la duda antes de que afiance
una posición segura y amenace con abrumar sus
defensas.

Tal como un organismo se fortalece a través de la buena nutrición y el ejercicio, su fe se hace más fuerte a través tanto del conocimiento como de la acción.

Por conocimiento, me refiero a tomar con seriedad el aprender más acerca de Dios y de las razones por la que él es confiable. Eso involucra no solo leer libros *acerca* de la Biblia sino estudiar la Biblia misma de una forma consistente y sistemática. Para obtener un buen fundamento en cómo hacer eso de una forma significativa, a menudo recomiendo el libro *Living by the Book* [Vivir de acuerdo al Libro] de Howard y William Hendricks, como una útil introducción al estudio bíblico personal.[28]

Además, a través de sus acciones cotidianas, edifique su fe al ejercerla. Aprendemos mejor al hacer las cosas, y podemos aprender mejor acerca de la confiabilidad de Dios cuando tomamos la decisión diaria de sujetar a él nuestras vidas y llevar al extremo nuestra fe. Como lo dijo el rey David, pruebe y vea por usted mismo que el Señor es bueno.[29]

Cuando usted hace eso, siempre que sea amenazado por la duda, es mucho más fácil mirar su conocimiento acerca de Dios y su experiencia personal con él: «Puede que todavía no sepa la respuesta a esta pregunta en particular, pero tengo evidencia de sobra respecto a que Dios es real, que la Biblia es confiable, y que soy importante para Dios. Todo eso me da la confianza de que Dios tiene una respuesta para esta pregunta.

»De modo que no voy a entrar en pánico o tirar mi fe por la ventana. No voy a quedarme en el atolladero de la desesperanza o caer en la desilusión. Más bien, seguiré confiando en Dios, porque me ha mostrado una vez tras otra que mi confianza en él está bien fundamentada».

Esa es la forma en la que desarrollamos un escudo que rechazará la duda cuando quedemos expuestos a ella.

Paso #5: Mantenga el resto de sus preguntas a la vista

Los pensamientos y caminos de Dios son más altos que los nuestros. Somos personas limitadas con mentes limitadas, de modo que no podemos esperar entender todas las cosas respecto a nuestro Dios ilimitado. En consecuencia, habrá algunos misterios que no serán resueltos por un periodo limitado.

En algunos casos tendremos la visión fugaz de una respuesta mientras maduramos en nuestra fe con el paso de los años.

Sin embargo, en muchos casos tendremos que esperar por la eternidad, cuando podamos levantar la mano y decir: «Jesús, tengo una pregunta que me ha estado molestando durante algún tiempo:

»¿Exactamente de qué forma concuerda la predestinación con el libre albedrío? ¿Exactamente cómo funciona esta cuestión de la Trinidad? ¿Por qué parece que no escuché nada de ti cuando estaba sintiéndome tan mal? ¿Cómo es que, como lo escribió una vez un niñito, "oré por un perrito pero lo que recibí fue un hermanito"?».

Permítame decirle algo: mi brazo estará levantado. Estoy seguro que el suyo también, y en eso no hay ningún problema. Dios dará la respuesta. Después de todo, ¡tendremos la eternidad para satisfacer nuestra curiosidad!

Hasta entonces, podemos decir lo siguiente: «Es posible que no tenga todas las respuestas para cada una de mis preguntas periféricas, pero las respuestas que tengo me conducen sin lugar a dudas hacia Dios como alguien real, alguien en quien puede confiarse y como alguien que es un Padre que me ama. Debido a eso, mi fe puede seguir intacta aun cuando todavía tengo algunas cuestiones pendientes».

Esa no es una fe irracional. Más bien, es lidiar con nuestras dudas de forma responsable al tomar la decisión informada de suspender el juicio por un rato. Es concluir, a partir de la evidencia disponible, que puede confiarse en Dios y que por lo tanto es algo permisible asumir la actitud de esperar y ver lo relacionado a un problema en particular.

De hecho, si tuviéramos el ciento por ciento de las respuestas al cien por ciento de nuestras preguntas, ya no habría cabida alguna para la fe. De modo que, mientras lidia con sus dudas, recuerde esto: podemos quedar perplejos por los misterios, pero para Dios no existe misterio.

Él comprende todo. Como lo dijo Gary Parker: «Es posible que no tenga la respuesta a muchas preguntas, pero conozco a Quien sí las tiene».[30]

El apóstol Pablo también lo conoció. Y Pablo entendió lo poco que él mismo sabía. Cuando usted combata el virus de la duda, intente que las palabras transformadoras de Pablo se conviertan en su oración personal: «Señor, ahora puedo ver y entender solo un poco acerca de ti, como si estuviera mirando detenidamente tu reflejo en un espejo de mala calidad. Sin embargo, algún día voy a verte en tu totalidad, cara a cara. Hoy, todo lo que veo es borroso y nebuloso, pero entonces veré todo con claridad, tal claro como te puedo ver ahora mismo en mi corazón».[31]

◆◆

Dios tiene una cura para su secreta soledad

❖

Las celebridades ya no se ruborizan cuando se publica en las noticias que quedaron embarazadas fuera del matrimonio. Usar fármacos «recreativos» no conlleva el estigma que en alguna ocasión tuvo esto en Hollywood. ¿Divorcios? ¿Arrestos? Las estrellas de cine conectan sus almas cinco días a la semana con el programa *Entertainment Tonight* [Entretenimiento esta noche]. Además, darse de alta en la Clínica Betty Ford [especializada en la recuperación de las adicciones] casi se ha convertido en un ritual de iniciación para quienes están en la escena pública.

Sin embargo, hay algo que la gente detesta admitir, ya se trate de una estrella de televisión o de alguien que arregla televisores en un taller de reparación. Simplemente es algo por demás embarazoso. Penetra de modo muy profundo en el centro de quienes son. Cuando, muy a su pesar, la escritora Marla Paul lo confesó en una columna de periódico, esperaba en secreto que nadie lo leyera.

Reconoció que *estaba sola.*

La soledad es un mal tan humillante que parece tener su propio eufemismo, que se utiliza para evitar que la descripción se torne ofensiva: «limitación al nivel de las relaciones personales». O hasta su propio teletón. Cualquier cosa que sea menos complicado confesar. Porque hoy día se trata de un tabú, una aflicción para los solitarios y los inadaptados. Y además, para ser sinceros, de las personas respetables como usted y como yo.

«La soledad me entristece», escribió Marla. «¿Cómo llegué al punto de tener cuarenta y dos años de edad y no contar con suficientes amigas?».

Comentó que ciertos cambios en su vida —incluido el mudarse a un estado distinto y decidir trabajar desde su casa— rompieron con su círculo de relaciones personales y «parecía como si ya se hubiera agotado la cuota de amistades de todas las mujeres y ya no estuvieran entrevistando a nuevas aspirantes».

Finalmente, preguntó a su esposo: «¿Soy yo?». Comenzó a preguntarse: ¿O será que la gente estaba muy ocupada como para cultivar nuevas amistades? ¿Estarían tan enredados con sus relaciones existentes que se habían cerrado a conocer personas nuevas? O, añadió, «¿simplemente estoy imaginando que todos los demás tienen una camarilla cerrada o compañerismo, excepto yo?».

Concluyó su columna de la forma siguiente:

Pienso que hay mujeres que no saben lo solitarias que están. Es muy sencillo llenar las horas del día con el trabajo y la familia. Pero sin importar cuánto disfrute mi trabajo, a mi esposo y a mi hija, todo eso no es suficiente.

Hace poco le leí a mi hija el cuento *El Patito Feo*, de Hans Christian Andersen. Sentí una identificación inmediata con esta ave que vuela de un lugar a otro buscando un grupo de criaturas del cual formar parte. A final de cuentas lo encuentra.

Espero que yo también.[1]

SENTIRSE COMO JABALÍ VERRUGOSO

Entonces ocurrió algo sorprendente.

Un día después de que se publicó la columna de Marla, sonó el teléfono. La gente comenzó a detenerla en la calle y en la escuela de su hija. Se inició un torrente de cartas provenientes de amas de casa, ejecutivas y profesoras universitarias. La columna generó siete veces más correo que lo usual.

«Querían comunicarme su frustración y su sensación de aislamiento», comentó Marla. «Todas se sentían tremendamente aliviadas por descubrir que no eran las únicas en esa condición».

La madre de dos criaturas, empleada, y residente de un prestigioso barrio residencial de Chicago, escribió: «La columna me ayudó a aliviar mi creciente paranoia respecto a que me estaba convirtiendo en una proscrita social sin una razón específica que pudiera comprender». Una mujer, residente en una comunidad rural, añadió: «Ahora sé que no se debe a que soy pelirroja y tengo la nariz chata. De alguna forma comienzas a buscar lo que está mal contigo». Otras cartas comunicaban temas semejantes:

 • «Me siento como un jabalí verrugoso mutante, ¿qué otra podría hacer que la gente se mostrara tan desinteresada en responder a mis avances amistosos?»

 • «Necesito amigas. Quiero amigas. Me preguntó que es exactamente lo que ocurre. ¿Por qué es que otras personas no tienen necesidad de hacer amigos?»

 • «Trato de concentrarme en quienes son mis amigas y no en quienes no quieren relacionarse conmigo. Pero es difícil.»

«Sí, lo es», resume Marla. «En ocasiones parece más fácil darse por vencida y aceptar que esta sensación de desconexión es una compañera oscura e imposible de sacudírsela de encima. Sin embargo, no es la compañía que quiero. Quiero amigos. Y por eso yo también persevero».[2]

«Y ÉL ESTARÁ SOLO»

Nada de esto, por supuesto, es particular de las mujeres. Los hombres son notorios por tener conocidos, compañeros de equipo, socios de negocios, clientes, compañeros de golf y compañeros de pesca: todas y cada una de ellas relaciones personales tan profundas como la delgada capa de hielo que se forma encima de un estanque.

«El varón norteamericano es solitario y no tiene amigos, pero trata de conservar su imagen de macho a

toda costa, incluso si esto significa aislarse de la gente»,
señaló Jim Conway, quien escribe sobre asuntos relacionados con los hombres.[3]

En su útil obra *Men Without Friends* [Hombres sin
amigos], David W. Smith resume varios factores que
ocasionan que a los hombres se les dificulte establecer
y mantener relaciones personales con otros hombres,
incluido el hecho de que como jóvenes, a la mayoría se
le estimula a suprimir sus emociones, a ser competiti-
vos, a mantener lo más oculto posible sus necesidades
y anhelos, y a admirar como modelos a seguir a quienes
sean independientes y faltos de calor e interés humano.[4]

De hecho, Smith dijo que muchos hombres consideran al aislamiento social como algo tan normal que,
cuando un escritor hizo una encuesta entre los varones
acerca de si tenían algún amigo cercano, la simple pregunta dejó perplejos a muchos de ellos. Una respuesta
típica fue: «No, ¿por qué? ¿Debería?».

En el libro *Men: A Book for Women* [Hombres: Un
libro para las mujeres], James Wagenvoord escribió este
irónico credo para los «verdaderos hombres», basado
en la forma en la que los hombres son criados en esta
cultura. Al leerlo, piense en la forma en la que cada una
de estas actitudes va en contra de establecer relaciones
profundas.

Él no llorará.
Él no demostrará debilidad.
Él no necesitará afecto, gentileza o calidez.
Él consolará, pero no deseará ser consolado.

Él será necesitado, pero no necesitará.

Él tocará, pero no será tocado.

Él deberá ser acero, no carne.

Él deberá mantener intacta su hombría.

Y él estará solo.[5]

¿Qué tal ese credo como fórmula para el desastre en las relaciones personales? Alimentado por este tipo de condicionamiento social y la creciente falta de raíces de nuestra sociedad, la soledad se está convirtiendo en una enfermedad nacional. El psicólogo Richard Farson dijo lo siguiente: «Millones de personas en los Estados Unidos no han tenido jamás un minuto en toda su vida en el que pudieran "hacer todo a un lado" y comunicar a otra persona sus más profundos sentimientos». ¡Qué increíble —y deprimente— observación!

No es de sorprenderse que todo esto tenga un costo. El Dr. James Lynch, en su libro *The Broken Heart* [El corazón quebrantado], cita estadísticas que demuestran que los adultos que no tienen relaciones personales profundas tienen un índice de mortalidad que es dos veces superior al de quienes disfrutan una relación de interacción comprensiva con otras personas.

Irónicamente, vivimos en una cultura en la que mucha gente monitorea escrupulosamente su ingesta de colesterol y su consumo de calorías pero, al mismo tiempo, ignora el área de su vida que tiene que ver con sus relaciones personales, la cual, de acuerdo a los científicos, tiene un impacto tan grande en su salud física como la obesidad, el tabaquismo, la presión arterial alta y la falta de ejercicio.[6]

RIESGOS Y RECOMPENSAS DE LA VIDA EN COMUNIÓN

Está bien, debo admitirlo: hubo ocasiones en mi vida en las que me sentí profundamente solo. A pesar de una próspera carrera, de muchísimos buenos conocidos y de un matrimonio exitoso, he pasado por temporadas en las que me ha dolido la falta de un amigo a quien descubrirle mi alma.

Soy testigo de la verdad bíblica respecto a que los seres humanos no fueron diseñados para vivir vidas que estén desconectadas de las relaciones personales. Puede sonar escandaloso, pero nunca nos sentiremos completos hasta que experimentemos la vida en comunión, primero con Dios y luego con otras personas. Sin contar con eso, inevitablemente sentiremos algo profundamente torcido en lo más interno de nuestra alma.

Después de todo, fuimos creados a imagen de un Dios que se reveló para toda la eternidad en una forma misteriosa de interrelación entre el Padre, el Hijo y el Espíritu Santo. De modo que este concepto de comunión tuvo su origen en la Divinidad. Entonces, resulta apropiado que, luego de que Dios creara a la primera persona, concluyera lo siguiente: «No es bueno que el hombre esté solo».[7] El hombre necesita a alguien con quien compartir su vida.

En cuanto a Jesús, él reunió a una gran cantidad de seguidores; sin embargo, tanto en su divinidad como en su humanidad también deseó la compañía de un pequeño cuadro de discípulos. Y aun así no fue suficiente.

Luego desarrolló una relación más rica entre Pedro, Jacobo y Juan, quienes conformaron su círculo interno de confidentes. Entre esos amigos íntimos, fue más cercano a Juan que a ningún otro. De esta forma, Jesús estableció un modelo de vida saludable en cuanto a sus relaciones personales.

Estas son noticias alentadoras: usted no tiene que sufrir la incesante angustia de la soledad. Dios nos ha provisto tanto la capacidad como el deseo de profundizar con otros seres humanos, de experimentar conjuntamente las alegrías y tristezas de la vida, de animarnos unos a otros, de celebrarnos unos a otros, de servirnos unos a otros: de «hacer vida» juntos. Se trata de un tesoro que Dios quiere que usted posea.

En efecto, se requerirá de un cierto grado de riesgo para reclamarlo. Pero el riesgo más grande es *no* buscar la vida en comunión. Como lo dijo C. S. Lewis:

Ama cualquier cosa, y tu corazón ciertamente será retorcido y posiblemente roto. Si usted quiere estar seguro de que se mantenga intacto, no debe darle el corazón a nadie… Envuélvalo cuidadosamente en pasatiempos y pequeños lujos; evite todo enredo; enciérrelo con seguridad en el ataúd o féretro de su autosuficiencia. Pero en ese ataúd —seguro, oscuro, inmóvil y sin aire— se transformará. No será roto: más bien, se volverá irrompible, impenetrable e irredimible.[8]

En pocas palabras, el aspecto positivo es demasiado grande y el aspecto negativo es demasiado temible como para no ir en pos de relaciones personales genuinas. Pero, ¿cómo comenzamos? Las amistades casuales son sencillas, pero iniciar y cultivar las relaciones profundas pueden ser un desafío más grande. Por encima de todo, mucha gente permite que sus habilidades para edificar amistades se atrofien con el tiempo, si es que en algún momento las poseyeron.

De modo que comencemos aquí mismo y en este mismo momento. Dejemos de esperar que las amistades simplemente se den. Llegó el momento de poner en el estante nuestra soledad y, aunque suene estrafalario, ser extremadamente intencionales respecto a edificar relaciones personales. Teniendo a la Biblia para que nos provea de lineamientos, comencemos por el principio.

¿Cuáles son los ingredientes de una amistad que sea rica y genuina, comprensiva y duradera, íntima y de satisfacción mutua? He descubierto que hay al menos cinco que son esenciales al desarrollar amistades continuas, seguras y satisfactorias: afinidad, aceptación, autenticidad, asistencia y afirmación.

INGREDIENTE #1: *AFINIDAD* – CELEBRAR LO QUE TENEMOS EN COMÚN

Los químicos utilizan el término *afinidad* para describir la atracción que hace que los átomos se enlacen unos con otros. En las amistades, la afinidad en su nivel más elemental es la atracción entre dos personas. A usted le *cae bien* la otra persona. El Antiguo Testamento describe la primera vez que un pastor de condición humilde de nombre David conoció al primogénito del rey, de nombre Jonatán. Desde el principio ellos simplemente la pasaron bien el uno con el otro. Se cayeron bien.

Es fácil comprobar si usted tiene afinidad con otra persona: imagine que ella entra a una habitación en donde usted está trabajando. ¿Cuál es su reacción inmediata? Si le aviva el humor, si viene una sonrisa a su rostro, si con gusto usted se toma un descanso de su proyecto para estar con esta persona, entonces, definitivamente, existe afinidad entre ustedes.

Pero hay algo más en la afinidad que simplemente caerse bien. La afinidad también se refiere al terreno en común que comparte la gente. Por ejemplo, la «afinidad al nivel superficial» es cuando compartimos algún interés o actividad con el otro individuo.

Posiblemente nos gusta a ambos jugar golf o tenis. Tal vez hacemos algún negocio juntos. Tal vez nuestros hijos tienen la misma edad y ambos estamos en el mismo comité de la asociación de padres de familia.

Disfrutamos el reunirnos y trabajar en una actividad en común o hacia una meta conjunta, pero nuestra conversación por lo general gira en torno a la tarea inmediata. En su mayoría, hablamos acerca de temas inofensivos.

Nuestras vidas están llenas de estas relaciones. Los estudios demuestran que la persona promedio puede tener cientos de este tipo de conocidos, y no hay nada de malo en ello. Pero no deberíamos engañarnos al pensar que ellos son más significativos de lo que en realidad son, porque estas frágiles amistades inevitablemente se fracturan bajo el peso de la tensión.

La Biblia advierte: «Hay amigos que llevan a la ruina, y hay amigos más fieles que un hermano».[9] El escritor contrasta aquí nuestras numerosas relaciones a nivel superficial con nuestras relaciones más cercanas, las cuales son menos en número, y nos advierte que la cantidad no equivale a la calidad.

Simplemente pregúntele a Lee Iacocca. Dijo que la sorpresa más grande de su carrera no fue que le despidieran siendo presidente de la Ford Motor Company, sino lo que ocurrió después. «Estaba muy mal herido», escribió en su autobiografía. «Me hubiera sido de mucha utilidad la llamada telefónica de alguien que me dijera: "Tomemos una taza de café". Sin embargo, la mayoría de mis amigos me abandonaron. Fue la conmoción más grande de mi vida».[10]

Esas relaciones, aparentemente, se basaron en una afinidad al nivel superficial por meramente tener en común un centro de trabajo y por compartir metas corporativas, de modo que cuando vino la tensión —¡pum!— las amistades se fragmentaron.

Pero el «amigo más fiel que un hermano» es alguien con quien compartimos «afinidad al nivel profundo». En estos casos, el lugar común no es solo una actividad, sino los valores comunes. Tenemos un consenso respecto a nuestras creencias esenciales. No solo conversamos acerca de la tarea que hacemos juntos; compartimos emociones y experiencias personales. Hacemos conexión en un nivel mucho más profundo.

Corazones que laten al unísono

La Biblia dice que «el alma de Jonatán quedó ligada con la de David».[11] En su libro *Quality Friendship* [Amistad de Calidad], Gary Inrig señala: «La palabra *ligada* es útil porque nos recuerda que se pueden entretejer cosas que son de la misma naturaleza. Jonatán y David eran hombres que tenían mucho en común».[12] Sus almas estaban entrelazadas por que compartían un profundo amor por Dios. Esa fue la base de su amistad.

Lo importante, dice Inrig, es esto: «*La calidad de una amistad está determinada casi siempre por la calidad de lo que nos une*».[13] Eso significa que si nuestro lazo común es una actividad, deporte o empresa, es probable que el resultado sea una afinidad al nivel superficial. Pero si el lazo común está constituido por valores profundos, existe al menos la posibilidad de una unión mucho más cercana. Es posible que solo tengamos unas cuantas de estas amistades, pero son las que traen las más grandes recompensas.

Yo he tenido todo tipo de amistades en mi vida pero, por mucho, las más satisfactorias han sido aquellas en las que nuestro común denominador es Cristo. Se trata de aquellas en las que compartimos la esencia de nuestras almas, tenemos una lealtad conjunta a Jesús, oramos juntos y nos ofrecemos unos a otros consejos piadosos y ánimo, y nuestros corazones laten al unísono por los objetivos del reino.

Así que tomemos un momento para repasar su base de datos mental de relaciones personales. En cada caso, hágase esta pregunta: «¿Cuál es nuestro lugar común? Si elimino la actividad que compartimos, ¿la relación palidecería? ¿Tenemos el potencial para profundizar mucho más, dado que tenemos valores en común?».

Si usted busca nuevas relaciones personales con la esperanza de echar raíces profundas, trate de buscar entre aquellos que comparten las mismas creencias esenciales.

Esa es la razón por la que una iglesia vibrante, genuina y amorosa provee de un excelente ambiente para encontrar un alma gemela.

No solo comenzará usted con un conjunto compartido de valores, sino que la misma naturaleza del cristianismo alienta la honestidad, el ánimo mutuo, la sinceridad y el cuidado, los cuales se combinan para dar como resultado amistades significativas.

Ingrediente #2: *Aceptación* – Relacionándose sobre la base del «tal como es»

«Por tanto, acéptense mutuamente», instó el apóstol Pablo, «así como Cristo los aceptó a ustedes».14 ¿Cómo lo hizo él? *Incondicionalmente.*

«Debemos tomar la decisión de desarrollar amistades en las que no se demande nada a cambio. El amor, para que funcione, debe ser incondicional», dijo Ted Engstrom en su libro *The Fine Art of Friendship* [El sublime arte de la amistad]. «Así como Dios nos acepta sobre la base del "tal como es", también debemos sumergirnos en la amistad basados en recibir a la otra persona incondicionalmente en la relación».15

Gary Inrig, quien ha escrito extensamente acerca de la amistad, relata la historia de ciertos padres residentes en la Costa Este que recibieron una llamada telefónica de su hijo durante la guerra de Corea. Estaban muy emocionados, ya que no habían escuchado de él por varios meses. Les dijo que estaba en San Francisco, camino de vuelta a casa.

—Mamá, solo quise decirte que traigo a un amigo conmigo de vuelta a casa —le dijo—. Quedó muy mal herido. Solo tiene un ojo, un brazo y una pierna. Quiero que viva con nosotros.

—Seguro, hijo —respondió su madre—. Suena a que es un hombre muy valiente. Podemos buscarle un espacio para que se quede durante un tiempo.

—Mamá, no me entendiste. Quiero que viva con nosotros.

—Bueno, está bien —dijo finalmente—. Trataremos de recibirle por unos seis meses o algo así.

—No, mamá, quiero que se quede para siempre. Él nos necesita. Solo tiene un ojo, un brazo y una pierna. Realmente está muy mal.

Para ese momento, su madre había perdido la paciencia.

—Hijo, no estás siendo realista respecto a esto. Estás muy sensible porque estuviste en una guerra. Ese muchacho será un lastre para ti y un problema constante para todos nosotros. Sé razonable.

Él colgó el teléfono. El día siguiente, sus padres recibieron un telegrama: su hijo se había suicidado. Una semana más tarde, los padres recibieron el cuerpo.

Miraron el cadáver de su hijo con una pena inexpresable: tenía solo un ojo, un brazo y una pierna.[16]

A pesar de nuestras discapacidades, defectos de carácter, deficiencias, inseguridades e inmadurez, ¿acaso no todos nosotros queremos ser aceptados por ser quienes somos? ¿Acaso no necesitamos saber que alguien nos acepta porque quiere, y no porque tiene que hacerlo por alguna razón?

David W. Smith describe una placa que define la amistad del siguiente modo: «Un amigo es alguien que te conoce como eres, entiende en dónde has estado, acepta aquello en lo que te has convertido y amablemente te invita a crecer más».[17]

Pero nuestra inclinación natural no es aceptar a la gente. Tendemos a ser como los líderes religiosos de la época de Jesús, que se apresuraron a juzgar, criticar y excluir a los demás.

Al igual que ellos, queremos que los demás se conformen a nosotros, así que establecemos pequeñas pruebas para ver si las cumplen.

Proverbios dice: «En todo tiempo ama el amigo».[18] Eso no significa que condonemos los deslices morales de nuestros amigos o aprobemos sus defectos de carácter. Más bien, significa seguir el ejemplo de Cristo apreciando a la gente al mismo tiempo que les extendía su gracia.

Cierta noche, me encontraba cenando con un amigo que residía fuera de la ciudad y a quien no había visto durante un largo tiempo. Durante nuestra conversación, me confesó que había engañado a su esposa. Se sentía devastado por ello y discutimos el asunto durante un largo rato. Al final de la conversación, él hizo un comentario muy revelador. «Lee, no le digas esto a nadie. Ni siquiera a Leslie. No quiero que tenga un mal concepto de mí».

Me pareció fascinante que no estuviera preocupado de que *yo* tuviera un mal concepto de él. La razón era que somos amigos, y dentro del contexto de nuestra relación él se podía sentir seguro y aceptado porque en el pasado yo le había confesado mis faltas y él siguió aceptándome.

«Si alguien es sorprendido en pecado», dice la Biblia, «ustedes que son espirituales deben restaurarlo con una actitud humilde. Pero cuídese *cada uno*, porque también puede ser tentado».[19]

La verdad es que estamos más capacitados para aceptar a otros si permanecemos conscientes de nuestros propios errores, deficiencias y meteduras de pata. Es fácil extender la mano de aceptación a un amigo si imaginamos que nuestra otra mano está, al mismo tiempo, siendo extendida para recibir la aceptación y el perdón de nuestros pecado por parte de Cristo.

Cuando evalúe su vida respecto a sus relaciones personales, pregúntese qué actitud tendrá en sus amistades: ¿crítica y predispuesta al juicio o dispuesta a la aceptación y la gracia? ¿Trata usted que los demás se conformen a todas sus opiniones, o celebra la forma en la que los demás son distintos a usted?

Inrig escribió: «Al pedirle al Espíritu Santo que reemplace nuestra actitud cautelosa y crítica, la cual tiende a evaluar y rechazar a la gente, por su amor, el cual ansía aceptarlos, experimentaremos una forma nueva y liberadora de relacionarnos con la gente».[20]

INGREDIENTE #3: *AUTENTICIDAD* – SENTIRSE LO SUFICIENTEMENTE SEGURO COMO PARA SER GENUINO

En algún momento, si una relación va a llegar más lejos que lo que llega un buzo nadando sobre la superficie con un tubo de respiración, ambos tendrán que sumergirse en la vida del otro.

Las relaciones genuinas se caracterizan por la revelación propia, la transparencia, la honestidad y la vulnerabilidad. Hay una congruencia creciente entre la forma en la que somos por dentro y la forma en la que actuamos en la presencia del otro.

Jesús mostró autenticidad en su relación con sus discípulos. Por ejemplo, piense en lo vulnerable que se mostró el todopoderoso Hijo de Dios cuando admitió ante sus amigos más cercanos, en el jardín de Getsemaní: «Es tal la angustia que me invade, que me siento morir».[21]

La autenticidad se inicia cuando un persona en la relación envía un globo sonda relacional al revelar parte de su verdadero yo y luego observa con cautela la reacción del otro individuo. Si hay afirmación, estímulo y revelación personal de parte de la otra persona, entonces es capaz de continuar por el sendero hacia una amistad más profunda. Si no, se retirará, aun cuando superficial, a una posición más segura.

Hace años formé parte de un grupo de hombres que se reunían a desayunar todos los sábados por la mañana. Nos gustaba pensar que manteníamos relaciones profundas pero, si usted hubiera escuchado nuestras conversaciones, se habría dado cuenta de que la mayor parte del tiempo hablábamos de los «Osos», los «Toros», los «Cachorros», y los «Halcones». (¡Oiga, esto era Chicago!).

Cierto día, uno de estos hombres estaba callado. Por rutina le habíamos preguntado cómo iban las cosas, esperando como respuesta una sonrisa y un sencillo «Bien, ¿qué tal tú?». En vez de eso, bruscamente reveló lo siguiente: «Muchachos, mi matrimonio se desmorona, ¡y no sé qué hacer!».

Quedé tan impactado que casi dejé caer mi pan tostado. Con solo un arrebato él había derrumbado las apariencias de nuestro grupo.

Repentinamente nos hallamos reunidos a su alrededor, orando por él y revelando cosas sobre nosotros que habíamos suprimido antes. La experiencia nos acercó como nunca antes, y transformó la dinámica de nuestro grupo para siempre. El riesgo que corrió una persona revolucionó nuestras relaciones.

Profundizar requiere revelación. La transparencia debe ser apropiada, equivalente y gradual, y debe llegar luego de que se establezcan la confianza y la confidencialidad, pero debe llegar en algún momento o la relación seguirá siendo superficial y, en última instancia, no satisfactoria.

Ser demasiado opaco

Sin embargo, es importante estar consciente de que existen peligros respecto a la revelación en ambos extremos del *continuum* de la transparencia. En un extremo están quienes tienen un miedo mortal de ser genuinos con sus amistades. A menudo estas personas son excelentes dando palmadas en la espalda y ocupándose en bromear de forma inteligente, pero intencionalmente se alejan de las oportunidades que llevan al siguiente paso hacia la profundidad.

La causa usual es el temor. Temen que los demás descubran que no son tan espirituales como pretenden ser. Hay temor a la vergüenza, al rechazo, a revelar algo que pueda ser usado en su contra después, y de un fenómeno denominado el «efecto de halo inverso».

El «efecto de halo» es cuando una persona demuestra capacidad en algún área de la vida y los demás asumen —a menudo sin una base real— que es igualmente competente en otras áreas. Por ejemplo, la gente puede darle un peso extra a las opiniones políticas de un actor simplemente porque ha logrado prestigio en las películas. De algún modo, la habilidad de protagonizar un espectáculo hace que la gente asuma que debe saber algo acerca de política exterior.

De acuerdo a Gerard Egan, el «efecto de halo inverso» es cuando la gente se entera de un defecto en alguien y asume —nuevamente, quizá sin un fundamento real— que la persona tiene defectos semejantes en otras áreas de la vida. Algunas personas piensan que un abogado que admite tener deficiencias maritales puede también ser incompetente en su práctica legal. El miedo intuitivo a este fenómeno puede causar que la gente se abstenga de revelar completamente los problemas con los que lucha.[22]

Algunas personas pasan toda su vida en este extremo opaco del *continuum* de la transparencia. El autor Judson Swihart describe su vida:

> Algunas personas son como castillos medievales. Sus altos muros los mantienen seguros para no ser lastimados. Se protegen emocionalmente al no permitir intercambio de sentimientos con otros. Nadie puede entrar. Están seguros contra algún ataque. Sin embargo, una inspección del ocupante lo halla solitario, recorriendo nerviosamente el castillo sin nadie a su lado. El habitante del castillo se hizo prisionero a sí mismo. Necesita sentir el amor de alguien, pero los muros son tan altos que es difícil alcanzar a alguien afuera o que alguien de afuera le alcance adentro.[23]

Usted puede rescatarse de este aislamiento autoimpuesto, pero eso significa correr el riesgo de enviar un globo sonda relacional; y si usted da este temible paso, puede resultar quemado. Algunos de sus peores temores pueden convertirse en realidad. Esa es la verdad. Sin embargo, es algo necesario para recorrer el *continuum* hacia una mayor transparencia, si es que usted quiere algún día cosechar los beneficios de compartir una verdadera vida en comunión con otros.

Ser demasiado transparente

Por otro lado, algunas personas están mucho más allá del extremo opuesto del *continuum* de la transparencia. Son «exhibicionistas» de las relaciones. Ellos le cuentan demasiado, cuando todavía es demasiado temprano en su amistad.

De hecho, parece que no pueden dejar de contarle su pasado, sus secretos, sus sentimientos, sus heridas y sus conflictos internos.

Muy pronto, en vez de una amistad, lo que tiene son sesiones de terapia, lo cual puede ser frustrante si usted no se siente calificado para ayudarles, y puede ser frustrante para la otra persona porque no está recibiendo la ayuda profesional que necesita.

La transparencia inapropiada puede erosionar las relaciones, y a menudo es un signo de que la persona necesita la ayuda de un consejero experimentado y piadoso, además de un amigo. Estos son algunos indicadores de que usted está demasiado lejos de este extremo del *continuum*:

* Su nivel de revelación es consistentemente desproporcionado con respecto al nivel de la otra persona.
* Sus conversaciones se centran, crónicamente, en su heridas de hace mucho tiempo en vez del presente y el futuro.
* Su transparencia aleja a la otra persona en vez de acercarle más a usted.

Es en medio del *continuum* de la transparencia que hallamos las relaciones más saludables y mejor balanceadas. Entonces, ¿cómo puede comenzar a lograr el equilibrio en la autenticidad? He descubierto que la sinceridad directa es la mejor política.

Si usted tiene una relación al nivel superficial y piensa que es momento de profundizar, converse sinceramente, de modo que pueda decir: «He llegado a apreciar nuestra amistad. Hemos llegado a conocernos y a desarrollar confianza en estos meses. Pero creo que ahora es tiempo de que dejemos la superficie. Estoy dispuesto a prometer confidencialidad, a aceptarte por ser quien eres, apoyarte y ser honesto con respecto a quién soy yo. Entonces, ¿qué pensarías de abrir con sinceridad nuestras vidas para el bien de los dos?».

Si hay acuerdo, comience a arriesgar su vulnerabilidad un paso a la vez. Cuando su amigo le corresponda, escuche con atención, muestre empatía y ofrezca ánimo. Evalúe conforme conversa. Trabajen juntos en desarrollar gradualmente un sitio seguro en donde cada uno de ustedes sienta la libertad de ser sincero acerca de sus emociones, luchas, dudas, temores y aspiraciones.

Nuevamente piense en la base de datos de sus relaciones. Identifique algunas de sus amistades más prometedoras. ¿Será posible que un conocido suyo al nivel superficial espere en secreto que usted tome la iniciativa en la jornada hacia una relación más genuina? De ser así, arriésguese. Haga una llamada. Reúnanse.

Adelante: descanse de su castillo.

INGREDIENTE #4: *ASISTENCIA* – PONER EN PRIMER LUGAR A NUESTROS AMIGOS

Los amigos ayudan a sus amigos a crecer, madurar, desarrollarse y a convertirse en todo lo que pueden ser. Extraen lo mejor de cada uno. Se sirven mutuamente. «Ámense los unos a los otros con amor fraternal», dijo el apóstol Pablo, «respetándose y honrándose mutuamente».[24]

Con demasiada frecuencia las personas entablan relaciones con solo una agenda egoísta. Alguien dijo que si Galileo hubiera nacido en la década de los sesenta, en el siglo XX, hubiera concluido que el sol giraba alrededor de él mismo. Desafortunadamente todos compartimos la actitud egocéntrica hasta cierto grado. Pero cuando entablamos una amistad con la meta específica de satisfacer nuestras propias necesidades emocionales y sicológicas, invariablemente terminamos decepcionados.

Y aquí está lo irónico: cuando nuestra meta desde el principio es satisfacer las necesidades de la *otra* persona —edificar, servir y apoyar a nuestro amigo— entonces casi siempre terminamos beneficiados al largo plazo. Booker T. Washington dijo lo siguiente: «Usted no puede detener a un hombre sin permanecer abajo con él». Y el otro lado de esto es verdad también: si usted levanta a alguien, también usted estará arriba.

«Es válido que usted se quede solamente con lo que dé de forma consciente», comentó Ted Engstrom. «Dé su amistad y recibirá amistad a cambio. Si se da usted mismo, lo "mejor" de usted le será devuelto muchas veces».[25]

De modo que un buen enfoque para profundizar una amistad es tener una conversación franca en la que pueda preguntar: «¿Qué puedo hacer para convertirme en un mejor amigo tuyo? ¿Cómo puedo ayudarte a desarrollar el potencial que te proveyó Dios?».

Decir la verdad en amor

Una forma en la que podemos ayudar a nuestros amigos es a través de la rendición de cuentas. Hay un proverbio que dice: «El hierro se afila con el hierro, y el hombre en el trato con el hombre».[26] Un amigo mantiene a sus amigos en la vanguardia del crecimiento personal al monitorear su progreso y al estar dispuesto a decirles la verdad en amor, aun cuando esto signifique una confrontación.

Esta es la manera en la que yo la manejo: durante las conversaciones con mis amigos más cercanos, cada uno de nosotros habla de las áreas de la vida en las que es más probable que seamos tentados y de aquellas en donde queremos desarrollarnos más. Luego, de tiempo en tiempo, nos preguntamos mutuamente cómo nos está yendo en esas áreas en particular. Dedicamos tiempo a escuchar y sondear.

Existen científicos que han hecho estudios en fábricas y han descubierto que, cuando los obreros están conscientes de ser observados, la calidad y cantidad de su producción se eleva. Si yo he sido sincero con mis amigos acerca de las áreas en las que necesito tener cuidado y de las áreas en las que necesito crecer, y si, además, sé que la próxima vez que nos reunamos me van a mirar a los ojos y me preguntarán cómo me va con ellas, estaré motivado para evitar lo que necesito evitar y para desarrollar lo que necesito desarrollar. Necesito eso en mi vida, y mis amigos también.

Chuck Swindoll definió la rendición de cuentas de la siguiente manera: «Incluye el estar dispuesto a explicar nuestras acciones; ser abierto, bajar la guardia y no ponerse a la defensiva respecto a nuestros motivos; responder por la propia vida; dar las razones».

Todo esto requiere hacerse en el contexto de un ambiente de apoyo y comprensión. De otra forma, la rendición de cuentas puede convertirse en una intromisión legalista y controladora. La rendición de cuentas, para ser efectiva, debe obedecer a una invitación, nunca ser una imposición.

Hay ocasiones en las que cuento con un amigo que me confronta severamente cuando estoy en peligro de salirme del camino. He sido receptivo a ese tipo de corrección e inclusive la he agradecido. ¿Por qué? Porque confío en que su corazón está buscando lo mejor para mí. Sé que se preocupa por mi bienestar y quiere lo mejor para mí y para mi familia. Con esa clase de actitud, un amigo me puede decir cualquier cosa que necesite escuchar.

Pero existe una salvedad: si se percata de que usted disfruta el proceso de confrontar a su amigo, entonces deténgase y escudriñe su corazón. Es posible que le esté diciendo la verdad pero, ¿realmente lo está haciendo en amor?

INGREDIENTE #5: AFIRMACIÓN – SER EL
ANIMADOR DE SU AMIGO

Otra forma de ayudar a un amigo es a través de la afirmación. «La gente tiene cierta forma de convertirse en lo que usted le anima a convertirse», dijo D. L. Moody, «no aquello en lo que usted les fastidia para que se conviertan».

Como amigo, usted está en la posición estratégica de animarlo con entusiasmo en su vida.

De hecho, una de las razones por las que mi íntimo amigo Mark Mittleberg y yo nos llevamos tan bien es porque somos nuestros más grandes animadores mutuos.

Yo tengo más confianza en él de la que él se tiene a sí mismo, y esa es la forma en la que él se siente con respecto a mí. ¡Eso es una estupenda combinación!

«La afirmación se convierte en un proceso para animar a su amigo, lo que provoca que éste utilice todos sus recursos para lograr el más alto nivel de productividad y creatividad», afirmó Jim Conway.[27]

Sin embargo, añadió, en ocasiones existen factores subterráneos que nos impiden el afirmar a otros.

Tal vez sus experiencias de vida no le han habilitado para estimular espontáneamente a los demás, quizá usted tiene poca disposición para perdonarles por alguna herida del pasado, o puede ser que sienta que compite con ellos y tiene un deseo subconsciente de eliminarlos. Irónicamente, la persona que es tan mala en afirmar a otros, a menudo es insegura, ¡debido a que *necesita* ser afirmada![28]

Sin embargo, si usted es específico con su afirmación y la ofrece consistentemente, acentuando lo positivo y lidiando constructivamente con lo negativo, puede infundir en sus amigos la confianza y el valor para dar el siguiente paso en dirección a lograr sus metas.

Y entonces, ¿cuándo fue la última vez que le dijo a sus amigos más cercanos lo importantes que son para usted? ¿Hace cuánto tiempo describió una visión que resulte atractiva para ellos acerca de lo que usted cree que Dios podría llevar a cabo a través de sus talentos únicos, personalidades y temperamentos? ¿Cuándo fue la última vez que usted fue su animador más escandaloso y descarado?

Cuando no decimos las palabras

La ausencia de afirmación puede cortar muy profundo. Sé eso por experiencia. Cuando era joven, añoraba escuchar que mi padre me dijera que era importante para él. Me moría por escucharle decir: «Lee, estoy orgulloso de ti. Eres realmente especial para mí. Hijo realmente me gusta cómo eres».

Pensando retrospectivamente, sospecho que él trataba de comunicarme esos sentimientos de otras formas, pero yo necesitaba *escucharlo* de él, y no lo escuché. Creó una herida en mí que con el paso del tiempo traté de sanar ingiriendo alcohol y esforzándome por ganar el respeto que tanto necesitaba de él.

Mi papá murió en 1979 cuando yo me encontraba lejos de casa, en la facultad de derecho. Volé de regreso para el velatorio, y me senté cerca de un muro. Y fue allí cuando ocurrió algo asombroso.

Los amigos de papá, uno por uno y de manera constante, se detenían a saludarme. No conocía a ninguno de ellos.

Lo que me dejó perplejo fue lo que dijeron:

«¿Tú eres el hijo de Wally? Oh, él estaba tan orgulloso de ti. Solía presumirte todo el tiempo. Cuando te fuiste a la facultad de derecho en Yale, él estaba sencillamente entusiasmado. Cuando se publicó tu crédito en un artículo del *Tribune*, siempre se lo mostraba a todo mundo. ¡No dejaba de hablar de ti! ¡Eras una parte muy importante de su vida!».

Me quedé sentado ahí, anonadado. No tenía la menor idea de que mi papá sintiera eso. No me lo había dicho. Tuve que esperar a que falleciera para descubrirlo. Me pregunté qué le hubiera ocurrido a nuestra relación si él me lo hubiera dicho mientras todavía teníamos tiempo juntos. Esta es la lección: en todo lo que usted haga, jamás dé por sentado que su amigo —o su cónyuge e hijos, en todo caso— saben cómo se siente usted respecto a ellos. Todos y cada uno necesitmos que nos lo digan de vez en cuando. *Así que dígaselos.*

Si usted no hace ninguna otra cosa como resultado de leer este capítulo, simplemente *dígaselos*. Escríbales una carta, llámeles por teléfono o invíteles a tomar un café. Por favor, no lo haga a un lado hasta que termine lamentando su dilación.

Afinidad, aceptación, autenticidad y asistencia, son todos ingredientes importantes en la receta de las relaciones ricas; pero la afirmación, bueno, permítame decirlo así: ese es el condimento. Usted no querrá prescindir de eso.

DOS DECISIONES, DOS RESULTADOS

A las 8:23 de la noche del 24 de marzo de 1992, uno de mis conocidos, de nombre Bill, daba una clase de mercadotecnia en el Harper College de Palatine, Illinois, cuando su aorta superior se reventó espontáneamente.

El dolor hizo presa de él. El color desapareció de su rostro. Un estudiante llamó a los paramédicos y Bill fue llevado con urgencia al hospital, para ser transferido inmediatamente a otras instalaciones para una cirugía que duró siete horas. Solo había una oportunidad en cincuenta de que sobreviviera.

Aun antes de que se iniciara la cirugía, sus amigos comenzaron a llegar al hospital. Primero uno, luego dos, luego cinco y, finalmente, se reunieron quince para pasar varias horas de oración intensa. Confortaron a su esposa y a sus hijos. Durante toda esa noche, los quince estuvieron dentro y alrededor de su habitación de modo que pudieran estar cerca de él y de su familia durante la crisis.

Bill sobrevivió de forma milagrosa. Y su aprecio por sus amigos fue mucho mayor. A través de los años, Bill se ha dedicado a cultivar relaciones cercanas y genuinas con otros cristianos. Estos amigos han brindado una rica textura y gozo a su vida, y la de él a la de sus amigos. En sus tiempos de necesidad fue muy feliz de haber hecho la inversión.

Qué gran contraste con uno de sus familiares. Él también era cristiano, pero jamás abrió su vida a otras personas de una manera significativa. Jamás llegó a «hacer vida» en comunidad. Se quedó en el lado opaco del *continuum* de la transparencia, pasando su tiempo de soledad en su castillo, seguro, sin mancharse de sangre por el conflicto pero también sin ser tocado por la gracia transformadora de las amistades profundas y duraderas.

Luego de su muerte hubo un breve funeral en su tumba. Bill y su esposa asistieron, pero lo que los impactó fue esto: en la vasta expansión del cementerio, ellos fueron los únicos que se presentaron. Ese era el legado de una vida sin amistades.

Para decirlo sin rodeos, usted tiene que hacer una elección. Dios le ha concedido el deseo y la capacidad de vivir en comunión con otros y, con ello, clavar una estaca en la soledad que, de otro modo, oscurecerá su vida. Es algo temible, riesgoso, requerirá de su tiempo, es complicado, es frustrante. Y vale la pena.

Simplemente pregúntele a Bill.

◆ ◆

LAS REGLAS DE DIOS ACERCA DEL SEXO NOS LIBERAN

❖

En la década de los años cincuenta, los Estados Unidos se conmocionaron por el escándalo ocurrido cuando la actriz Ingrid Bergman concibió a un hijo fuera del matrimonio. Fue tan candente la tormenta de indignación que ella resultó ahuyentada de Hollywood.

Ahora adelante el tiempo cuarenta años.

La actriz Connie Seleca y John Tesh, entonces anfitrión del programa *Entertainment Tonight* [Entretenimiento esta noche], anunciaron su compromiso matrimonial. Además, mencionaron de manera despreocupada que *no* mantendrían relaciones sexuales antes de su boda.

La reacción: Hollywood se horrorizó. La revista *People* [Gente] puso la noticia en la portada, con el siguiente encabezado: «Estrella de la TV contrae matrimonio con anfitrión de ET, luego de un año de romance —pero sin sexo». Cuando Tesh apareció en el programa de discusión de Maury Povich, éste último no pudo ocultar su incredulidad.

—¡John! —declaró—. En este tiempo y en esta época, ¿no has consumado tu matrimonio de antemano?

Tesh sacudió su cabeza, y luego respondió:

—¿No es una interesante observación acerca de nuestra sociedad que no tener relaciones sexuales antes del matrimonio sea la gran cosa?

Las actitudes acerca del sexo se han volteado de cabeza en décadas recientes. Pero la razón no es que la gente ha perdido la claridad respecto a lo que enseña la Biblia, esto es, que la expresión sexual debería reservarse para hombres y mujeres casados. En su mayor parte, la gente está bastante consciente de que esta es la postura bíblica.

Más bien, la gente cree cada vez más que, aunque Dios sea omnisciente y omnipotente, aunque él verdaderamente es santo y misericordioso, la verdad de las cosas es que, cuando se trata de sexo, realmente nosotros sabemos más que él. Muy pocas personas, de hecho, se adelantarían a *decir* eso, pero se comportan como si eso fuera lo que creen.

Piensan así: «La Biblia verdaderamente está pasada de tiempo y pasada de moda en lo que respecta al sexo, ¿no es así? Por supuesto, es cerrada, represiva y, peor aun, su lenguaje puede ser ofensivo para algunos. Ese tipo de reglas estrictas posiblemente funcionaron hace algunos miles de años cuando la gente era primitiva, pero hoy día, bueno, somos más educados y mejor informados. Además, pienso que soy lo suficientemente inteligente para definir lo que es mejor para mí».

Podemos observar que se desarrolla esta opinión no explícita en varias arenas, en especial la de Hollywood.

LUCES, CÁMARA, ¡ACCIÓN!

Cuando la película *Endless Love* [Amor sin final] causó revuelo por la forma de representar el despertar sexual —y la posterior obsesión— de dos adolescentes, el director defendió con vigor su obra: «No estoy animando a los quinceañeros a que hagan el amor», insistió. «De cualquier manera ya lo hacen. *Solo les estoy diciendo que es algo bastante normal*».

Desde telenovelas hasta películas, desde televisión por cable hasta MTV, la industria del entretenimiento provee del combustible a una cultura popular cuya actitud es que el sexo fuera del matrimonio es algo positivo, no negativo. En su mayor parte, Hollywood representa a las relaciones sexuales ocasionales como una progresión natural, y algo de esperarse, en una relación personal.

Pocos en la audiencia parecen asombrarse cuando el comandante en jefe, viudo, rápidamente se acuesta con una alegre consultora política en la película *The American President* [«Mi querido presidente» en algunas versiones en español]. Los críticos se concentraron en el romance —ciertamente no en la moral— de la aventura amorosa de una solitaria ama de casa en Iowa con un fotógrafo visitante en *The Bridges of Madison County* [Los puentes de Madison County]. Las audiencias pensaron que *My Big Fat Greek Wedding* [«Mi gran boda griega» en algunas versiones en español] fue una película tierna e inspiradora, pero pasaron totalmente por alto el hecho de que los dos personajes principales fueron con alegría a la cama antes de caminar con solemnidad por el pasillo nupcial.

De hecho, hay estudios que demuestran que más del noventa por ciento de todos los encuentros sexuales en la televisión y en las películas se dan entre personas que no son esposos. Antes de que el norteamericano promedio cumpla dieciocho años, ya ha sido testigo de más de setenta mil imágenes sexuales o de relaciones sexuales implícitas entre personas que no están casadas la una con la otra.

Sin embargo, Hollywood permanece como la tierra de la fantasía en más de una instancia. Es rara la vez en la que la televisión muestra las consecuencias de la decisión de hacerse sexualmente activo fuera del matrimonio. Pocas mujeres quedan embarazadas, pocos contraen alguna enfermedad y menos son todavía los que sufren de algún trauma emocional.

Cuando una de las protagonistas, que no está casada, *queda* embarazada —como por ejemplo, la periodista ficticia Murphy Brown— su vida apenas altera su ritmo. De algún modo, el pintor de la casa o sus amigos cuidan a su bebé. De algún modo, el pequeño rara vez la mantiene despierta por la noche o complica su vida. De algún modo, el niño creció de la infancia hasta casi aprender a caminar a una velocidad sorprendente y con un mínimo de problemas.

¿Qué tipo de impacto tiene todo esto en la audiencia? Sin lugar a dudas, la televisión juega un papel principal en formar actitudes, razón por la cual los anunciantes y los políticos están dispuestos a invertir miles de millones de dólares al año en comerciales.

Además, los padres pueden dar testimonio de primera mano respecto a la influencia que tiene la televisión sobre sus hijos. Por ejemplo, se cuenta la historia de una madre que le preguntó a su hijo de seis años a qué hora querría su refrigerio por la tarde. El niño contestó: «¡A las cuatro de la tarde hora del Este, tres de la tarde hora del centro!».

Para nuestro asombro, una encuesta de Lou Harris & Associates reveló que casi la mitad de los adolescentes norteamericanos ¡creen que la televisión representa una imagen precisa de las consecuencias de las relaciones sexuales premaritales! Cuando están en el proceso de tomar la decisión acerca de iniciar su vida sexual, a menudo buscan el ejemplo en los programas de televisión. Y lo único que ven es una luz verde.

LO QUE USTED MIRA PUEDE DAÑARLE

No solo Hollywood piensa que sabe más acerca del sexo que Dios; quienes consumen pornografía piensan de igual forma. La incomodidad y vergüenza que sienten al comprar material para «adultos» sugiere que tienen, al menos, una consciencia general de que la pornografía no tiene el sello de aprobación de Dios.

Sin embargo, su actitud parece ser esta: «Realmente no tiene nada de malo unas cuantas revistas eróticas o videos clasificación "X". Pueden darle sabor a mi vida sexual y alentar un hambre saludable por las relaciones sexuales. Además, Dios creó el cuerpo humano, ¿no? ¡Todo lo que hago es admirarlo!».

De modo que hoy existen más tiendas de pornografía explícita que restaurantes de la cadena McDonald's. Las tiendas de video introducen a nuestros vecindarios, la televisión por cable bombea hacia nuestras salas de estar e Internet nos inunda con la clase de material que solía entregarse solo en un paquete envuelto con papel café.

De acuerdo a un estudio de 1994, casi la mitad de los hombres norteamericanos y una de cada seis mujeres compraron materiales eróticos en el año anterior. Luego, cuando se activó Internet, se hizo posible acceder a material pornográfico de manera anónima —y los cristianos que jamás habían ingresado a una librería para «adultos» comenzaron a coquetear con ella. Para muchos, la actitud es la siguiente: «Yo soy capaz de manejar esto. Sé lo que hago. Lo que miras no puede dañarte».

La gente que elige tener relaciones sexuales antes del matrimonio también está diciendo de una forma implícita que sabe más que Dios. Ciertamente no es un secreto que el sexo premarital es como colorear por fuera de las líneas que marcan los límites morales establecidos por Dios, pero mucha gente cree sinceramente que sabe lo que es mejor.

Esta es la forma en la que razonan: «¿Acaso no tiene sentido poner a prueba una relación antes de que te comprometas con otra persona para toda la vida? ¿Por qué habrías de invertir veinte mil dólares en un automóvil sin primero hacer un recorrido de prueba? Entonces, ¿por qué no sacar a hacer "un recorrido de prueba" a tu cónyuge potencial? Parece lógico que es más probable que tengas un buen matrimonio en el futuro si primero se ponen a prueba sexualmente el uno al otro en el presente».

¿Qué tan generalizadas son esas actitudes? Solo siete de cada cien mujeres nacidas entre 1933 y 1942 vivieron con su novio antes de casarse; para el final del siglo XX, casi dos tercios de los adultos han tenido una relación de cohabitación antes del matrimonio. Hoy día, esto es casi la norma.

Lo que es más, el conservadurismo religioso no hace a las personas inmunes a la experimentación sexual más allá del lecho matrimonial.

De acuerdo a un estudio, casi el veinte por ciento de los protestantes conservadores tuvieron dos o más amantes en el último año, un porcentaje ligeramente más alto que el de los católicos o el de los protestantes moderados.

El treinta y siete por ciento de los protestantes conservadores, el cuarenta por ciento de los católicos y el cuarenta y tres por ciento de los protestantes moderados tuvieron cinco o más compañeros sexuales desde que tenían dieciocho años.[2]

EL SEXO ES ALGO MÁS QUE PIEL SOBRE PIEL

La verdad es que quienes creen que saben más que Dios acerca del sexo compraron un mito muy destructivo. La afirmación escandalosa de Dios es que nuestra sexualidad no es el resultado de un accidente evolutivo sino una creación intencional y amorosa de Dios mismo. Y sí, Maury Povich, aun en este tiempo y época, el Padre todavía sabe más.

Aunque para muchos suene como algo estrafalario, la verdadera liberación sexual y la intimidad verdadera se encuentran dentro de los límites morales que Dios diseñó compasivamente para nosotros. De hecho, como demostraremos en este capítulo, las investigaciones más recientes de los científicos sociales confirman una y otra vez que el método de Dios es el mejor. Es una extraordinaria pieza más de afirmación respecto a que su sabiduría realmente funciona.

Desafortunadamente, la intersección de lo sagrado con lo sensual ha sido un campo de cultivo fértil para conceptos equivocados a través de las edades. Los cristianos han adquirido la reputación de ser sexualmente reprimidos y mojigatos, una reputación de algún modo justificada por los intentos equivocados en siglos pasados por declarar al sexo como un mal necesario. Pero si utilizamos a la Biblia como nuestra fuente de información, nos percatamos de que Dios quiso que el sexo fuera una parte maravillosa e importante de los procesos de vinculación entre esposos y esposas. Él lo diseñó no solo para la procreación, sino para el placer igualmente.

La Biblia dice que la relación sexual permite que dos personas experimenten una singular unidad.[3] Cuando nuestra sexualidad se expresa en el contexto del ambiente matrimonial amoroso, seguro, lleno de confianza y perdurable, un misterioso método matemático hace que uno más uno sean igual a uno.

En su paráfrasis de la Biblia, Eugene Peterson traduce 1 Corintios 6:16, un pasaje que hace eco de ese concepto, de la siguiente forma:

> La relación sexual es más que piel sobre piel. El sexo es tanto un misterio espiritual como un hecho físico. Como está escrito: «Dos serán uno». Dado que queremos ser uno en espíritu con el Maestro, no debemos ir en pos del tipo de relación sexual que evita el compromiso y la intimidad, dejándonos más solos que nunca, esto es, la clase de relación sexual que jamás puede «ser uno».[4]

El diseño de Dios para los esposos y las esposas es disfrutar una relación física vital, regular, mutua y satisfactoria. Las Escrituras dicen que los cuerpos de los esposos y las esposas les pertenecen no solo a ellos mismos sino a sus cónyuges por igual. Luego, la Biblia añade: «No se nieguen el uno al otro, a no ser de común acuerdo, y sólo por un tiempo, para dedicarse a la oración».[5]

Conociendo el poder atractivo del sexo y su potencial para el abuso, Dios, en su compasión, también trazó límites apropiados como una forma de protegernos del dolor. Transgredimos esas líneas de moralidad a nuestro propio riesgo y prolifera la evidencia empírica de que, en años recientes, como sociedad incrementamos el sufrimiento como consecuencia de ignorar sus mandamientos.

LA VERDAD ACERCA DE LAS CONSECUENCIAS

A la luz de nuestra experiencia colectiva durante las últimas décadas, ¿quién podría seguir dudando que el enfoque de Dios respecto al sexo es mejor que el de Hollywood? Las consecuencias que la industria del entretenimiento pasan por alto de forma irresponsable erosionan el fundamento moral de nuestra nación, al igual que su salud, a un ritmo alarmante.

Por ejemplo, es posible que la televisión no describa las consecuencias de los cincuenta y siete tipos conocidos de enfermedades de transmisión sexual, pero los científicos reportan que están en un nivel epidémico. Cada día, cuarenta y un mil norteamericanos contraen una de estas enfermedades perniciosas. Dos tercios de todas las enfermedades de transmisión sexual se dan en personas de veinticinco años de edad o menores. Algunas de estas enfermedades, como el herpes, son incurables; otras causan infertilidad; el SIDA puede incluir una sentencia de muerte.

Otra enfermedad a menudo mortal, el cáncer cérvico-uterino, también es propagado por los esposos infieles. En 1996, varios investigadores afirmaron que las mujeres son entre cinco a once veces más propensas a desarrollar esta enfermedad si sus esposos tienen varias parejas sexuales. Esto se debe a que el cáncer cérvico uterino está directamente vinculado a un virus que se propaga por medio de la relación sexual. «Efectivamente, el esposo lleva el cáncer a casa, a su esposa», dijo un científico en la Facultad de Medicina de la Universidad Johns Hopkins.

La Organización Mundial de la Salud estima que hay unos trescientos *millones* de casos de enfermedades de transmisión sexual alrededor del planeta, y al menos treinta y ocho millones de personas alrededor del mundo que ya son portadoras del virus VIH, el cual es la causa el SIDA. Tan solo en 2003, se estima que unos cinco millones de personas contrajeron VIH, más que en cualquier año desde que comenzó la epidemia. Más de veinte *millones* de personas ya murieron por causa del SIDA. El Dr. David Pence, un experto en esta enfermedad, declaró: «Realmente estamos en un guerra en contra de un virus capaz de destruir nuestra civilización».[6]

La televisión también ha pasado por alto la forma en la que estas consecuencias se transmiten de generación a generación. ¿Escuchó usted sobre la horrible epidemia de polio en los años cincuenta? Tan solo en 1996, nacieron más bebés con defectos congénitos debidos a las enfermedades de transmisión sexual que todos los niños que sufrieron polio durante una epidemia que duró diez años. En 2003, seiscientos treinta mil niños de menos de quince años adquirieron el VIH, el noventa por ciento de ellos fueron infectados por sus madres. En los niños de entre uno y cuatro años de edad, el SIDA ya es la novena causa de muerte, y en poco tiempo se espera que se convierta en una de las primeras cinco.

Además de esto, la televisión rara vez muestra las consecuencias de los embarazos no deseados que ocurren por las relaciones sexuales prematrimoniales.

En la escuela preparatoria de clase media, localizada en un barrio residencial y al final de la calle del lugar en donde estoy ahora mismo escribiendo esto, se embarazan cien adolescentes cada año. Ese es más o menos el promedio. En toda la nación, una niña adolescente se embaraza cada treinta segundos, para un total de un millón por año.

El precio para nuestra sociedad: un estimado de cien *millones de millones* de dólares en costos médicos, en asistencia social y otros costos durante las siguientes dos décadas.

En todo el país, nacen un millón doscientos mil bebés cada año que no cuentan con su padre. Estos niños enfrentan terribles desventajas en virtualmente todas las áreas de la vida: la social, la financiera, la emocional, la conductual, la académica y la física, inclusive.

Pierden en todos los niveles y las áreas, y la sociedad, en consecuencia, se tambalea. A pesar de eso, el ritmo de embarazos fuera del matrimonio se acelera. Dos de cada tres niños nacidos en 1996 terminaron habitando un hogar con uno solo de sus padres antes de cumplir dieciocho años.

Además, la televisión no muestra el trauma que sufren el millón doscientos mil mujeres norteamericanas, en las que están incluidas cuatrocientas mil adolescentes, que dan fin a sus embarazos por medio del aborto.

Cierto estudio demostró que son más propensas a intentar suicidarse que otras mujeres; en otra investigación, los siquiatras reportaron manifestaciones siquiátricas negativas en el cincuenta y cinco por ciento de las mujeres que se habían sometido a un aborto legal; en otro estudio: «aun las mujeres que apoyaban fuertemente su derecho a abortar reaccionaron con remordimiento, enojo, vergüenza y temor a la desaprobación».[7]

Muchas viven con un doloroso remordimiento que parecen no poder resolver. Un siquiatra y gineco-obstetra que ha practicado miles de abortos, dijo:

> Creo que toda mujer… sufre un trauma por destruir un embarazo… Se paga un precio psicológico… Puede tratarse del distanciamiento, puede ser el alejamiento del calor humano, quizá del endurecimiento del instinto maternal. Algo ocurre en el nivel más profundo de la conciencia de una mujer cuando destruye un embarazo. Sé eso por mi experiencia como siquiatra.[8]

La televisión no muestra las consecuencias de la adicción sexual, la conducta compulsiva que ocasiona que trece millones de norteamericanos se involucren en actividades riesgosas y autodestructivas.

Rara vez la televisión muestra la devastación emocional que ocurre cuando a la intimidad no matrimonial le sigue el abandono. O la vergüenza, culpa y autoestima aniquilada que pueden obsesionar a una persona luego de un encuentro sexual que quema de forma tentadoramente brillante por un corto tiempo pero que luego se torna fría como el hielo.

Pregunte a cualquier consejero en una línea de asistencia a los suicidas, y le dirá que las llamadas más frecuentes están relacionadas con las relaciones destrozadas, en especial aquellas en las que el sexo está involucrado. Un estudio mostró que el ochenta y cinco por ciento de mujeres solteras bajo tratamiento siquiátrico eran sexualmente activas.

Hollywood ha liderado el ataque con la revolución sexual, pero las bajas están creciendo cada día. Hace casi dos mil años, el apóstol Pablo escribió unas palabras que todavía parecen ser verdad: «Todos los demás pecados que una persona comete quedan fuera de su cuerpo; pero el que comete inmoralidades sexuales peca contra su propio cuerpo».[9]

EL ALTO COSTO DE LAS EMOCIONES BARATAS

Hay todavía una consecuencia más del sexo practicado fuera del matrimonio que la televisión probablemente jamás mostrará: los costos espirituales. Sin embargo, este puede ser el más doloroso de todos.

La Biblia dice que nuestro mal proceder ocasiona una separación entre nosotros y nuestro Dios, quien es santo.[10] Parte de la forma en la que esto ocurre es que la gente está consciente muy en su interior de que se están rebelando en contra de Dios cuando deciden tomar su propio camino.

De modo que, si se están involucrando en la práctica sexual ilícita, tienden de forma natural a evitar hablar con Dios en oración, a dejar de adorarle y de participar en la mesa de comunión, a dejar de leer la Biblia, y a dejar de interactuar con amigos cristianos cuyo estilo de vida moral solo acentúa su propio pecado. Aprenden a desconectar sus oídos de los llamados del Espíritu Santo cuando trata de convencerles de que no se extravíen.

El resultado es que su vida espiritual se marchita mientras sus corazones se adormecen y se vuelven indiferentes hacia Dios. A menudo, lo que alguna vez fue una relación rica y floreciente con él, se marchita hasta el punto de sentirse espiritualmente resecos.

No hay forma de adornar esto: las personas no pueden relacionarse estrechamente con Dios al mismo tiempo que, conscientemente y en una actitud de desafío, violan los límites de Dios en lo concerniente a la sexualidad. No pueden rebelarse descaradamente en contra de él de manera continua y esperar experimentar un crecimiento sin obstáculos en su relación con él. Esa es una consecuencia terrible para los cristianos.

Hollywood puede barnizar los costos, pero son reales, y Dios quiere que no incurramos en ellos. Por favor comprenda esto: Dios no se opone al pecado sexual porque no quiere que nos divirtamos; se opone en la misma forma en la que los padres se oponen a que un automóvil se dirija rápidamente hacia su hijo: es una preocupación amorosa por evitar el daño inminente.

¿Qué debemos hacer? Una cosa es cierta: no podemos ocultarnos de los persuasivos medios de comunicación, pero podemos ejercer discernimiento. Cuando un programa de televisión, película, o video musical trate de convencerlo de que todos disfrutan del sexo fuera del matrimonio, que el adultero está de moda y que la fidelidad no, que solamente los perdedores y los solitarios no están en busca de emociones baratas, llámele a esto por el nombre que debe: mentira.

Capacite a sus hijos para leer los valores entre líneas que los medios les venden, de modo que no compren, sin inteligencia, imágenes distorsionadas. Ayude a sus hijos a evitar lo que le ocurrió a una chica que perdió su virginidad y luego escribió: «Sencillamente no podía competir con lo que veía en la televisión; el bombardeo nunca cesó, así que me dije ["¿Cuál es la diferencia?"]».[11]

Cuando la tentación llama, cuando sus hormonas bombean y usted es persuadido a recorrer el sendero que Hollywood representa de manera tan atractiva, deténgase por un momento a hacer un recuento de los costos: las consecuencias físicas, emocionales, sicológicas y espirituales. Compare ese horrible lado oscuro con el aspecto fugaz y hueco de ceder. Que eso le ayude a decidir permanecer dentro del marco de referencia moral que Dios creó para nosotros porque, aunque suene escandaloso, es dentro del límite de esas restricciones que yace la libertad sexual genuina.

LOS PELIGROS DEL ADULTERIO VISUAL

¿Qué le diría Dios a los consumidores de materiales para «adultos» que piensan que se trata meramente de catalizadores inofensivos para mejorar su vida sexual? Creo que simplemente les diría: «Conozco mejor el tema. Cuando te animo a alejarte de eso, es por tu propio bien».

El apóstol Pablo dijo: «Por último, hermanos, consideren bien todo lo verdadero, todo lo respetable, todo lo justo, todo lo puro, todo lo amable, todo lo digno de admiración, en fin, todo lo que sea excelente o merezca elogio».[12]

No es que Dios se avergüence de los cuerpos humanos que creó. Pero los creó para expresar su sexualidad dentro de una relación de amor, compromiso y monogamia: cualidades que la pornografía desafía en cada momento.

La pornografía pinta un mundo en el que el sexo es frío, mecánico, transitorio, degradante y crecientemente violento.

El veinte por ciento del material pornográfico retrata actos de asalto sexual y violación. Y ese porcentaje está creciendo rápidamente.

De manera inevitable, estas imágenes vuelven insensibles a quienes las ven, torciendo su forma de pensar, actitudes y valores. Vincent Cline, profesor de psicología, afirmó que lo horrible y lo repulsivo pronto se convierte en algo familiar, luego en algo legítimo, luego aceptable y, posteriormente, atractivo.[13]

En cierto estudio, un grupo de hombres de características promedio expresó su repulsión hacia las agresiones sexuales y se mostró compasivo hacia las víctimas que eran agredidas. Sin embargo, luego de ver pornografía, sus actitudes cambiaron.

Se hicieron más frívolos respecto a la violación, que comenzaron a ver como algo que las mujeres merecían o deseaban.

Esa es la mentira en el noventa y siete por ciento de la pornografía violenta: que las mujeres realmente quieren ser agredidas y que lo disfrutan. Otro estudio, realizado por un investigador canadiense, sugiere que hasta las imágenes pornográficas no violentas pueden debilitar las actitudes de los hombres hacia la agresión sexual.[14]

Para quienes se preguntan si existe una conexión entre la pornografía y la comisión de crímenes violentos, demos un vistazo a lo que ocurrió en Pasco County, Florida, en donde el alguacil aplicó medidas en contra del material para «adultos». Al final del año, hubo un cincuenta y tres por ciento menos agresiones sexuales en ese condado comparado con el de otras áreas de Florida.

Esta fue la conclusión del ex Secretario de Salud de los Estados Unidos, E. Everett Koop: «Creo que tenemos suficiente evidencia para referirnos a la pornografía ... como cierto tipo de "accesorio" para las acciones antisociales que producen resultados graves y profundamente dañinos».[15]

La pornografía no mejorará su vida sexual; la envenenará. Le presenta comparaciones falsas, insta a los hombres a actuar por fantasías que pueden degradar a sus esposas en vez de afirmarlas o valorarlas, e introduce falta de confianza y egoísmo a la relación. «La pornografía convierte a las mujeres y a los niños en objetos, en pedazos de carne en exhibición pública», dijo Chuck Colson. «La pornografía degrada a estas ... criaturas al nivel de basura. Al hacerlo, se burla del Dios que les concedió dignidad humana».[16]

Bill Hybels, en su libro *Christians in a Sex-Crazed Culture* [Los cristianos en una cultura enloquecida por el sexo], escribió que Dios diseñó la sexualidad para que ésta fluya a partir de una relación de amor e intimidad que nutre, en la que hay comunicación, cosas en común, servicio, romance y ternura. Cuando se cultivan esos valores en el matrimonio, despiertan el interés sexual. Sin embargo,

> el uso de la pornografía provoca un corto circuito con todo eso. Reduce la dimensión sexual del matrimonio a un acontecimiento atlético biológicamente inducido, y con el paso del tiempo ... ya no se hace mucho énfasis en la parte del matrimonio relacionada al amor. Una vez que éste se elimina de la relación, el corazón y el alma de la sexualidad marital desaparece. La mujer comienza a sentir que la utilizan y abusan de ella, y el hombre comienza a sentirse frustrado y vacío. Comienza a pensar que una nueva posición, una nueva actividad o, mejor aún, una nueva pareja (o parejas) podrían aliviar su frustración y vacío personal.[17]

Con mucha frecuencia, el uso de la pornografía puede hacer que los hombres se rebajen al uso de materiales cada vez más grotescos, como el camino cuesta debajo de un adicto a los fármacos que necesita dosis cada vez más fuertes para alcanzar el mismo éxtasis. Si usted no piensa que la pornografía puede ser psicológicamente adictiva, entonces considere la carta siguiente, escrita por un hombre que asistía a la iglesia que pastorea Hybels:

> Soy un minusválido emocional. Estoy discapacitado por mi adicción a la pornografía. Paraliza mi vida espiritual, pervierte mi visión del mundo, distorsiona mi vida social, causa estragos en mi estabilidad emocional ... y sencillamente no puedo detenerla. ... La lujuria me consume, pero no me satisface. ... [La pornografía] me promete todo, pero no produce nada.[18]

Dios nos diría lo siguiente: «Confía en mí a este respecto: las imágenes que permitas que entren a tu mente inevitablemente afectarán la persona en la que te conviertas, la forma en la que actúes, todo aquello que busques y la forma en la que te sientas acerca de ti mismo y de los demás».

Nuevamente, el Padre sabe más y, como hemos visto, las investigaciones más recientes lo respaldan.

No piense que Dios está equivocado en su caso y que de algún modo usted puede coquetear inocentemente con la pornografía al tiempo que, milagrosamente, queda protegido de sus efectos.

Pablo advirtió: «Por lo tanto, si alguien piensa que está firme, tenga cuidado de no caer».[19]

De modo que limpie la casa.

Instale un filtro de Internet que bloquee el material obsceno en su computadora. Vaya a ese escondite secreto de revistas o a la pila oculta de videos para adultos y déjelos en el depósito de basura para que se los lleven. Hágalo antes de deslizarse más, y antes de que sus hijos se topen con ellos.

Considere estos siniestros datos estadísticos: el setenta por ciento de la pornografía termina, tarde o temprano, en las manos de los niños. Lo que es más, la edad promedio en la que por primera vez alguien se expone a la pornografía en Internet es de once años. Casi la mitad de los niños en edad escolar reciben correos electrónicos de contenido pornográfico cada día, mientras que el ochenta por ciento de los adolescentes de entre quince y diecisiete años han experimentado múltiples exposiciones a pornografía explícita. Si las imágenes obscenas son capaces de pervertir la visión de la sexualidad de un adulto, piense lo devastadoras que pueden ser al torcer las actitudes de sus propios hijos durante la crítica época en la que se forma su identidad sexual.

«Me topé con las revistas pornográficas de mi hermano mientras crecía», me contó un hombre de negocios de cuarenta y cinco años, «y eso distorsionó mi enfoque sobre la intimidad de tal modo que hasta este día no he podido deshacer todo su efecto. Todavía estoy tratando de desenmarañar las distintas formas en las que ha socavado mis relaciones con las mujeres. Siento como si hubiera sido saboteado cuando era niño».

Si usted tienen una compulsión por consumir materiales pornográficos es importante hablar con alguien al respecto. Si no lo hace, ésta hundirá sus garras en usted cada vez de manera más profunda. Cuéntele a un amigo en quien confía y pídale que lo acompañe a través del sendero de la recuperación. O converse con un pastor o consejero cristiano que pueda ayudarle a llegar a la raíz de su dependencia antes de que dañe sus relaciones.

Pero antes que nada, converse al respecto con Dios. Cuando *Discipleship Journal* [Revista del Discipulado] preguntó a sus lectores sobre el momento en el que con más probabilidad sucumbirían ante la tentación, el número más grande de participantes en la encuesta —más del ochenta por ciento— dijo que era cuando no pasaban mucho tiempo con el Señor.

No deje que sentirse avergonzado por la pornografía continúe creando una cuña entre usted y Dios. Acuda a él por ayuda. Ahora mismo.

Los mitos acerca de los «matrimonios a prueba»

Para quienes piensan sinceramente que es mejor probar una relación teniendo relaciones sexuales antes del matrimonio, yo creo que Dios les diría lo siguiente: «Estás exponiéndote a ti y a tu futuro a un riesgo terrible. Créeme, yo sé lo que es mejor para ti».

Durante años, la gente se ha burlado de la enseñanza bíblica sobre el sexo, pero nuevamente la investigación social se está quedando del lado de Dios.

Como lo señala Ray Short en su libro *Sex, Love, or Infatuation* [Sexo, amor o enamoramiento]:

• Si usted piensa que vivir juntos va a hacer que su posible matrimonio sea más fuerte, piénselo dos veces. Las estadísticas demuestran que quienes viven juntos tienen una doble probabilidad de divorciarse luego de que contraigan matrimonio.

• Hay estudios que demuestran que mientras se tiene más actividad sexual antes del matrimonio, es *menos* probable que usted sea feliz en su futuro matrimonio y es *más* probable que usted o su cónyuge cometerán adulterio después de casarse. ¿Quiénes tienen una probabilidad más alta de comenter adulterio? Las mujeres que tuvieron relaciones sexuales antes de casarse.

• Aunque las parejas piensan a menudo que las relaciones sexuales antes de casarse fortalecerán su vida sexual cuando estén casadas, los estudios muestran que precisamente lo opuesto es la verdad. Es *menos* probable que las parejas casadas disfruten de una vida sexual satisfactoria si viven juntos antes de casarse.[20]

Otros estudios han establecido que es mucho más probable que una mujer sufra abuso físico por parte de un compañero sexual que por un esposo, y que es cinco veces más probable que sea forzada a llevar a cabo un acto sexual no deseado por parte de un novio que de un cónyuge. Quienes tienen más probabilidad de ser obligadas a una relación sexual en contra de su voluntad son las mujeres que viven con un hombre antes de casarse.

Robert Moeller, quien ha escrito extensamente acerca del matrimonio, señaló que el concepto de «matrimonio a prueba» es una contradicción de términos. «Por definición, el matrimonio es un compromiso exclusivo, para toda la vida y permanente», escribió. «¿Cómo es que algo temporal, que no reafirma vínculos, y totalmente abierto, puede considerarse como un ensayo para algo que es exactamente lo opuesto?». Añadió que cohabitar crea desconfianza:

Cuando las parejas dicen: «Simplemente queremos saber si somos compatibles antes de casarnos», lo que realmente quieren decir es: «Tenemos dudas el uno del otro en nuestro futuro papel como compañeros. Y queremos tener una forma fácil y rápida de salir de esto si es que no nos gusta». ¿Puede darse cuenta de la incertidumbre que le provoca a la intimidad sexual? Cuelga un enorme signo de interrogación sobre la cama. «¿Será hoy el último día en el que hagamos el amor? ¿Y qué pasa si mi compañero o compañera conoce a alguien más interesante? Si no le complazco o hago las cosas según las quiere, ¿se acabó esta relación?». La razón por la que el sexo en el matrimonio es superior al «sexo a prueba» es que las preguntas que acosan a las parejas que cohabitan ya han sido resueltas.[21]

Algunos de los estudios más alarmantes en este tema los publicaron, en 1994, investigadores de la

Universidad de Chicago. Entrevistaron a tres mil cuatrocientos treinta y dos norteamericanos, en un esfuerzo por producir las ideas más precisas y detalladas sobre la sexualidad humana en los Estados Unidos. Sus hallazgos rompieron con tantos mitos, que captaron la atención en las primeras planas. Estas son algunas de sus conclusiones:

♦ Las parejas casadas son las que reportan estar más complacidas físicamente y más satisfechas emocionalmente.

♦ Los menores grados de satisfacción estuvieron entre los hombres y mujeres solteros, de quienes se presume que tienen la vida sexual más candente.

♦ El grupo que tiene más actividad sexual no es el de los jóvenes y libres, sino el de los casados.

♦ La satisfacción física y emocional comenzó a declinar cuando las personas iniciaron una relación con más de una pareja sexual.[22]

Los científicos admitieron estar especialmente sorprendidos cuando sus datos revelaron que las mujeres que con más consistencia presentaban satisfacción sexual en el país eran las protestantes conservadoras, seguidas muy de cerca por las católicas y las protestantes de corte moderado: todas con una frecuencia significativamente más alta de orgasmos que quienes no tenían afiliación religiosa. Pero luego de pensar en ello, los científicos propusieron una explicación: tal vez quienes siguen las enseñanzas bíblicas «creen firmemente en la santidad del matrimonio y de la sexualidad como una expresión de su amor a sus esposos».[23]

¡No me diga!

Los investigadores añadieron que «a pesar de la imagen popular que mantienen los protestantes conservadores, al menos hay evidencia circunstancial de que la imagen puede ser un mito, al menos en lo que respecta a las relaciones sexuales».[24]

Una y otra vez se ha obtenido confirmación independiente de parte de los científicos sociales de que el plan de Dios para nuestra sexualidad realmente tiene sentido. Puede sonar irónico, pero la verdad es que sus límites no nos atan, sino nos liberan para experimentar la intimidad en su forma más satisfactoria.

Como lo dijeron los investigadores de la Universidad de Chicago: «Nuestros resultados podrían interpretarse como el hecho de que un enfoque ortodoxo de lo romántico, el cortejo, y la sexualidad —quizá el enfoque "de su mamá"— es la única ruta que lleva a la felicidad y a la satisfacción sexual».[25] Eso, dijeron los científicos, no era lo que pretendían. Sin embargo, claramente es el lugar hacia donde apunta la evidencia.

PERDÓN Y LIMPIEZA

Cuando se trata de nuestra sexualidad, al igual que en todas las demás áreas de nuestra vida, se puede confiar en Dios. Aunque nuestras pasiones sexuales pueden ponerse difíciles, podemos confiar en que Dios nos habilitará para vivir la clase de vida a la que quiere dirigirnos. Aunque abunden las tentaciones, podemos confiar en que Dios nos ayudará para no caer en una conducta autodestructiva. Quienes tienen tensión sexual en su matrimonio pueden confiar en que Dios les sacará de ellas. Las víctimas de la agresión sexual pueden confiar en que él sanará suavemente sus heridas emocionales.

Y aunque todos nos hemos extraviado sexualmente, ya sea en pensamiento, palabra, u obra, también podemos confiar en que el perdón de Dios está disponible para todos aquellos que lo pidan. Aunque la mala conducta sexual puede dejar una mancha de vergüenza particularmente difícil de remover, él la puede borrar cuando nos volvemos a él con humildad y admitimos nuestra maldad en vez de justificarla.

Dios se deleita —*disfruta absolutamente*— en responder el tipo de oración que pronunció el rey David: «Lávame de toda mi maldad y límpiame de mi pecado».[26] Cuando usted se acerca a él con una solicitud de corazón como esa, él le perdonará (lo cual es externo y nos restaura a la vista de Dios) y le limpiará (lo que ocurre dentro de nosotros mientras Dios, con el paso del tiempo, nos libera de nuestra vergüenza).

Yo lo sé. Lo hizo por mí. No me gusta hablar de esto, ya que es algo personal y doloroso pero, en mis días como ateo, cuando mi meta más grande en la vida era experimentar el placer, viví una de una forma promiscua y dejé a mi paso una estela de víctimas desilusionadas.

Yo usaba cualquier táctica necesaria, desde la falsa adulación hasta las mentiras manipuladoras, para lograr una conquista. Luego me alejaba, insensible, y sin nunca pensar nuevamente en la otra persona.

Misión cumplida.

Yo pensaba que sabía más. Estaba equivocado. En vez de felicidad y realización, lo único que encontré fue vacuidad. Y un testimonio de la altura y extensión de la gracia de Dios es que me haya perdonado y aliviado mi carga de remordimiento a través de los años.

Ahora puedo hacer eco de las palabras de asombro y gozo que pronunció el apóstol Juan: «¡Fíjense qué gran amor nos ha dado el Padre, que se nos llame hijos de Dios!».[27] Imagínese a alguien como yo, y sí, incluso a una persona como usted, adoptado con amor y para siempre en la familia de Dios.

Pero quizá usted todavía sigue escéptico. Quizá piensa que usted es la excepción, alguien fuera del rango del poder perdonador de Dios. Si ese es el caso, tal vez la siguiente carta le ayude.

La envió una joven de la congregación a los líderes de la iglesia de la comunidad Willow Creek. Observe lo que ella descubrió acerca de la voluntad de Dios para perdonar, y considere la forma en la que usted puede ser libre de las transgresiones que todavía le obsesionan.

Crecí en un hogar en donde la culpa era una poderosa herramienta para la disciplina. Crecí como una chica tímida, temerosa, inmobilizada por la culpa y sintiéndome responsable por todas y cada una de las cosas malas que ocurrían. Y más que todo, sintiéndome indigna y alguien que no merecía el amor de Dios.

Cuando cursé la universidad, y debido a muchísimas decisiones equivocadas, resulté embarazada al final de mi primer año. En ese momento, la única decisión que podía tomar era practicarme un aborto.

No podía vivir sabiendo cuánto había decepcionado a mis padres. No podía vivir nueve meses de culpa y vergüenza. No podía vivir haciéndome responsable de mis actos.

En el transcurso de toda esa mala experiencia, yo *sabía* que violaba un mandamiento sagrado de Dios. Intencionalmente estaba asesinando a esta vida. Y creí con todo mi corazón que él jamás me perdonaría.

A través de una de mis amistades, comencé a asistir a Willow Creek y me sumergí en el estudio bíblico.

Escuché docenas de mensajes sobre el perdón y el arrepentimiento, y de la forma en la que Jesús murió por mí para cargar con mis pecados. Lo escuché todo, pero nunca lo creí en mi corazón. Jamás me lo apropié. *¿Cómo podía Dios perdonarme por matar a mi bebé?*

Finalmente entregué mi vida a Jesucristo en febrero de 1989, y en junio de ese año sentí que debía dar el paso de hacer pública mi fe a través del bautismo.

Durante la ceremonia, había una enorme cruz de madera en el escenario, y nos pidieron escribir algunos de nuestros pecados en una hoja de papel y clavarla a la cruz justo antes de ser bautizados, simbolizando el hecho de ser perdonados por Dios.

Recuerdo mi temor —el temor más grande que *jamás* había sentido— al escribir con las letras más pequeñas que pude sobre la hoja de papel la palabra *aborto*. Tenía miedo de que alguien abriera el papel y lo leyera, sabiendo que se trataba de mí. Casi sentí ganas de salir corriendo del auditorio durante el servicio. Así de fuertes eran la culpa y el temor.

Cuando llegó mi turno, caminé hacia el centro del escenario y hacia la cruz, clavé el papel ahí y me dirigí hacia Bill Hybels para ser bautizada. Me miró directo a los ojos. Pensé que seguramente iba a leer en mis ojos el terrible secreto que había ocultado de todos durante tanto tiempo.

Sin embargo, en vez de eso, sentí que Dios me decía: «Te amo. Todo está bien. Estás perdonada. ¡Estás perdonada!». Sentí su gran amor por mí, una terrible pecadora. Esa fue la primera vez que realmente *sentí* el perdón y el amor incondicional. Fue increíble y fue indescriptible.

Después, todos cantamos *I'm Forever Grateful* [Estoy por siempre agradecido], y lloré con mucho gozo y alivio. *Alivio*, después de todos estos años.

Puede sonar increíble, pero sin importar qué tan lejos se haya extraviado sexualmente, hay esperanza, hay limpieza, hay perdón y hay una nueva vida disponible a través de Jesús. Esa es la escandalosa afirmación del evangelio.

◆◆

LOS ACTOS ALEATORIOS DE BONDAD NO SON SUFICIENTES

❖

Darla tomó sus crayones y garabateó una carta a su Padre celestial:

> Querido señor Dios:
> ¿De verdad dijiste en serio lo de «Haz con otros lo que te hagan a ti»? Si fue en serio, ¡entonces voy a golpear a mi hermano![1]

La pequeña Darla no es la primera persona que reescribe creativamente la Regla de Oro. Los políticos de Chicago tienen su propia versión: «Hazlo a otros *antes* de que te lo hagan a ti».

Y todos en el mundo de los negocios saben la famosa versión corporativa: «El dueño del oro es el que pone las reglas».

Pero todas ellas, por supuesto, son versiones corruptas de la Regla de Oro que Jesús pronunció en uno de los versículos más ampliamente citados de la Biblia en el mundo. En lo que ha sido denominado el Monte Everest de la ética, el pico más alto del más grande sermón de la historia, Jesús dijo en el Sermón de la Montaña: «Así que en todo traten ustedes a los demás tal y como quieren que ellos los traten a ustedes. De hecho, esto es la ley y los profetas».[2]

Explicó de este modo que si usted desea una versión sintetizada sobre toda la enseñanza de la Biblia respecto a cómo relacionarnos con otros, entonces esto es lo que busca.

Lo que es más, no dijo que debíamos cumplir con esta regla solamente cuando nos sintiéramos dispuestos a hacerlo, a través de actos aleatorios de bondad expresados en un capricho, sino que ésta debería convertirse en un estilo de vida de compasión y comprensión de todos los días.

Ningún otro líder religioso enseñó esto antes de Jesús, lo cual podría sorprenderle, dado que se dice, por lo general, que virtualmente todo sistema religioso del mundo tiene su propia regla de oro.

Aunque es verdad que muchos la tienen, la diferencia es que en cada religión distinta se observa una versión más débil expresada en una forma negativa. Por ejemplo:

• Quinientos años antes de que naciera Jesús, alguien le preguntó a Confucio: «¿Existe alguna palabra que pueda servir como regla práctica en la vida personal?». Confucio respondió: «¿Acaso *reciprocidad* no es tal palabra? Lo que no quieras que te hagan, no lo hagas a los demás».

• Cuatrocientos años antes de Cristo, un filósofo en Atenas enseñó esto: «Lo que te haga enojar cuando sufres al estar en manos de otros, no se lo hagas a los demás».

• Alrededor de trescientos años antes de Cristo, los estoicos tenían una enseñanza: «Lo que no quieras que te hagan, no lo hagas a nadie más».

• Apenas doscientos años antes de Cristo, el autor de *Tobías*, el cual es parte de los libros apócrifos, escribió esta versión, particularmente concisa: «No hagas a nadie lo que no quieras que te hagan».

Y dos décadas antes de que naciera Jesús, un joven estudiante se acercó al gran rabino judío Hillel. «Estoy listo para convertirme al judaísmo», le dijo, «con una condición: que me enseñes toda la ley mientras yo permanezco apoyado sobre una pierna».

En otras palabras: «Ahórrame todas las cosas complicadas e intrincadas, todos los matices y los detalles: si no eres capaz de concentrar en unas cuantas palabras la forma en la que debo tratar a los demás, entonces no estoy interesado».

De modo que mientras el estudiante estaba haciendo su improvisada imitación de un flamingo, Hillel respondió: «Lo que te parece odioso, no lo hagas a los demás; esa es toda la Ley, y el resto es comentario. Ve y aprende».

ORO CONTRASTADO CON PIRITA

Hasta la extensión de su alcance, esas máximas pueden ser útiles. Pero existe una enorme diferencia entre su enfoque negativo y la forma en la que Jesús expresamente elaboró la Regla de Oro.

Por ejemplo, en algunas expresiones religiosas la versión negativa se basa, esencialmente, en una reciprocidad egoísta: *no te dañaré porque, espero que a su vez, tú no me dañes.* Eso es sencillamente proteger sus propios intereses, y no hay nada especialmente admirable en eso.

Sin embargo, en contraste, la base de la Regla de Oro es la generosidad desinteresada. Jesús nos dijo de esta forma que debíamos preocuparnos por los demás no para obtener algo a cambio, sino a pesar de que la otra persona nos pague el favor o no lo haga.

Y esta es otra diferencia significativa: bajo la sombra de las versiones negativas, una persona podría sencillamente vivir una vida pasiva, independiente y no involucrada con los demás, simplemente no haciéndoles daño. Sin embargo, la Regla de Oro nos llama a entablar una ofensiva de compasión al tomar la iniciativa y deliberadamente decidir a favor de una política de ser amable con la gente. Como escribió el erudito cristiano D. A. Carson:

El enfoque negativo enseñaría una conducta así: Si usted no disfruta que le roben, no robe a los demás. Si a usted no le gusta que le insulten, no insulte a los demás... Si usted no quiere que le golpeen la cabeza, no golpee a otros en la cabeza. Sin embargo, la forma positiva enseña una conducta como esta: Si usted disfruta ser amado, ame a los demás. Si a usted le gusta recibir cosas, dé cosas a los demás. Si a usted le gusta que le aprecien, aprecie a los demás. La forma positiva es así mucho más penetrante que su contraparte negativa. Aquí no hay permiso para retirarse a un mundo en donde no se ofenda a nadie, y en donde tampoco se logre ningún bien positivo.[3]

Alguien alguna vez explicó la diferencia de la siguiente manera: si usted es propietario de un automóvil, la regla negativa le diría: «Simplemente no atropelles a nadie. No te embriagues para luego cruzar la división de carriles». La Regla de Oro incluiría esa amonestación, pero iría más lejos, diciendo: «Cuando la gente necesite que la lleven, ofrece el automóvil para llevarlas. Si la viuda al final de la calle necesita ir al mercado, ofrécete a llevarla. Si un extraño trata de regresar a casa, llévalo. Haz un esfuerzo por buscar formas en las que puedas servir a la gente del modo que tú querrías que te sirvieran a ti».

Es esta cualidad abrumadora y a contracorriente lo que hace que la Regla de Oro sea tan increíblemente escandalosa. De hecho, sencillamente imagínese cómo sería el mundo si todos vivieran de acuerdo a ella.

La alerta de terrorismo bajaría al seguro nivel «verde». No tendríamos que cerrar nuestras puertas con llave durante la noche. Podríamos enviar a nuestros hijos al parque sin tener que preocuparnos por ellos. Se desplomarían las ventas de dispositivos para evitar el robo de automóviles. Podríamos estrechar las manos

para cerrar un acuerdo de negocios y sentirnos suma-
mente confiados de no ser defraudados. No existirían
las políticas para las oficinas, no habría chisme que las-
timara, ni racismo, ni tiroteos, ni crímenes por causa del
odio, ni atentados suicidas con bombas o decapitacio-
nes en Oriente Medio, ni hambruna o genocidio en
África, ni corrupción o deshonestidad y acciones intencionales de engaño en Washington, D. C.

Nadie se le adelantaría a la fuerza en la carretera y
durante el invierno toda la gente que es propietaria de
dispositivos para limpiar la nieve, limpiaría gustosa las
entradas a las casas de todos los demás. Viviríamos en
un mundo de perdón, compasión, paz, buena voluntad,
¡y hasta de buenos modales inagotables!

Pero el mundo no es así. Y el problema no tiene que
ver con que la Regla de Oro sea demasiado esotérica o
difícil de entender. «No nos comportamos con otros
como desearíamos que se comportaran con nosotros
porque todo el tiempo estamos pensando en nosotros
mismos, y nunca pensamos en las otras personas», dijo
el teólogo D. Martin Lloyd-Jones.

Esa es la condición del mundo por causa del pecado: ante todo somos personas egoístas que nos preocu-
pamos por nuestro propio bienestar.

Siempre que la mayoría de la gente se sale de su
camino para ayudar a alguien más, tiene motivos mezclados. Siempre quieren saber qué es lo que van a obtener al hacerlo.

Es como el relato de unos niños cuya gata recientemente había dado a luz a una camada de gatitos. Los

jovencitos veían al interior de la caja de cartón y observaban con deleite la forma en la que los gatitos se acurrucaban.

—Oh, ¿verdad que eso es lindo? —exclamó una niñita—. Se aman tanto el uno al otro que tratan de mantener caliente a su hermanito.

—Bueno, no precisamente —respondió su sabia madre—. De hecho, están tratando de calentarse *ellos mismos.*

En contraste, de esto de es de lo que se trata la Regla de Oro: *tratar de conservar caliente a otro, aun cuando eso signifique que tendremos frío en el proceso.*

Aunque sería idílico vivir en un mundo en donde se aplicara de manera universal la Regla de Oro, sabemos que eso no ocurrirá. A pesar de los esfuerzos de algunas personas para promover la Semana Nacional de las Acciones Aleatorias de Bondad (un concepto, irónicamente propuesto por un congresista que después fue declarado culpable de los nada bondadosos actos de extorsión y evasión de impuestos), un estudio demostró que los norteamericanos se están convirtiendo en más cínicos y menos compasivos.

Algunas personas pierden sus buenas intenciones frente a las presiones y realidades cotidianas, como la mujer californiana cuyo automóvil tenía una placa de identificación que incluía la palabra «Paz». La policía dijo que, luego de conducir muy cerca de la parte trasera de una camioneta de carga que recorría muy lentamente un camino de dos vías a través de un cañón, se colocó al lado del otro vehículo, lo golpeó con un *bat* de béisbol de aluminio, y luego le arrojó una lata de aromatizante de ambiente mientras se le adelantaba ruidosamente. «Dijo que tenía prisa y que se estaba sintiendo frustrada», comentó el policía de caminos que la detuvo para multarla.

Cuando el policía le preguntó sobre su placa de identificación, «me dijo que la compró porque pensaba que había mucha violencia en la sociedad de nuestros días».

La Biblia nos dice que la gente tiende de manera natural a negarse a estar sujetos a las leyes y enseñanzas de Dios, incluyendo la Regla de Oro.[4]

Sin embargo, como seguidores de Cristo que están sobrenaturalmente habilitados por el Espíritu Santo, podemos ayudar a transformar nuestro rincón del mundo si ponemos la regla en acción.

¿Cómo hacemos eso? Al intentar poner en práctica la Regla de Oro en mi propia vida cotidiana —y reconozco que no siempre con éxito—, he descubierto que con frecuencia necesito volver a calibrar mi perspectiva.

En un mundo que con demasiada frecuencia gira en torno a mí, necesito volver a orientar intencionalmente mi actitud con regularidad, si es que pretendo seguir esta extravagante enseñanza de Jesús.

MIRAR A TRAVÉS DE LOS OJOS DEL CIELO

Necesito recordarme con frecuencia el valor que Dios asigna a otros seres humanos, aun cuando no conozca a la otra persona o cuando él o ella sean muy distintos a mí. Para ser sincero, esto no es algo natural en mí.

Aunque de vez en cuando recibo recordatorios, como leer acerca de un incidente que ocurrió en Carolina del Norte en 1995. Lawrence Shields, de diez años de edad, estaba revisando un cubo de desechos en una mina de piedras preciosas, cuando una roca llamó su atención. «Simplemente me gustó la forma que tenía», dijo.

Cuando le quitó el polvo y la arena que estaba adherida a ella, y luego de frotarla sobre su playera para darle brillo, se dio cuenta de que se trataba de algo más que una roca. Resultó ser un zafiro. Y no solo un zafiro cualquiera, sino ¡un zafiro de *1.061 quilates*!

Esta es la cuestión: cuando observamos a los demás, tendemos a concentrarnos en lo exterior, lo cual está sucio por el pecado. Observamos la rebelión o el fracaso, el grotesco estilo de vida o la actitud orgullosa, y a menudo pasamos por alto el verdadero valor que está en el interior, en donde cada uno de nosotros es una gema de incalculable valor, creados a la imagen del Dios todopoderoso. Nosotros, como individuos, somos tan valiosos y tan amados que Dios estuvo dispuesto a pagar el precio infinito de la muerte de su Hijo para limpiar nuestro pecado y restaurarnos para él.

De modo que cuando mire a alguien cuya vida ha sido completamente corrompida por el pecado, usted puede decirse esto: «Es posible que su situación de vida sea *horrible*, pero la imagen de Dios dentro de ellos ¡es *asombrosa*!». ¿Puede mirar a la gente que ha devaluado debido a que es distinta a usted o más pobre, o menos educada que usted, e imaginar el gran valor que Dios les asigna a pesar de sus circunstancias?

Esto es como una de mis canciones favoritas, *In Heaven's Eyes* [Ante los ojos del cielo], en la que Phil McHugh se imaginó a la gente conforme se ven delante de Dios y descubrió que no hay perdedores indignos ni causas perdidas. Cuando vemos a la gente de acuerdo a la perspectiva de Dios, repentinamente tenemos una nueva inspiración para tratarlos con la misma dignidad, respeto y honor que deseamos para nosotros mismos.

¿Eso le suena a ingenuidad? Tal vez. Pero fuera de esa percepción divinamente inspirada, no tengo oportunidad de ser obediente al mandamiento de Cristo de amar a otros como a mí mismo. Esto simplemente no ocurrirá.

Esa es una razón por la que el lema de la iglesia en la que me convertí a Cristo es que las personas le interesan a Dios. *Todas* las personas. Es un recordatorio para todos y cada uno de nosotros de que necesitamos ver los unos en los otros el incalculable valor que tenemos ante los ojos de Jesús.

PENETRAR EN LA VIDA DE ALGUIEN

Hay otro cambio de perspectiva que tiene que llevarse a cabo. En cualquier circunstancia en la que nos encontremos, necesitamos ver la situación desde el punto de vista de los demás. Esto sencillamente significa que tendremos más a tratar a otros de la forma en que nos gustaría ser tratados si nos ponemos en sus zapatos y vemos su predicamento desde su perspectiva. Como lo dijo el apóstol Pablo: «Ayúdense unos a otros a llevar sus cargas, y así cumplirán la ley de Cristo».[5] ¿Cómo podemos llevar la carga de otra persona si no entendemos esa carga tal y como él o ella la percibe?

Recibí una lección sobre estas líneas cierto miércoles ya muy entrada la noche, cuando era pastor de enseñanza en la iglesia de la comunidad Willow Creek. Luego de un agotador día de trabajo una noche de servicio en la iglesia, justo cuando me preparaba para dormir, sonó el timbre del teléfono.

Del otro lado de la línea se encontraba una pareja joven que, camino a su casa y como a una media hora de distancia de la mía, tuvo problemas con su automóvil. No tenían dinero, no había estaciones de servicio abiertas a esa hora y sus dos hijos estaban acurrucados en el asiento trasero. Como recién se habían mudado a la ciudad, no conocían a nadie para pedirle ayuda. Pero hacía uno o dos días que habían asistido a nuestra iglesia y habían visto mi nombre en el programa. De modo que buscaron mi número en el directorio telefónico.

«Sé que este es un terrible abuso», dijo el hombre, «pero su nombre es el único que me vino a la mente».

Mi primer pensamiento exasperado fue: «Tenemos casi una centena de distintos ministerios en la iglesia… ¿no tenemos alguno que recoja a la gente cuando sus autos se averían?». Mi segunda reacción silenciosa fue: «¿Acaso no vieron el nombre de Bill Hybels en el programa? ¡Él es el pastor titular! ¿Por qué no le hablaron a *él*? ¡Vive más cerca que yo!». Mi tercer pensamiento fue: «¿A quién le puedo llamar para que se ocupe de esto, de modo que yo no tenga que molestarme en hacerlo?».

Sinceramente, sentí que me explotaban y me auto-compadecí. Después de todo, me estaba llamando una cama cálida y acogedora, y pensé que merecía un poco de paz y tranquilidad luego de la actividad de un largo día.

Pero fue cuando me di cuenta. Tenía que cambiar mi perspectiva. Traté de imaginar la situación desde su punto de vista. ¿Qué se sentiría ser un recién llegado a una ciudad, no conocer a nadie y quedarse varado en la noche con tus hijos en el automóvil? Cuando me ima-giné eso, mi actitud comenzó a suavizarse. Ahí fue cuando finalmente me pregunté: «¿Qué querría que ellos hicieran por mí si yo estuviera en su situación?».

Así que subí a mi auto y los fui a recoger para lle-varlos a su departamento. Luego olvidé rápidamente el incidente… hasta tres años después.

Luego de concluir mi conferencia en uno de nues-tros servicios del fin de semana, ese mismo hombre se aproximó para saludarme. Resultó que tanto él como su mujer se habían involucrado profundamente en el trabajo de la iglesia en los años que habían pasado.

«Solo quiero decirte que jamás olvidaré la forma en la que nos rescataste esa noche», me dijo. «Cuando ha habido ocasiones en las que me siento tentado a desi-lusionarme por la iglesia o por los cristianos, pienso en eso y me sirve de recordatorio de que hay personas que realmente se preocupan por los demás».

Gulp. Me sentí avergonzado al recordar cómo me quejé en el momento de recibir su llamada. Pero su gratitud a través de los años solo demuestra el poder de la Regla de Oro. Cuando nos apegamos a ella a pesar de las inconveniencias, eso puede resultar de un profundo impacto para otros. ¿Por qué? Porque vivir de acuerdo a ella es algo totalmente inesperado —algo que va totalmente en contra de la corriente— en nuestra egoísta sociedad.

De modo que, ¿hay alguien cuya vida necesita usted penetrar por un momento para ver el mundo desde su perspectiva? ¿Será uno de sus hijos, un empleado o su jefe, inclusive? Por experiencia propia puedo decirle que esto puede transformar toda su actitud hacia ellos. De repente estará más dispuesto a ayudarles de la forma como usted quiere que le ayuden.

Como aquella vez en la que esperaba con impaciencia en una línea en el supermercado durante una noche brutalmente gélida, ansioso de llegar a mi casa para cenar. Pero la línea no se movía. Esperé y esperé. Me apoyé en una pierna y luego en la otra. Suspiré de manera audible. Murmuré en voz baja. Y no había movimiento. ¿Por qué se estaba tardando tanto? ¿La cajera estaba en capacitación? ¿Acaso algún cliente estaba platicando con ella? Mi presión sanguínea se comenzó a elevar a un ritmo muy veloz.

Finalmente miré al principio de la línea para ver quién se atrevía a retrasarme: y miré a una pequeña viejecita que con lentitud y dificultad sacaba billetes de un dólar de su cartera, en cámara lenta, con sus manos rojas y entumecidas por el gélido clima. Apenas podía mover sus dedos. Aparentemente, había caminado hasta la tienda en esas temperaturas bajo cero.

Caray. Mi perspectiva se reajustó instantáneamente. Volví mi vista al cielo buscando perdón, luego me acerqué y le dije: «Disculpe, señora, usted no me conoce, pero allá afuera hace mucho frío y yo traje mi automóvil. ¿Me permite llevarla a su casa?».

Esto es lo que descubrí: la Regla de Oro se vuelve la respuesta más natural en el mundo una vez que usted mira la vida desde la perspectiva de la otra persona.

UNA AMOR POR ENCIMA DE NOSOTROS MISMOS

La Regla de Oro debe ser alimentada por el amor, porque nuestra motivación no está basada en primer lugar en lo que podemos obtener a cambio. Por supuesto, de una manera limitada, la gente puede recurrir a sus propios recursos de amor y aplicar la Regla de Oro de manera esporádica, por aquí y por allá, dependiendo de su humor. Por ejemplo, las personas pueden estar dispuestas a propagar un poco de buena voluntad cada mes de febrero durante la Semana Nacional de las Acciones Aleatorias de Bondad.

Eso está bien, pero vivirla de manera consistente para convertirla en un estilo de vida cotidiano en medio de situaciones realmente difíciles, inconvenientes y que requieran sacrificio, necesitamos de un combustible que provenga de nuestro interior. Necesitamos recurrir al ilimitado recurso del amor de Dios.

En cierta ocasión, alguien preguntó a Jesús cuál es la más grande ley de Dios, y él dio una respuesta en dos partes.

La primera, amar a Dios con todo nuestro corazón, alma, mente y fuerza; la segunda parte, amar a nuestro prójimo como a nosotros mismos.[6] ¿Puede percatarse del por qué el orden de esas dos leyes tiene una importancia tan crítica?

Porque cuando abrimos nuestras vidas a Dios, recibimos su gracia, y nos entregamos a él, él comienza a disminuir nuestro egoísmo y simultáneamente a acrecentar nuestra capacidad para preocuparnos más por los demás.

Cuanto se trata de la Regla de Oro, dijo Lloyd-Jones: «Usted no comienza con su prójimo, sino con Dios». Amar a Dios es lo que, en última instancia, nos habilita para amar a otros.

De hecho, cuando el apóstol Pablo enlistó nueve cualidades que el Espíritu Santo manifiesta de forma creciente en las vidas de quienes siguen a Cristo, lo primero que menciona es el amor.[7]

Se trata de un amor alimentado por Dios.

UN CONDUCTOR DE LA CORRIENTE DE CRISTO

Pruébese a sí mismo en esto. Si usted ha sido cristiano durante mucho tiempo, recuerde la actitud que tenía hacia los demás cinco años *antes* de conocer a Jesús. Ahora piense en su actitud hacia ellos cinco años *después* de recibir la gracia de Dios en su vida. Usted nota una diferencia, ¿verdad? ¡Eso espero!

Yo inicié como un ateísta que tenía un déficit de compasión. Percibía a las demás personas, en primera instancia, como herramientas para utilizar en beneficio de mi propio avance profesional y social.

Sin embargo, luego de convertirme en cristiano y comenzar a sujetar cada vez más mi carácter y mis valores a Cristo, mi actitud hacia los demás comenzó a transformarse.

De hecho, la diferencia era tan profunda que pocos meses después de convertirme a Cristo, mi hija de cinco años le dijo a mi esposa: «Mamita, quiero que Dios haga por mí lo que ha hecho por papito».

Aun a su tierna edad, ella se pudo dar cuenta de que Dios estaba pulverizando el cinismo que formaba una costra alrededor del corazón de su padre. Ya comenzaba a notar una marcada transformación en la forma en la que me relacionaba con otros.

Dios no solamente aumenta nuestra capacidad de sentir compasión sino nos habilita de forma continua para propagar el amor entre los demás. Tratar de vivir la Regla de Oro sin Dios es como extraer la energía de una batería eléctrica.

Funciona por un tiempo, pero tarde o temprano, si no hay una fuente externa de poder para recargarla, la batería chisporrotea y se queda sin energía.

Sin embargo, la analogía cambia cuando usted no opera bajo su propio poder sino permite que Dios exprese su amor a través de su vida. Esta es la forma en la que lo describió Teresa de Calcuta: «Tú y yo somos los cables; Dios es la corriente. Tenemos la capacidad para dejar pasar la corriente a través de nosotros, que nos use, y que genere la luz para el mundo: Jesucristo».

A un cable nunca se le acaba la energía si está conectado a una fuente que no se extingue, y el amor de Dios nunca se acaba.

Esa es la razón por la que Teresa de Calcuta pasaba cada mañana conectándose a Dios en oración, meditando en el sacrificio que él hizo por ella y bebiendo de su amor en la Biblia, de modo que durante el día ella pudiera meramente actuar como un conductor para canalizar esa compasión a otros.

De hecho, permítame advertirle algo: inevitablemente se dirigirá hacia una amarga desilusión si trata de vivir de acuerdo a la Regla de Oro en su propia capacidad y sin permitirle a Dios que haga crecer su corazón y obra a través de su vida. Si la Regla de Oro atrae el lado altruista de su vida y usted está pensando en aplicarla por causa de su celo secular, olvídelo.

Cuando las personas no respondan de modo recíproco, cuando no expresen gratitud, cuando se aprovechen de su generosidad, cuando nadie parezca preocuparle el hecho de que al hacer usted algo amable por los demás está invirtiendo de su tiempo, energía y recursos, usted comenzará a albergar sentimientos inadecuados y a preguntarse el por qué tiene que molestarse en hacerlo.

Sin embargo, el apóstol Juan escribió lo siguiente acerca de los cristianos: «Nosotros amamos a Dios porque él nos amó primero».[8] Él hizo algo *por* nosotros, y luego él hace algo *a través* de nosotros.

Tal vez un relato pueda ilustrar la forma en la que esto se opera. Estaba por aterrizar en el aeropuerto Midway en Chicago muy entrada la noche durante una terrible tormenta de nieve hace varios años. Mi compañero de viaje resultó ser un ingeniero hindú. Al conversar con él, descubrí que planeaba tomar un autobús hasta el aeropuerto O'Hare y luego hacer que su esposa embarazada, acompañada de sus dos hijos pequeños, condujeran su automóvil desde un barrio residencial distante para recogerlo. Para mí, eso sonaba como una fórmula para la frustración.

—Mire, mi automóvil está estacionado en el aeropuerto Midway —le dije—. ¿Qué le parece si lo llevo a su casa?

Se mostró muy agradecido y, durante el trayecto, preguntó la razón por la que yo estaba dispuesto a llevar a un extraño como él. La pregunta me tomó un poco con la guardia baja, pero traté de explicarle.

—¿Alguna vez alguien ha hecho algo tan amable por usted que le motive a transmitir esa amabilidad a alguna otra persona? —le pregunté.

Pensó en eso por un momento y luego asintió ligeramente con la cabeza.

—Bueno, esta es la razón —le dije—. Jesucristo hizo algo increíblemente amable por mí.

Al conversar un poco más, él lo comprendió. Y ese es solo un ejemplo de cómo es que el amor de Dios se transfiere en medio de un mundo que está hambriento de amor.

TOMAR LA DECISIÓN DE MARCAR UNA DIFERENCIA

Simple y llanamente, el hacer por los demás lo que usted quiere que hagan por usted es un acto de la voluntad. Tenemos que decidir día con día su aplicación consciente para llevarlo a cabo a pesar de todo lo que obre en nuestra contra.

De otro modo nuestras ocupaciones pueden causar que la vida pase a una velocidad tan acelerada y borrosa que no nos detendremos lo suficiente para considerar a los demás. O en ocasiones nos intimida y nos neutraliza el ver la montaña de necesidades en el mundo, haciéndonos sentir que cualquier cosa que hagamos no significará ninguna diferencia. Es muy fácil olvidar esta verdad fundamental: *no expresar compasión hacia otro ser humano es un esfuerzo desperdiciado.*

Esto me impactó nuevamente cuando leí las palabras de un voluntario nuevo que había viajado para servir con Teresa de Calcuta entre los más pobres de los pobres en esa ciudad. En su viaje a un hogar para niños, Teresa de Calcuta vio a una pequeñita que había sido rescatada de las calles pero cuya condición requería mucho más que la ayuda médica que podía proporcionársele. Esta niñita seguramente moriría ese día.

Teresa de Calcuta levantó a la bebé y la puso en los brazos del nuevo voluntario, dándole estas sencillas instrucciones: «No dejes que esta niña muera sin ser amada».

Esto es lo que escribió el voluntario después: «La tomé en mis brazos y le di mi amor hasta que, a las seis de la tarde de ese día, murió. Pasé esas horas tarareando a su oído el Arrullo de Brahams y, ¿sabe?... *pude sentir que esa bebé, con lo pequeña y débil que era, se acurrucaba y apretaba su cuerpo hacia mí*».[9]

Usted no tiene que llevar la carga de cambiar al mundo. Seamos sinceros, de cualquier modo no podría hacerlo. Pero precisamente durante el curso de la vida cotidiana —desde las cortesías comunes hasta salir de su rutina para ayudar a quienes están en necesidad— hacer por otros lo que usted querría que hicieran por usted marcará una diferencia tanto en la vida de los demás como en la suya.

Recuerdo claramente un incidente ocurrido durante la primavera, cuando yo estudiaba el quinto grado de la escuela básica. Cada día, antes de nuestros recesos de la mañana y de la tarde, escogíamos equipos para jugar a patear la pelota.

En la tácita y elaborada estructura social del salón de clase, había niños que constantemente eran excluidos. Ted ya era un genio de las computadoras en los días en los que se utilizaban todavía reglas de cálculo.

Usaba anteojos con cristales muy gruesos, hablaba con voz chillona, y no era una persona de características muy atléticas.

Johnny, el otro jovencito, quien padecía sobrepeso y no era muy brillante, había reprobado dos veces el quinto grado, de modo que era mayor que el resto de nosotros.

Nadie quería convivir con ninguno de los dos. De hecho, ¡ellos ni siquiera eran amigos uno del otro!

Cierto día, nuestra maestra envió a Ted y a Johnny a cumplir un encargo. Cuando salieron del salón de clase, se volvió hacia nosotros y dijo: «Dos veces al día ustedes hacen equipos para jugar a patear la pelota, y en cada ocasión, Ted y Johnny son seleccionados hasta el final. Sé que no pretenden herir sus sentimientos pero, ¿por qué no hacer algo distinto? ¿Por qué no hacen por ellos lo que ustedes quisieran que ellos hicieran por ustedes?».

El día siguiente, yo fui el capitán de uno de los equipos, lo que significaba que elegiría primero. Le diré algo: no tengo muchos recuerdos del quinto grado. No recuerdo los libros que leí, cómo se veía el salón de clase, las materias que estudiamos o a la mayoría de los otros estudiantes.

Pero hasta la fecha, y si cierro mis ojos, todavía puedo ver la mirada de absoluta y alegre sorpresa en el rostro de Ted cuando lo escogí primero para mi equipo. Y nunca olvidaré la emocionada expresión en el rostro de Johnny cuando el otro capitán lo seleccionó antes que a los demás.

¿Esto fue la gran cosa? No. ¿Acaso cambió al mundo? Por supuesto que no. Pero sí hizo algo por mí. Más de cuatro décadas después puedo recordarlo. Y le apuesto que si localizamos a Ted y a Johnny y les preguntamos acerca de ese caluroso día de primavera en 1963, recordarán todos los detalles, porque estoy seguro de que eso hizo algo por ellos también.

Sencillamente los tratamos con dignidad y respeto, de la misma forma que todos nosotros queríamos que nos trataran. Y eso es todo lo que necesitamos para decidir qué hacer diariamente al encontrarnos con meseros y cajeros, colegas y competidores, vecinos y amigos, jefes y empleados, hijos y padres, obreros y ejecutivos, personas en problemas y personas que simplemente están enredándose en la vida.

Sencillamente necesitamos tomar la decisión de hacerlo. Cuando lo hacemos, eso causa un impacto en la gente.

Y en nosotros también.

EL TOQUE DORADO

Mi amigo Mark Mittelberg puede dar cuenta del poder de un simple acto de gentileza. Cuando vivía, en Dakota del Norte, se escabulló dentro de una tienda de víveres una tarde para comprar algunas cosas. Mientras estaba ahí, decidió comprar un ramo de flores para su esposa, Heidi. Al formarse en la línea para pagar en la caja, una anciana frente a él notó las flores.

—¿Es cumpleaños de su esposa? —preguntó ella.

—No —dijo Mark—. Sencillamente quiero darle una sopresa.

La mujer suspiró.

—Mi difunto esposo solía hacer eso conmigo —dijo con un tono nostálgico—. Era su forma de decirme "Te amo". Pero eso fue hace muchos, muchos años...

Esbozó una débil sonrisa.

—Muchos años.

Cuando llegó su turno en la caja registradora, la mujer pagó sus víveres, se volvió para despedirse y se alejó, empujando un carrito de compras. De repente, una idea vino a la mente de Mark. Rápidamente pagó por sus flores y sus víveres, y luego se apresuró a llegar al estacionamiento para encontrar a la mujer.

—Tome —le dijo, al extenderle el ramo—. Su esposo no está aquí para hacerlo, así que me gustaría darle esto.

La mujer quedó tan conmovida por este gesto que invitó a Mark a tomar el té en su hogar. Mientras tomaban su refrigerio, le mostró fotografías antiguas de su esposo, recordando el pasado. Su espíritu estaba animado.

Luego de ese día, Mark rara vez pensó en esa mujer de nuevo, pero él permaneció vivo en la memoria de ella. Transcurrió una década, durante la cual Mark y Heidi se mudaron varias veces, terminando a final de cuentas, con un hogar situado en un barrio residencial de las afueras de Chicago.

De alguna forma esta anciana mujer los localizó durante una Navidad y les envió una caja llena de juguetes antiguos para sus hijos, Emma Jean y Matthew. Recordaba a Mark debido al toque dorado que él tuvo para su vida muchos años antes, y se sentía gozosa porque la había tratado de la forma en la que él hubiera querido ser tratado.

Esto es lo que Dios nos dice en la Biblia:

No se contenten sólo con escuchar la palabra, pues así se engañan ustedes mismos. Llévenla a la práctica. El que escucha la palabra pero no la pone en práctica es como el que se mira el rostro en un espejo y, después de mirarse, se va y se olvida en seguida de cómo es. Pero quien se fija atentamente en la ley perfecta que da libertad, y persevera en ella, no olvidando lo que ha oído sino haciéndolo, *recibirá bendición al practicarla.*[10]

Usted recibirá bendición porque sentirá cómo es que Dios asiente con la cabeza en señal de aprobación por ser obediente a sus enseñanzas. Usted recibirá bendición porque al afirmar la dignidad de alguien más, usted está afirmando su propio valor.

Usted recibirá bendición al ser testigo del conmovedor impacto que tiene la bondad y la compasión en otros seres humanos, ya se trate de una bebé que se acurruque y empuje su cuerpo hacia el suyo o de una anciana cuya vida se ilumina por causa de unos cuantos dólares en flores.

Usted recibirá bendición cuando otros sean conducidos a Dios debido a que usted demostró su amor por ellos de una forma muy real. Y también habrá bendiciones en el cielo para los que siguen a Jesús. La Biblia dice: «El Señor recompensará a cada uno por el bien que haya hecho».[11]

Lo que es más, sus sencillos actos de bondad pueden contribuir a lo que David Steindl-Rast denomina la «espiral del gozo». Lo describe de la siguiente forma:

Una madre se inclina hacia su hijo en la cuna y le da una cascabel de juguete. El bebé reconoce el regalo y responde a la sonrisa de su madre. La madre, sobrecogida por el gozo debido al gesto de gratitud del niño, lo levanta y le da un beso. *Eso es la espiral del gozo.* ¿Acaso el beso no es un regalo más grande que el juguete? ¿Acaso el gozo que expresa no es mayor que el gozo que inició el intercambio?[12]

Qué pensamiento: por la sencilla decisión de ir más allá de nuestro egoísmo y de expresar amor de manera tangible a un ser humano como nosotros, podemos iniciar una espiral que bendecirá a otros de la forma en la que Dios nos bendice a nosotros.

Así es el escandaloso poder de la Regla de Oro.

◆ ◆

EL CIELO ES MÁS QUE UNA ILUSIÓN

❖

En un bello y soleado día de agosto de 1990, Tobin McAuley, su mejor amigo y sus respectivas novias rentaron un catamarán para navegar frente a las costas de México. A casi tres kilómetros frente a la orilla, el amigo de Tobin y las jóvenes se zambulleron en el agua para un rato de natación recreativa.

Estaban riendo y chapoteando hasta que el amigo de Tobin comenzó a gritar pidiendo ayuda. Comenzó a sufrir calambres en las piernas. Rápidamente, Tobin piloteó el catamarán hasta la distancia más cercana a los nadadores. Las jóvenes treparon a la cubierta. Tobin buscó con la mirada un chaleco salvavidas, pero no había ninguno, así que se tiró al agua para salvar a su amigo.

El problema fue que las jóvenes no sabían cómo pilotear. Trataron frenéticamente de mantener el catamarán cerca de los muchachos, pero la corriente arrastró la nave y la alejó más rápido de lo que Tobin y su amigo podían nadar hacia ella. Rápidamente, el bote se alejó hasta perderse de vista… y Tobin, de veintinueve años de edad, y su amigo de treinta y un años, se quedaron atrás y murieron ahogados.[1]

Cuando los soldados marchan hacia la guerra, aceptan el riesgo de no regresar a casa. Cuando la gente contrae una seria enfermedad, comprenden que es posible que no sobrevivan. Pero cuando los que están de vacaciones salen a navegar, no pueden anticipar que estos serán sus últimos momentos en el mundo.

Sin embargo, a través de los años he presenciado la forma en la que la muerte llega en días que comienzan siendo bellos y soleados.

LA MUERTE ACECHA DE MODO INSOSPECHADO

Durante una tarde templada de otoño, cuando yo cursaba el quinto grado, mi amigo Bart y yo nos colgábamos en las barras del campo de juegos, luego de clases. Cuando fue tiempo de regresar a casa, me dirigí hacia el sur, con rumbo a casa, y Bart y su hermanito montaron sus bicicletas y se dirigieron hacia el oeste, a la suya.

Al aproximarse a una carretera transitada, el pie de Bart se deslizó del pedal. No pudo frenar y, antes de que pudiera recuperar el control de su bicicleta, rodó directamente hacia la trayectoria de un camión aproximándose. Mientras su impotente hermano lo sostenía en sus brazos, los pulmones de Bart se saturaron de sangre y murió.

Fue un soleado día de la primavera de 1979 cuando mi padre conducía por la carretera de camino a la estación del tren. Sin aviso alguno, sufrió un ataque cardíaco masivo y ya estaba muerto antes de que se detuviera su auto al lado del camino.

En 1982, mi amigo Frank se levantó a medianoche porque se sentía mareado. Ya que apenas tenía alrededor de treinta y cinco años, no pensó que esto era algo más grave que una indigestión. Pero cayó muerto, dejando atrás a una viuda, un hijo de seis años y una hija de cuatro.

Como periodista, he presenciado cientos de ocasiones en las que la gente comenzó su día de forma rutinaria pero lo terminó de manera trágica. Fue víctima de conductores ebrios, asaltantes, tiradores, ladrones de autos, accidentes automovilísticos, percances en casa, incendios, anomalías médicas o accidentes de avión. Cada año mueren seis mil personas ¡solo por cruzar la calle!

No estoy tratando de ser excesivamente alarmista. Sin embargo, algunas personas observan la expectativa de vida a nivel nacional y se comportan como si fuese una cifra garantizada. No es así.

Hay un viejo dicho respecto a que solo hay dos cosas seguras en la vida: la muerte y los impuestos. Sin embargo, aunque usted puede evadir impuestos, en última instancia, nadie puede evadir la muerte.

Es horrible, antinatural y morbosamente efectiva: mueren cien personas de cada cien. De hecho, alguien dijo cínicamente que la vida es, simplemente, ¡una enfermedad de transmisión sexual con un índice de mortalidad del cien por ciento!

A la gente le da temor el fin. Un tercio de los norteamericanos tienen tanto miedo a la muerte que ni siquiera son emocionalmente capaces de ponderar su propia defunción. Tienen temor del dolor de la muerte, de lo desconocido, de quedar separados de sus seres queridos, y del deterioro del cuerpo. Simplemente no lo pueden enfrentar.

DESCONECTAR EL REFRIGERADOR

A pesar de todo, otras personas parecen estar cada vez más fascinadas por el tema. Películas populares como *The Sixth Sense* [El sexto sentido] y *Ghost* [Ghost: La sombra del amor] exploran el tema de la muerte y de lo que puede ocurrir después. No hace mucho tiempo, tres de los diez libros de mayor venta trataban estos temas. Más de trescientos cincuenta mil personas compraron el libro *How We Die* [Cómo morimos], en el que un médico describe detalles explícitos acerca de la forma en la que se sucumbe debido a varias enfermedades. Proliferan los libros que tratan el tema de las experiencias cercanas a la muerte.

¿Por qué todo este interés? La razón más probable es que la vanguardia de la generación que nació entre los años 1945 y 1965 [los *baby boomers*] cumplieron cincuenta años en 1996, y repentinamente los peligros de la edad avanzada ya dejaron de ser tan lejanos. Sus padres están muriendo, y esta generación alcanza una época en la que los ataques cardíacos y el cáncer comienzan a cobrar sus cuotas entre la gente que conocen. Ahora las probabilidades de morir no son solo una cuestión matemática abstracta que ocurrirá al largo plazo, sino una posibilidad realista y creciente.

Así que cada vez más personas están elaborando la misma pregunta que hizo Job hace miles de años: «Si el hombre muriere, ¿volverá a vivir?».[2] Después de todo, ¿qué otra cosa podría ser de mayor importancia fundamental?

Hasta la ocurrente Murphy Brown lidió con esta pregunta. En un memorable episodio de la comedia de televisión, homónima de una reportera ficticia, la protagonista estaba preocupada de que Avery, su hijo, iba algún día a preguntar qué es lo que ocurre con una persona cuando muere. Ella quería prepararse para dar una respuesta.

Recordó lo que su padre le dijo cuando hizo la misma pregunta siendo niña: «Si desconectas un refrigerador, ¿sigue funcionando?», le dijo con simpleza. Y eso le dio más confusión que claridad. «Entre los cinco y siete años», reflexionó Murphy, «yo pensé que cuando morías, el camión de donaciones pasaba a recogerte».

Así que Murphy acudió a sus amigos para obtener sus conceptos acerca de la muerte. Y tampoco resultaron ser de mucha ayuda.

LA BÚSQUEDA DE MURPHY BROWN

Frank Fontana, colega de Murphy, admitió que él cambiaba su postura acerca del más allá de acuerdo a si la persona con la que está saliendo era hindú, budista o rastafari. El productor del programa de Murphy, Miles Silverberg, le dijo: «Mira, yo soy judío, y nosotros no hablamos mucho sobre el cielo y el infierno. Nos concentramos en el aquí y el ahora. En ese sentido somos muy parecidos a los unitarianos, excepto que ellos no cocinan pescado con salsa de azafrán».

Murphy pensó que tenía que buscar respuestas sólidas del conductor del programa Jim Dial, un fiel asistente a la iglesia. Pero cuando ella le preguntó que es lo que le proporcionaba el participar en los servicios dominicales para lidiar con el asunto de la vida y la muerte, Jim reunió toda la honestidad necesaria para responder: «Nada. Ahí tienes, lo dije». Le contó que al sumergirse en la parafernalia religiosa, algún día podría desarrollar una fe verdadera que marcara una diferencia en su vida.

Y Corkie Sherwood, la excéntrica reportera cristiana nacida de nuevo, solo pudo comentarle a Murphy algunos temas melosos acerca del cielo antes de invitarla a una mediocre cena en una iglesia en la que, si tenía suerte, podía conocer a un buen partido o ganarse un automóvil nuevo.

Nadie pudo ofrecerle mucha orientación a Murphy Brown… hasta que conversó con Eldon, el pintor de su casa y su confidente. «Yo *creo* en la vida después de la muerte», le dijo, «pero no en la forma que crees. Creo que sigues viviendo en tus creaciones. Para mí, eso es mi arte. *Eso* es mi inmortalidad. Tal vez tú también tengas algo como eso».

Increíblemente, ¡eso satisfizo a Murphy Brown! Le agradeció a Eldon por este concepto y, sorprendentemente, se alejó con una confianza renovada. Sin embargo, ¿eso le satisfaría a *usted*?

Por supuesto, es lindo dejar atrás algo que puede hacer que el mundo sea un poco mejor que antes de que usted entrara en escena. Pero si eso es *todo*, si de otra forma estamos condenados a la extinción eterna, como un refrigerador desconectado, entonces le diré algo: para mí, *¡eso no es muy satisfactorio!*

Esa es la razón por que la una de mis citas favoritas de Jesús proviene del momento en el que él se encuentra conversando con Marta acerca de la muerte de Lázaro, quien era su hermano y un buen amigo de Jesús.

Él declaró: «Yo soy la resurrección y la vida; el que cree en mí, aunque esté muerto, vivirá. Y todo aquel que vive y cree en mí, no morirá eternamente».[3]

En efecto, Jesús hizo esta asombrosa afirmación: «*Existe* la vida después de la muerte. No es una fantasía, no es algo irreal, y no es una ilusión.

»De hecho, te lo probaré al resucitar a Lázaro después de que ha estado cuatro días en la tumba. Y luego lo demostraré concluyentemente al vencer a la muerte yo mismo».

Para los cristianos, que en ocasiones se preguntan en secreto si la idea del cielo es demasiado fantástica o extravagante, y para los escépticos espirituales que sospecha que se trata probablemente del producto de imaginaciones fértiles más que de una realidad concreta, esta afirmación inequívoca de Jesús es, sin lugar a dudas, una de las más escandalosas.

¿Pero es verdad? Y, de serlo, ¿cómo podemos saberlo?

LA RELEVANCIA DE LA RESURRECCIÓN

Gary Habermas, un erudito, de larga barba y aficionado al *hockey* que parece más el encargado de seguridad de un centro nocturno que un profesor universitario, es ampliamente reconocido como una de las autoridades más importantes sobre el tema de la Resurrección.

Obtuvo su doctorado en este tema en la Universidad Estatal de Michigan y ha sido el autor de varios libros muy efectivos que ponen en orden la evidencia de que Jesús se levantó de entre los muertos. En 1985, fue el encargado de hacer añicos los argumentos del renombrado ateísta Antony Flew en un debate muy importante respecto a la posibilidad de que la Resurrección fuese un hecho histórico.

De los cinco filósofos independientes que fungieron como jueces, cuatro votaron a favor del triunfo de Habermas; el otro juez permaneció indeciso.

Conocí a Gary hace algunos años cuando Willow Creek le invitó a ofrecer una conferencia sobre la Resurrección en un programa al que asistieron más de cinco mil personas, muchos de ellos no creyentes. Durante nuestro tiempo juntos, mi curiosidad me instó a hacerle una pregunta.

—Has dedicado mucho tiempo y esfuerzo a investigar la Resurrección y a defenderla como algo verdadero —le dije—. ¿Qué es lo que te motiva? ¿Por qué es algo tan importante para ti?

—Es muy sencillo —respondió—. Verás, cada pizca de evidencia ·a favor de la resurrección de Jesucristo también es evidencia de *mi* final resurrección.

Visto con ese enfoque, *todos* tenemos interés personal en la cuestión, incluidos los cristianos que anhelan la seguridad adicional de que su fe está en un buen lugar, y las Murphy Browns de la vida real en el mundo que no están seguras de su postura en cuanto a lo espiritual.

Por supuesto, nuestra experiencia diaria nos dice que los cerdos no hablan (a pesar de la película *Babe* [El cerdito valiente], San Nicolás no desciende por las chimeneas (a pesar de la película navideña de Tim Allen), y los muertos no vuelven a la vida.

Pero la Biblia hace la extravagante afirmación de que Jesús *sí* volvió de la muerte. Si esto es falso, «la fe de ustedes es ilusoria», dijo el apóstol Pablo.[4]

Pero si es verdadero, podemos tener la esperanza de que, como seguidores de Cristo, también algún día nosotros conquistaremos la muerte y pasaremos la eternidad con él.

Para nosotros, el cielo depende de la realidad de la Resurrección; así de fundamental es esto para la fe cristiana.

J. I. Packer dijo que cuando se pide que los cristianos ofrezcan evidencia de que sus creencias están basadas en la verdad, invariablemente señalan hacia la Resurrección:

El acontecimiento de la Resurrección, así lo afirman, demostró la deidad de Jesús; validó su enseñanza; confirmó la finalización de su obra de expiación por el pecado; confirma su actual dominio cósmico y su próxima reaparición como Juez; nos asegura que su perdón, presencia y poder personal en las vidas de la gente hoy es un hecho; *y garantiza que cada creyente vuelva a vivir por medio de la Resurrección en el mundo por venir.*[5]

Con todo lo que depende de la Resurrección, ¿qué tan confiable es la evidencia de que realmente ocurrió? ¿Qué tanto podemos confiar realmente en ella? Responderé a esa pregunta con una duda personal.

PONDERAR LA EVIDENCIA DE LA HISTORIA

¿Quién cree usted que es el abogado más exitoso del mundo? ¿Johnny Cochran? ¿F. Lee Bailey? ¿Mark Geragos? ¿El abogado que demandó a McDonald's por ese famoso caso del derramamiento de un vaso de café hirviendo?

Existe una fuente fidedigna para responder este tipo de pregunta: *El Libro Guinness de Récords Mundiales*, y ahí se lee que Sir Lionel Luckhoo es, por mucho, el abogado más consumado del planeta.

En una hazaña totalmente asombrosa que nadie siquiera se ha aproximado a repetir, este Perry Mason de la vida real consiguió la absolución en doscientos cuarenta y cinco casos de asesinato, y lo hizo en forma continua ya frente a un jurado o en un proceso de apelación.[6]

¿Qué tipo de extrañas habilidades sería necesario que un abogado poseyera para elevarse a ese nivel de logros sin precedente en la arena legal? Ciertamente, debe ser inteligente, informado, extremadamente analítico para que sea capaz de diseccionar casos herméticos, y debe ser un maestro de primer nivel en todo aquello que constituya evidencia confiable y persuasiva. Todo eso describe a Luckhoo, que fue investido caballero dos veces por la reina Isabel y quien también fungió como juez y diplomático distinguido.

Dadas esas aptitudes, ¿no sería interesante contar con el agudo análisis que pueda hacer Luckhoo de la evidencia de la resurrección de Jesús? Afortunadamente, contamos con su opinión, porque él, que alguna vez fue escéptico, se tomó el tiempo para aplicar su temible experiencia legal para estudiar a profundidad el asunto.

Esta es la conclusión a la que llegó, a final de cuentas: «Afirmo, sin lugar a dudas, que la evidencia de la resurrección de Jesucristo es tan abrumadora que obliga a su aceptación; dadas las pruebas, no deja absolutamente ningún lugar a la duda».[7]

Totalmente convencido de que Jesús se levantó de los muertos como una demostración irrefutable de su deidad, Luckhoo hizo lo más lógico que podía hacer: recibió el perdón y liderazgo de Cristo en su vida. «Mi vida cambió de rumbo ciento ochenta grados», dijo luego. «Descubrí la verdadera paz, el gozo, la felicidad, la justicia y la santidad».[8]

Aprecio la historia de Luckhoo porque yo solía considerar que la Resurrección era un cuento de hadas que provocaba risa. Después de todo, la Facultad de Leyes de Yale me había formado para ser fríamente racional, y mis años de olfatear noticias en el *Chicago Tribune* solo habían endurecido mi personalidad que de forma natural tendía al escepticismo.

Sin embargo, intrigado por los cambios que vi en mi esposa luego de que se convirtió al cristianismo, pasé casi dos años utilizando sistemáticamente mi experiencia periodística y legal para estudiar la evidencia a favor de la Resurrección y la credibilidad de las afirmaciones de Jesús acerca que su divinidad. Al igual que Luckhoo, terminé totalmente convencido y entregué mi vida a Cristo. Hoy día, al igual que Habermas, descanso en la seguridad de saber que la resurrección de Cristo es un gloriosa precursora de la mía.

Así que, para elevar su propia confianza, voy a hacer un resumen de algunas de las evidencias que hallé particularmente persuasivas, iniciando con una descripción de la forma en la que murió Jesús.

¿JESÚS REALMENTE MURIÓ EN LA CRUZ?

Se le llama la «teoría del desmayo» y se refiere a la idea de que Jesús se desvaneció en la cruz o ingirió algún fármaco que hizo que pareciera muerto. Luego, el aire húmedo y frío de la tumba lo revivió y apareció vivo. En consecuencia, no hubo resurrección milagrosa porque Jesús no pereció en realidad.

Aunque no hay eruditos de reputación probada que mantengan actualmente esta posición, fue el tema de la literatura popular hace varios años y los escépticos todavía se refereren a ella con frecuencia. Francamente, yo mismo tuve curiosidad de ella cuando comencé a examinar cuidadosamente las posibilidades, pero no pasó mucho tiempo antes de que pudiera notar lo falaz de esta postura.

Luego del juicio de Jesús, Juan, un testigo presencial, afirma: «Pilato tomó entonces a Jesús y mandó que lo azotaran».[9] La mayoría de las personas evita este hecho, pero el Dr. C. Truman Davis analizó la práctica de la flagelación romana durante el primer siglo. Llegó a la conclusión de que Jesús fue flagelado sin misericordia casi hasta el extremo de la muerte.

Jesús fue atado a un poste y golpeado al menos treinta y nueve veces —y probablemente más— con un látigo que tenía entretejidos huesos dentados y esferas de plomo. Una vez tras otra el látigo golpeó con toda la fuerza posible sobre sus hombros, espalda y piernas desnudos. Davis afirmó lo siguiente:

Al principio. Las pesadas correas solamente cortaron la piel. Luego, mientras continuaban los golpes, cortaron los tejidos subcutáneos, haciendo primero que la sangre brotara desde los vasos capilares y las venas de la piel, y produciendo finalmente chorros de sangre arterial de los vasos en los músculos subyacentes. Las esferas de plomo primero produjeron grandes y profundas contusiones que luego fueron abiertas por los golpes subsecuentes. Finalmente, la piel de la espalda colgó en largos jirones, y el área entera se convirtió en una masa informe de tejido rasgado y sangrante.[10]

El testigo presencial de una flagelación romana ofreció esta descripción: «Las venas de la víctima estaban expuestas, al igual que sus músculos, tendones y entrañas».[11] Algunas víctimas morían incluso antes de llegar a la cruz. Sin duda, Jesús estaba en una condición entre seria y crítica antes de que comenzara la crucifixión. No es de extrañar que la historia nos relate que no fue capaz de cargar su propia cruz.

Aunque la película *La Pasión de Cristo*, de Mel Gibson, recibió críticas de parte de algunas personas debido a su representación explícita de la flagelación de Jesús, la verdad es que el castigo real era, sin lugar a dudas, peor que lo que Gibson representó. De hecho, cuando tuve la oportunidad de entrevistar a Gibson acerca de esta película, comenté que pudo haber atenuado el nivel de la violencia para evitar la crítica que recibió. Me miró con ojos llenos de asombro y declaró: «Amigo, *¡eso fue lo que hice!*». Si él hubiera mostrado la flagelación tal y como realmente ocurrió, los espectadores hubieran salido huyendo de las salas de exhibición.

EL SUFRIMIENTO DE CRISTO POR NOSOTROS

Después, clavos de entre trece y dieciocho centímetros traspasaron las muñecas de Jesús. El Dr. Alex Metherell, otro médico que ha estudiado extensamente la crucifixión, me dijo que esto habría generado un dolor agónico muy semejante al que se sentiría al apretar el hueso del codo con un alicate. Era tan brutal la muerte por la crucifixión que se acuñó una palabra en latín para describirla: *excruciare*, esto es «proveniente de la cruz».

Luego de que sus muñecas y pies fueron clavados firmemente, Jesús fue levantado en el aire. El Dr. Metherell dijo que la muerte por crucifixión es básicamente una lenta muerte por asfixia.

Debido a la tensión sobre sus músculos, Jesús podía aspirar pero no exhalar a menos que se empujara hacia arriba con sus pies para aliviar un poco de la presión sobre su pecho. Por supuesto, eso era tremendamente doloroso porque su espalda sangrante se raspaba contra la burda cruz de madera y debido a los clavos que traspasaban sus pies. Luego de muchas horas de luchar para empujarse hacia arriba y respirar, se presenta el agotamiento.

Si los verdugos romanos querían acelerar la muerte, solían utilizar un mazo para destrozar los huesos de las espinillas de las víctimas de modo que no pudieran empujarse hacia arriba nuevamente. La víctima colgaba flácida mientras sus pulmones se llenaban lentamente con dióxido de carbono hasta asfixiarse. Eso es lo que los verdugos le hicieron a los criminales crucificados a cada lado de Jesús.

Pero cuando tocó el turno de él, se dieron cuenta de que ya estaba muerto. Para confirmarlo, un soldado clavó una lanza entre sus costillas, pinchando la membrana que rodeaba su corazón y el corazón mismo, ocasionando que saliera un fluido claro y sangre. Luego de eso, los expertos romanos confirmaron su muerte.

No seamos ambiguos acerca de esto: Jesús no sobrevivió el tormento de la cruz. «Claramente, el peso de la evidencia histórica y médica indica que Jesús estaba muerto antes de que se le hiriera en el costado», concluyó un fidedigno artículo publicado en la prestigiosa *Journal of the American Medical Association* [Revista de la Asociación Médica Americana]. «En consecuencia, las interpretaciones basadas en la suposición de que Jesús no murió en la cruz parecen no concordar con el conocimiento médico moderno».[12]

De hecho, aun si Jesús hubiera querido ir en contra de todo lo que enseñó, engañando intencionalmente a todos, aun cuando hubiera sobrevivido a la cruz, aun cuando hubiera podido escapar de su capullo de vendajes de lino humedecidos con treinta y cinco kilogramos de especias, aun cuando hubiera podido rodar la enorme roca de la entrada de su tumba —una roca tan grande que una crónica antigua dice que no podía ser movida por menos de veinte hombres— y aun cuando él hubiera podido traspasar la guardia romana compuestas por soldados de élite, ¡piense en la condición que estaría al aparecerse a sus discípulos!

No podría haberlos inspirado con valor y provocar que se emocionaran por recibir esa clase de cuerpo resucitado algún día. No podría haberlos instado a declarar triunfalmente su regreso y desencadenado en su nombre un movimiento de dimensiones mundiales. Más bien, se habrían horrorizado. Se hubieran compadecido de él y buscado que un doctor lo atendiera.

No, la teoría del desmayo simplemente no tiene sentido. No existe duda al respecto: Jesús murió un viernes de Pascua. Pero gracias a Dios, como le gusta decir a Tony Campolo, ¡el domingo estaba por llegar!, y hay cinco categorías de evidencia que señalan positivamente a la Resurrección como un hecho real de la historia que ocurrió ese día.

Los *PRIMEROS* RELATOS: El testimonio confiable de la historia

Yo solía creer que los documentos históricos que componen el Nuevo Testamento y que describen la Resurrección tenían defectos irreparables porque se habían escrito mucho tiempo —quizá unos cien años— después de los hechos. Como me lo dijo un profesor en la universidad, se desarrolló la leyenda y la ilusión durante este periodo intermedio y distorsionó totalmente los registros de la persona y los hechos de Jesús.

Pero descubrí que muchos eruditos concluyen hoy día que jamás existió una separación tan grande entre la vida de Jesús y la creencia de que él es el Hijo resucitado de Dios.

Para esto, algo clave es establecer la fecha en la que se escribió el Libro de los Hechos, dado que registra la propagación de la iglesia primitiva, y luego echar hacia atrás el tiempo para definir cuándo fueron registrados los relatos de la Resurrección.

Jesús fue crucificado en el año 30 o 33 de nuestra era. En su libro *Scaling the Secular City* [La magnitud de la ciudad secular], el erudito J. P. Moreland cita media docena de razones irrebatibles que permiten concluir que el libro de los Hechos se escribió antes del año 60 d. C.

Por ejemplo, las tres principales figuras en Hechos —Pedro, Pablo y Jacobo— fueron ejecutados entre el año 61 y 65 d. C., pero no hay mención de ello en Hechos, el cual ofrece muchos otros detalles sobre sus vidas. Además, Hechos no discute la persecución de la iglesia por parte del emperador Nerón a mediados de la década de los años 60 o la guerra entre los judíos y los romanos, que estalló en el año 66 d. C. Con toda seguridad, todo esto se habría incluido en Hechos si este libro se hubiera escrito *después* de estos acontecimientos, de modo que debió haberse escrito *antes* de que ocurrieran.[13]

Los expertos están de acuerdo en que Hechos fue escrito por el historiador Lucas, y este libro explícitamente establece que es la segunda de una obra en dos partes. La primera parte es el evangelio de Lucas —el cual afirma que Jesús fue el Hijo resucitado de Dios— y es así que sabemos que se escribió antes que Hechos.

Además, la mayoría de los historiadores concuerdan en que el evangelio de Marcos, el cual también da testimonio de que Jesús es el Hijo resucitado de Dios, se escribió antes que Lucas, porque Lucas, aparentemente, incorporó partes del material de Marcos en su propio documento.

En consecuencia, el relato de Marcos es todavía más cercano a los acontecimientos de la vida de Jesús. De hecho, existe evidencia de que una fuente esencial que Marcos citó al escribir acerca de la tumba vacía, tiene una fecha no posterior al año 37 d. C.[14]

Ahora la brecha se ha reducido en tal grado que ya no existe el tiempo suficiente para que las leyendas hubieran corrompido el registro histórico. El renombrado erudito de la Universidad Oxford, experto en historia antigua romana y griega, A. N. Sherwin-White, concluyó que ni siquiera el transcurrir de *dos generaciones* sería tiempo suficiente para que la leyenda aniquilara un núcleo sólido de hechos históricos.[15]

Lo que es más, hay un credo de la iglesia primitiva, el cual incluye el apóstol Pablo en su primera epístola a los corintios y que confirma que Jesús murió por nuestros pecados, fue sepultado, y resucitó en el tercer día, tal como lo predecían las Escrituras. Basados en una diversidad de factores, algunos eruditos fijaron la fecha de este credo entre veinticuatro a treinta y seis *meses* luego de la crucifixión, además de que los relatos de testigos presenciales que lo subrayan se remontan a la misma cruz.[16] En términos históricos, ¡está en el rango de las noticias de último minuto!

Cuando Pablo mencionó en la primera epístola a los corintios que Jesús resucitado se apareció antes quinientas personas a la vez, específicamente afirmó que muchos de ellos seguían vivos en el momento en el que él lo escribió.[17] En efecto, esto es lo que dijo implícitamente: «Oigan, ocurrió hace tan poco tiempo que estos testigos siguen por ahí, ¡pregúntenles si no me creen a mí y ellos les dirán que es cierto!».

Tal era su seguridad, al igual que nosotros podemos depositar nuestra confianza en la confiabilidad de los relatos bíblicos de la Resurrección.

De hecho, luego de examinar toda la evidencia histórica relevante, el experto William Lane Craig llegó a esta conclusión: «En el lapso de los primeros dos años posteriores a la muerte [de Jesús] ... un número significativo de sus seguidores parecen haber formulado una doctrina de la expiación, haber sido convencidos de que se levantó de entre los muertos en forma corporal, identificaron a Jesús con Dios, y hallaron soporte de todas estas convicciones en el Antiguo Testamento».[18]

La tumba vacía: Es unánime — el cuerpo no está ahí

Durante su juicio, el principal acusador de Jesús fue Caifás, el cual, de acuerdo a la historia, sirvió como sumo sacerdote en el templo entre los años 18 y 37 de esta era. Caifás fue quien acusó a Jesús de blasfemia por afirmar ser Dios y luego lo entregó a Pilato para su posterior ejecución.

No hace muchos años, ciertos arqueólogos que se encontraban excavando en Jerusalén descubrieron las sepulturas de Caifás y su familia. Aunque se encontró la tumba de su acusador, nadie hasta la fecha ha descubierto el cuerpo de Jesús.[19]

Jesús fue sepultado en una tumba propiedad de José de Arimatea, un miembro prominente del consejo judío, se selló la bóveda y se puso bajo un fuerte resguardo. Sin embargo, varias mujeres —hecho que resulta muy significativo— descubrieron que la tumba estaba vacía la mañana del domingo de Pascua.

El hecho de que el relato bíblico dice que las mujeres descubrieron la tumba vacía ofrece una gran credibilidad a estos recuentos. Esta es la razón: las mujeres tenían un estatus inferior en la sociedad judía y ni siquiera estaban calificadas para ser testigos. De modo que, si los discípulos estaban inventando o adornando este relato, habrían afirmado que fueron hombres quienes descubrieron la tumba vacía, dado que su testimonio se habría considerado mucho más creíble. Registrar el entonces embarazoso hecho de que fueron las mujeres las que primero vieron la tumba vacía es precisamente una indicación más de que los escritores bíblicos estaban comprometidos a registrar con precisión lo que realmente ocurrió.

Pero como Habermas lo ha señalado, la evidencia más poderosa respecto a la tumba vacía es que nadie ha afirmado que estaba en cualquier *otra* condición. Hasta los opositores de Jesús reconocieron que estaba vacía el domingo de Pascua. Trataron de sobornar a los guardias para que dijeran que los discípulos habían robado el cuerpo mientras dormían, lo cual no tiene sentido porque los seguidores de Jesús carecían tanto del motivo como de la oportunidad para hacerlo. Además, si estaban dormidos, ¿cómo podrían haber sabido los guardias que fueron los discípulos quienes se llevaron el cuerpo?

La cuestión es que cuando los discípulos declararon que la tumba estaba vacía, los opositores de Jesús no respondieron: «Oh, no, no lo está», o «Se equivocaron de tumba». Más bien, reconocieron que la tumba estaba vacía.

La pregunta es *cómo* quedó vacía.

Cuando por primera vez traté de resolver este misterio siendo todavía un escéptico, repasé la lista de sospechosos pero descubrí que ninguno de ellos tenía motivo para hacerlo.

Por ejemplo, los romanos no podrían haber sacado el cuerpo; ellos querían muerto a Jesús. Los líderes judíos no habrían sacado el cuerpo; ellos querían que Jesús *siguiera* muerto. A ambos grupos les habría encantado hacer desfilar el cuerpo sin vida de Jesús por la calle principal de Jerusalén porque eso hubiera aniquilado instantáneamente el creciente movimiento cristiano en el que invirtieron tanta energía tratando de destruir.

En cuanto a los discípulos, además de los enormes riesgos y dificultades que habrían estado involucrados al tratar de robar el cuerpo, no tendrían nada que ganar y sí todo que perder con un engaño así. ¿Por qué querrían vivir una vida de penurias y sufrimiento para luego ser torturados hasta la muerte por algo que sabían que era una mentira? Si esto hubiera sido una farsa confeccionada por ellos, seguramente alguno de ellos habría desertado de sus filas bajo el peso de la tortura y habría dicho la verdad.

Charles Colson puede asegurar eso. Como consejero especial del presidente Richard Nixon durante la debacle del Watergate, personalmente vio la forma en la que las conspiraciones se derrumban bajo la presión.

¿Realmente es probable que un encubrimiento deliberado, una conjura para perpetrar una mentira acerca de la Resurrección, podría haber sobrevivido a la persecución violenta de los apóstoles, al escrutinio de los concilios de la iglesia primitiva, y a la horrenda purga de los creyentes del primer siglo que fueron lanzados por miles a los leones debido a que se rehusaban a renunciar al señorío de Cristo? ... Tómelo de alguien que estuvo dentro de la maraña del Watergate observando de primera mano lo vulnerable que es un encubrimiento: Nada menos que un testigo tan asombroso como el Cristo resucitado pudo causar que esos hombres sostuvieran hasta con el último aliento de vida que Jesús está vivo y es el Señor.[20]

Está bien, esas teorías no funcionan. Luego pensé: «Tal vez las mujeres fueron a la tumba equivocada, después de todo, las colinas en las afueras de Jerusalén estaban atiborradas de tumbas. Tal vez se perdieron en la oscuridad de la noche». Pero eso tampoco resistió el escrutinio.

No solo hallaron la tumba María Magdalena y las otras mujeres, sino que Pedro y Juan llegaron a revisarla por su propia cuenta. ¿Cuáles son las probabilidades de que hubieran cometido el mismo error? Y ciertamente se hubieran asegurado de que era la tumba correcta antes de arriesgar sus vidas proclamando que Jesús había resucitado.

Además, su amigo José de Arimatea seguramente sabía en dónde estaba localizada la tumba de su propiedad. Además, si de algún modo todos hubieran sufrido de amnesia colectiva, las autoridades romanas o judías, ¿no habrían indicado gustosamente cuál era la tumba verdadera para demostrar que Jesús todavía estaba en ella?

El testimonio de la historia es unánime: la tumba de Jesús estaba vacía el domingo de Pascua.

EL TESTIMONIO *PRESENCIAL*: VER PARA CREER

No solo la tumba de Jesús estaba vacía, sino que durante un periodo de cuarenta días se apareció vivo, una docena de veces distintas, a más de quinientos quince individuos: hombres y mujeres, creyentes e incrédulos, personas de mente cerrada y almas de corazón tierno, grupos, individuos, algunas veces en exteriores y algunas veces en interiores, a plena luz del día.

Conversó con personas distintas, comió con ellas, incluso invitó a un escéptico a introducir su dedo en los agujeros de los clavos en sus manos y a meter su mano en la herida de la lanza en su costado, para que verificara que se trataba realmente de él. Esta experiencia resultó ser capaz de transformar de tal forma la vida que, de acuerdo a la historia de la iglesia, el discípulo Tomás terminó proclamando que Jesús resucitó hasta el día que murió de forma violenta en el sur de la India.

Cubrí veintenas de juicios criminales como periodista de asuntos legales y jamás vi alguno que tuviera casi quinientos quince testigos presenciales. Para poner esto en perspectiva, si usted tuviera que llamar a cada uno de ellos al estrado para ser interrogado con el objeto de descubrir si dice la verdad, solo durante quince minutos, y si esto se hiciera sin detenerse, durante todo el día y toda la noche, para escucharlos a todos se requeriría desde la mañana del lunes hasta la noche del viernes de esa misma semana. Luego de escuchar durante casi ciento veintinueve horas seguidas el testimonio de testigos presenciales, ¿quién podría salir de ahí sin estar convencido?

Por supuesto, como escéptico, traté de encontrar huecos en los relatos. Por ejemplo, ¿esas apariciones podrían haber sido alucinaciones? El Dr. Gary Collins —ex presidente de una asociación nacional de psicólogos, profesor universitario de psicología durante veinte años y autor de más de cuarenta libros sobre temas relacionados con la psicología— dice que esto es simplemente imposible.

Las alucinaciones, dice, son como los sueños: se trata de acontecimientos individuales cuya experiencia no puede compartirse con los demás.

Un experto dijo que si quinientas personas experimentaran una misma alucinación, ¡esto sería un milagro más grande que la Resurrección misma!

Pero yo no estaba listo para rendirme. Si no fueron alucinaciones, quizá fueron un ejemplo de lo que los psicólogos denominan «pensamiento de grupo», cierta clase de ilusión en la que los miembros de un grupo se estimulan sutilmente uno al otro, a través del poder de la sugestión, para ver algo que no existe.

Pero Collins dijo que esto tampoco sería posible, porque las circunstancias no eran en absoluto las más adecuadas.

Los discípulos no anticipaban una resurrección, lo cual habría sido totalmente ajeno a sus creencias judías, de modo que no estaban preparados para que ocurriera este «pensamiento de grupo».

Además, Jesús comió con ellos, intercambió comentarios con ellos, y apareció en numerosas ocasiones delante de todo tipo de personas en distintos estados emocionales, todo lo cual va en contra de la teoría del «pensamiento de grupo».

Además, ¿qué hay respecto a la tumba vacía? Si los testigos presenciales simplemente se hubieran convencido de imaginar una visión de Jesús, su cuerpo todavía estaría en la tumba.

Una cosa es cierta, dijo Craig: «En ocasiones separadas, distintos grupos e individuos tuvieron la experiencia de ver a Jesús vivo, luego de estar muerto. Esta conclusión es virtualmente indisputable».[21]

EL *SURGIMIENTO* DE LA IGLESIA: LLENAR UN HUECO EN LA HISTORIA

Suponga que durante los días de la política conservadora de la administración Reagan, usted deja el país y pierde todo contacto con los Estados Unidos durante veinte años. Cuando está de regreso, usted se entera a través de un libro de historia que se eligió a un marxista radical luego de la última administración de Reagan en el cargo.

Una enorme pregunta vendría a su mente: ¿Qué clase de acontecimiento cataclísmico precipitó un cambio social de esta magnitud?

Moreland utiliza esta ilustración como una analogía de lo que ocurrió en el primer siglo, cuando conversos judíos, que abandonaron o modificaron significativamente varios de los postulados de la tradición judía, dieron inicio a la iglesia cristiana. Este cambio monumental, dijo Moreland, es todavía más dramático que el escenario de Reagan.

Debió suceder algo tan dramático como la Resurrección para incitar a un grupo de judíos del primer siglo a cambiar su día de adoración del sábado al domingo, para abandonar tanto el sistema de sacrificios de animales para el perdón de pecados como el cumplimiento de las leyes de Moisés como una forma de mantener una buena posición delante de Dios, y abrazar el concepto de la Trinidad. Al hacerlo, quienes iniciaron la iglesia se arriesgaron a convertirse en proscritos sociales y, de acuerdo a la teología judía, a condenar sus almas al infierno.

«¿Cómo podría ocurrir tal cosa?», pregunta Moreland. «La Resurrección ofrece la única explicación racional».[22]

C. F. D. Moule, un erudito en el Nuevo Testamento en la Universidad Cambridge, lo dijo de la siguiente forma: «Si el surgimiento de la [iglesia], un fenómeno que se atestigua de manera indiscutible en el Nuevo Testamento, deja un gran hueco en la historia, un hueco del tamaño y forma de la Resurrección, *¿qué propone el historiador secular para llenarlo?*».[23]

La iglesia primitiva fue alimentada por la sinceridad y el entusiasmo de los discípulos, que se habían amilanado con cobardía antes de la Resurrección pero que, luego de ésta, proclamaron con valentía, y hasta su muerte, que Jesús conquistó la tumba.

Al principio yo no estaba tan consciente de su disposición a morir por sus creencias.

Ciertamente, muchísimas personas a través de la historia se han sacrificado por su fe. Por ejemplo, ¿por qué los fanáticos musulmanes estuvieron dispuestos a morir al mismo tiempo que cometían las atrocidades del 11 de septiembre de 2001? Los artículos periodísticos proporcionaron la respuesta: debido a que, de acuerdo a lo que les enseñaron, creían con toda sinceridad que como resultado de su sacrificio irían de inmediato al paraíso para estar con su creador.

Sin embargo los discípulos estaban en una situación totalmente distinta. Estuvieron en la singular posición de conocer de primera mano, *como un hecho*, que Jesús realmente se había levantado de entre los muertos. Se encontraron con él. Hablaron con él y comieron con él. Declararon que era cierto: él *resucitó*. Debido a que era cierto, estaban dispuestos a morir por ello.

¿Puede notar algo que no es igual? A diferencia de los terroristas que solo contaban con su fe, los discípulos pudieron estar completamente seguros de que su afirmación era verdadera. ¿Cree usted que hubieran estado dispuestos a ser torturados hasta la muerte por una mentira? Nadie haría eso. Estaban dispuestos a morir porque *sabían* que la Resurrección era una realidad.

EVIDENCIA *EXTRABÍBLICA*: CONFIRMACIÓN DE FUENTES AJENAS A LA BIBLIA

Aunque hay muchísimas razones para creer que los registros del Nuevo Testamento acerca de la muerte y resurrección de Jesús son confiables, existen otras fuentes históricas antiguas que proveen de confirmación adicional.

Habermas, quien es una de las principales autoridades en estos registros extrabíblicos, es el autor de una compilación de veintidós fuentes antiguas que mencionan la muerte de Jesús, y trece de ellas se refieren específicamente a la Resurrección, junto con otras diez que proveen de hechos relevantes alrededor de ella.[24]

Una de las referencias más interesantes se relaciona con la oscuridad que envolvió a la tierra durante el tiempo en el que Jesús estuvo colgado en la cruz. Como escéptico, leí sobre este fenómeno en la Biblia y me burlé. «No hay forma de que el cielo se haya oscurecido; ¡ni siquiera creo que los cristianos realmente crean eso!».

Pensé que alguien habría añadido este falso incidente en una fecha posterior, para darle un toque de sensacionalismo a un aspecto teológico. Para mí, simplemente se trataba de un ejemplo más del por qué los relatos bíblicos no eran dignos de confianza.

Sin embargo, Talus, un historiador griego del primer siglo y que no era cristiano, escribió una historia del mundo del Mediterráneo Oriental en el año 52 d. C., y en la que él discutía, de hecho, esta oscuridad repentina. Trató de explicarla como el resultado de un eclipse de sol, aun cuando esto no podría haber sido posible, dada la duración de la crucifixión.[25]

Nuevamente, la historia provee más piezas de afirmación respecto a que el Jesús de la fe es el Jesús de la historia.

EL VEREDICTO DE LA HISTORIA

Si cada pizca de documentación histórica respecto a que Jesús se levantó de entre los muertos es evidencia de nuestra consiguiente resurrección, podemos enfrentar el futuro con expectativa confiada. La esperanza de que los cristianos vencerán a la tumba y pasarán la eternidad con Dios no es el anhelo desesperado de personas que tienen mucho miedo de enfrentar su propia mortalidad. Más bien, es una conclusión racional y lógica que se basa en un testimonio irresistible de la historia.

«Ningún jurado inteligente en el mundo», dijo Lord Darling, el brillante juez principal de Inglaterra, «fallaría en dar un veredicto a favor de que el relato de la Resurrección es cierto».[26]

Para el cristiano, esto es algo tranquilizador. Para los no creyentes que están en una búsqueda espiritual, eso es un desafío que deben tomar en serio. Yo he estado en ambos lados del campo. En un día de junio de 1983, que comenzó bello y soleado, yo fui muy feliz de estar del lado de Cristo.

En esa ocasión, yo fungía como editor administrativo de un periódico en Missouri y había traído a mi familia a Chicago para visitar a mi madre durante unos cuantos días. Ya muy tarde por la noche, me levanté sintiéndome muy mal y muy pronto me derrumbé presa de un tremendo dolor.

Mi esposa llamó a los paramédicos.

Cuando estaban por llegar, yo me encontraba tumbado sobre el piso, con respiración superficial, pulso errático y piel pálida, luchando por estar consciente y sintiendo un siniestro entumecimiento en mis brazos y piernas.

«Se acabó», pensé. Supuse que moriría igual que mi amigo Frank varios años atrás.

Debo admitirlo: estaba asustado. No quería morir. Quería ver crecer a mis hijos. Quería vivir una vida feliz y prolongada con Leslie.

Pero me había convertido a Cristo unos dieciocho meses antes y yo sabía que, en el caso de morir, podía confiar con certeza en dos cosas.

La primera, que Dios cuidaría a Leslie y a los niños; la segunda, que en el momento que cerrara mis ojos al morir, los abriría nuevamente en la presencia de Dios.

Y Jesús me rodeó con su brazo y le dijo al Padre: «Conozco a este hombre. Lo amo y él me ama. Pagué por cada uno de los pecados que cometió. Por los méritos de lo que hice en la cruz, él ha sido lavado de toda su maldad y vestido con mi bondad; está, por tanto, invitado a pasar la eternidad en el cielo».

Yo estaba en una situación de ganar-ganar: si vivía, todo estaría bien y, si moría, todo estaría bien. Eso me dio el valor que necesitaba para lidiar con la crisis.

Obviamente no morí. Luego de casi una semana en el hospital, durante la cual los médicos nunca pudieron diagnosticar el mal que me atacó esa noche, salí para experimentar muchos más días bellos y soleados.

Sin embargo, tarde o temprano, alguno de ellos será el último para mí. La muerte todavía me acecha, al igual que a usted.

Pero podemos proceder con audaz seguridad, gracias a la evidencia histórica que establece con convincente claridad la forma en la que Jesús no solo nos precedió en la muerte sino que también regresó de entre los muertos e hizo resplandecer el sendero hacia el cielo.

«Les escribo estas cosas a ustedes que creen en el nombre del Hijo de Dios», afirmó el apóstol Juan, «para que *sepan* que tienen vida eterna».[27]

◆ ◆

Jesús es el único camino a Dios

El reportero del programa de una cadena de noticias me llamó para preguntarme sobre el resurgimiento del interés en la espiritualidad en los Estados Unidos. Tuvimos una conversación amigable durante un rato, hasta que mencioné que yo esperaba que todos los que comenzaban a experimentar con los diversos sistemas de creencias conocieran en algún momento a Jesús.

De inmediato la conversación se tornó fría. «¿Me está diciendo que dos tercios del mundo irán al infierno porque nunca han oído de Cristo?», demandó molesto. El tono de su voz lo dejó claro: me estaba acusando de ser intolerante, fanático y esnob.

No se quedó en la conversación lo suficiente para poderme defender pero, en última instancia, no discutía conmigo. Discutía con Jesús; porque en la afirmación más escandalosa que él pronunció jamás, anunció lo siguiente: «Yo soy el camino, la verdad y la vida. ... Nadie llega al Padre sino por mí».[1]

De todas las afirmaciones increíbles pronunciadas por Jesús, esta aseveración exorbitante es la que tiende a escandalizar a la gente en mayor medida. Muchos la consideran arrogante, intolerante y ofensiva. Incluso la afirmación que Jesús hizo respecto a ser divino no molesta a la gente de la forma en la que lo hace esta declaración. De hecho, durante un viaje a la India, tuve un encuentro que muchos otros han experimentado ahí: le dije a algunos hindúes que Jesús es Dios, y ellos respondieron:

—¡No hay problema!

Me quedé perplejo.

—¿Me están diciendo que aceptan el hecho de que Jesucristo es el Hijo de Dios? —pregunté.

—Seguro —dijeron—. Tenemos millones de dioses. No hay problema si añadimos a Jesús.

—No, ustedes no me comprenden: Jesús dijo que él es el *único* Hijo de Dios, y el *único* camino que conduce a la vida eterna.

Ahí fue cuando se indignaron.

¿TODOS LOS CAMINOS CONDUCEN A DIOS?

Una razón por la que la afirmación de Jesús sobre su exclusividad resulta tan controversial es porque contradice el punto de vista popular de que todas las religiones son básicamente lo mismo. En otras palabras, existe una variedad de caminos que la gente puede seguir en su jornada espiritual, y todos ellos a final de cuentas les guiarán al mismo Dios. Cuando usted descubre sus creencias esenciales, cada religión es similar, aunque puedan utilizar distintos lenguajes y rituales al enseñar la naturaleza universal de Dios.

Sin embargo, la extravagante afirmación de Jesús respecto a ser el único camino a Dios coloca al cristianismo en una clase aparte.

Al sostener que él es el único sendero hacia Dios, Jesús también sostiene que el cristianismo es único y que, por tanto, no puede conciliarse con alguna otra religión en el mundo. Por ejemplo, se ha afirmado lo siguiente:

- Otros líderes religiosos le dicen a la gente: «Síganme y yo les mostraré cómo hallar la verdad», pero Jesús dice: «Yo *soy* la verdad».
- Otros líderes religiosos le dicen a la gente: «Síganme y les mostraré el camino a la salvación», pero Jesús dice: «Yo *soy* el camino a la vida eterna».
- Otros líderes religiosos le dicen a la gente: «Síganme y les mostraré cómo ser iluminados», pero Jesús dice: «Yo *soy* la luz del mundo».
- Otros líderes religiosos le dicen a la gente: «Síganme y les mostraré muchas puertas que les dirigen a Dios», pero Jesús dice: «Yo *soy* la puerta».

Después de esto es que Jesús dice: «Síganme».

¿Puede usted notar la diferencia? Durante un largo tiempo la gente ha tratado de armonizar las diversas religiones del mundo.

De hecho, de eso es todo lo que trata una fe, la Baha'i. Sin embargo, existen conflictos teológicos drásticos e irreconciliables entre el cristianismo y todos los demás sistemas religiosos.

«HAZ» EN CONTRAPOSICIÓN A «HECHO»

Para utilizar una ilustración popular, todas las demás religiones se pueden identificar con la palabra «Haz». Esto es, se basan en que la gente *haga* algo, a través de su lucha y esfuerzo, para de alguna manera ganar el favor de Dios. Los adherentes deben embarcarse en un peregrinar, dar limosnas a los pobres, mantener una escrupulosa dieta, hacer buenas obras, entonar cantos litúrgicos con las palabras correctas, utilizar una rueda de oración tibetana, pasar a través de una serie de reencarnaciones, o seguir con fidelidad algunos otros ejercicios religiosos. Estos son los intentos que hace la gente para llegar a Dios.

En contraste, el cristianismo se identifica con las palabra «Hecho», porque se basa en lo que Jesucristo *hizo* por nosotros en la cruz. La Biblia enseña que todos somos rebeldes espirituales y que nadie puede hacer nada para merecer el cielo, pero que Jesús murió sustituyéndonos en la cruz y ofrece perdón y vida eterna como un regalo de su gracia. El cristianismo, entonces, se trata de lo que Dios hizo para alcanzar a la gente.

Otros líderes religiosos pueden ofrecer ideas útiles y contundentes, pero solamente Jesús —debido a que él es el único y perfecto Hijo de Dios— está calificado para ofrecerse a sí mismo como pago por nuestras maldades. Ningún líder de ninguna de las religiones principales siquiera pretende ser capaz de eso. «Moisés podía mediar respecto a la ley; Mahoma podía blandir una espada; Buda podía ofrecer consejo personal; Confucio podía ofrecer sabiduría», dijo el teólogo R. C. Sproul, «pero ninguno de estos hombres estaba calificado para ofrecer expiación por los pecados del mundo».[2]

Este elemento de gracia es único del cristianismo. Como lo señaló un erudito, el contraste es absoluto cuando usted compara una parábola que enseñó Jesús con una historia similar hallada en la literatura budista. Ambas historias involucran a un hijo que se rebeló y dejó el hogar; después reconoció lo errado de su proceder y decidió regresar.

En la historia budista, se le pide al hijo errante que pague el castigo de sus delitos pasados al pasar años en servidumbre.

Pero la parábola cristiana concluye con la escena en la que el hijo pródigo recibe una cálida bienvenida de su padre y un torrente de perdón inmerecido.

El mensaje de la gracia —«hecho»— y el mensaje del pago de los errores pasados —«haz»— son fundamentalmente incompatibles. No tendría ningún sentido que ambos provinieran del mismo Dios. Después de todo, Dios no es esquizofrénico.

Sería algo improbable que un Dios que personifica tanto al amor como a la verdad fuese a un lado del planeta a decir: «¡Psst! Déjame decirte cómo reconciliarte conmigo», y luego a otro lugar del globo a describir una forma totalmente contradictoria para que los humanos lo entendieran y adoraran, y luego contarle a un tercer grupo poblacional algo totalmente nuevo.

Más bien, parece lógico que Dios proveyera de un solo camino que, luego de seguirlo, nos permitiera hallarle y que revelaría ese camino de una forma extraordinaria y sin precedentes: lo cual hizo al enviar a Jesucristo a entrar en la historia humana.

De modo que *sí* importa qué ruta tome en su jornada espiritual. Puede sonar increíble, pero lo que Jesús dice es que las otras rutas son callejones sin salida, pero él es camino hacia Dios.

LA IGLESIA «MANICOMIONISTA»

La afirmación de Jesús sobre su exclusividad desinfla el mito de que todas las religiones son en esencia lo mismo. Pero existe otro mito: aunque el cristianismo pueda ser distinto, se trata de solamente una filosofía entre muchas, y solo es tan válido como cualquier otro sistema religioso. Esta es la idea de que «tú tienes tu verdad; yo tengo la mía».

Sproul señala que esta creencia tiene un cierto atractivo porque, superficialmente, refleja las actitudes tolerantes y plurales de los Estados Unidos. De acuerdo a su Constitución, todas las opiniones religiosas están igualmente protegidas; la gente es libre de creer lo que quiera. Pero algunas personas se apresuraron a concluir erróneamente que solo porque los distintos puntos de vista religiosos están igualmente *protegidos*, en consecuencia, deben ser igualmente *válidos*. Ese no es el caso.

La idea detrás de lo que la Suprema Corte de los Estados Unidos ha denominado el «mercado de ideas», es que la verdad y la falsedad deberían discutirse en un debate sin obstáculos de modo que, a final de cuentas, prevalezca la verdad. Aunque la ley protege a todos los que expresan una opinión, no dice nada acerca de cuáles puntos de vista se basan en la verdad y cuáles son equivocados o patentemente falsos.

Por ejemplo, el finado columnista Mike Royko escribió una vez una columna en tono de broma en el que afirmó ser miembro de la Iglesia «Manicomionista». Esta iglesia ficticia cree que en un planeta distante, millones de años atrás, varios cientos de alienígenas comieron un aderezo vegetal descompuesto. Desafortunadamente, éste contenía un virus que revolvió sus cerebros sin remedio.

Cuando falló el tratamiento, las víctimas fueron transportadas a un planeta deshabitado, el cual serviría de manicomio y en donde podrían vagar con libertad y actuar como tontos. Se trataba del planeta Tierra y sus habitantes actuales son los descendientes de esos alienígenas. Royko escribió esto para sus lectores: «¿Quieren evidencia de esto? Lean los libros de historia. Lea los periódicos o vea las cadenas de noticias. ¡Luego díganme si esto no es un enorme tiradero de locos!».

Estoy bien seguro de que Royko estaba bromeando, pero en los Estados Unidos la gente tiene el derecho a creer lo que quiera. La iglesia «manicomionista» estaría protegida bajo la Constitución al igual que cualquier otra fe. Sin embargo, eso no significaría que sus enseñanzas fuesen verdaderas.

LOS ESTRAFALARIOS CONTENDIENTES EN LA HISTORIA

¿Y cómo sabemos que Jesús decía la verdad cuando afirmó ser el único camino a Dios? Cualquiera podría hacer esa aseveración. De hecho, ¡muchísima gente lo ha hecho! David Wallechinsky e Irving Wallace han investigado a muchos, incluido Sabbatai Zebi, una de las personas más fascinantes que han afirmado ser el mesías.

Nacido en 1626, hijo de un granjero criador de pollos, Zebi era un maníaco-depresivo con un estilo de hablar que resultaba hipnotizante.

Declaró que él era el mesías en 1648, luego se casó con una prostituta de origen polaco y atrajo a miles de seguidores con su enseñanza respecto a que la promiscuidad sexual y la desnudez eran virtudes. Su mensaje fue que *él* era el único camino a Dios.

En 1666, sin embargo, fue arrestado por autoridades turcas acusado de intentar derrocar al sultán. Se le ofrecieron dos alternativas: ser torturado hasta la muerte o convertirse en musulmán.

De acuerdo a Wallechinsky y Wallace, «Sin pestañear, renunció al judaísmo a favor de la fe de Mahoma y cambió su nombre por el de Mahmed Effendi». ¡Hasta ahí llegaron sus ambiciones mesiánicas![3]

Otro ejemplo es Jemima Wilkenson, nacida en 1752 en una familia cuáquera de Rhode Island. Solía decirle a la gente que había muerto a los veinte años pero que Dios la había resucitado. Terminó con más de doscientos discípulos ferozmente leales que creían que ella era su boleto para llegar a Dios.

Wallechinsky y Wallace describen cómo ella llegó a las orillas de un lago cierto día y anunció que cruzaría el agua tal y como Jesús lo hizo. Se volvió hacia sus seguidores y preguntó: «¿Ustedes creen que puedo hacerlo?».

Ellos corearon: «¡Sí! ¡Sí!». Luego les dijo: «Bueno, en ese caso, no hay necesidad de hacerlo», y regresó a su casa caminando en tierra seca.

No estoy seguro de qué era lo que reforzaba la fe de su rebaño. Y no les fue de utilidad que ella falleciera en 1820 y siguieran sus instrucciones para no sepultarla, debido a que resucitaría otra vez. Mientras su cuerpo se descomponía lentamente, los miembros restantes de su secta se dispersaron.[4]

También hubo otros. Henry James Prince afirmó ser Dios tres años después de ser ordenado ministro anglicano en Inglaterra; a pesar de su presunción de inmortalidad, murió en 1899. También en el siglo XIX, las alucinaciones desencadenadas por un ataque nervioso convencieron a Hung Hsiu Ch'üan de ser el hermano menor de Jesús, enviado por Dios para salvar a China.

Fue uno de los instigadores de la rebelión T'ai P'ing, la cual cobró millones de vidas, antes de tomar veneno para suicidarse en 1911.[5]

Sin embargo, Jesús fue distinto. No solo afirmó ser el camino, la verdad y la vida, sino que ostentó credenciales que jamás tuvo ningún otro líder religioso. Y eso le otorga una credibilidad única.

LA CREDIBILIDAD DE LA AFIRMACIÓN DE CRISTO

Si yo afirmara ser George W. Bush, usted diría que perdí la razón. Pero si George W. Bush afirmara ser George W. Bush, usted le creería. ¿Por qué? Porque habría evidencia concluyente: se vería como Bush, hablaría como Bush, tendría protección del Servicio Secreto, estaría rodeado de una nube de reporteros, etcétera. De manera similar, existe abundancia de evidencia que confirma que Jesús es Dios y que, por lo tanto, es digno de confianza cuando afirma ser el único camino a la vida eterna.

Y él *afirmó* eso. Los escépticos en ocasiones argumentan que Jesús nunca pretendió ser Dios y que solamente fue un líder espiritualmente iluminado que se revolvería en su tumba si hubiera pensado que la gente habría de adorarle, es decir, ¡si todavía estuviera en su tumba!

Sin embargo, como lo señala el pastor británico John Stott, Jesús aseveró con claridad que «conocerle a él era conocer a Dios; verle a él era ver a Dios; creer en él era creer en Dios; recibirle a él era recibir a Dios; odiarle a él era odiarle a Dios; y honrarle a él era honrar a Dios».[6]

Entre las piezas de evidencia que respaldan esas audaces declaraciones están sus milagros, lo cuales están documentados en los confiables registros históricos que componen el Nuevo Testamento. Jesús dijo: «Si no hago las obras de mi Padre, no me crean»,[7] porque él sabía que constituirían una fuerte confirmación de su identidad.

Él hizo muchos milagros a plena luz del día y delante de los escépticos. Demostró su poder sobre la naturaleza al caminar sobre el agua y convertir el agua en vino, demostró su poder sobre la enfermedad al sanar a la gente, y demostró su poder sobre la muerte al volver a la vida a Lázaro luego de estar sepultado cuatro días en una tumba húmeda y fría.

Además, su carácter provee confirmación de su afirmación. A menudo, cuando realmente nos acercamos a otras personas, notamos sus defectos con más claridad. Cuando yo era reportero y cubría asuntos sobre políticos o celebridades, mientras más interactuaba con ellos, más podía percatarme de que tenían defectos como cualquier otra persona.

Sin embargo, ocurrió exactamente lo opuesto con quienes conocieron a Jesús. Mientras más se acercaban a él, más se maravillaban de su integridad y pureza. Por ejemplo, nadie fue más cercano a Jesús, durante su ministerio de tres años, que Juan y Pedro. ¿Cuál fue la opinión de ellos sobre su virtud?

Juan dijo: «Él no tiene pecado».[8] Pedro escribió: «Él no cometió ningún pecado ni hubo engaño alguno en sus labios».[9]

Otra poderosa pieza de confirmación la constituyeron los atributos de Dios personificados en Jesús. En otras palabras, usted puede buscar las cualidades que hacen que Dios sea quien es —tales como la omnipotencia, omnisciencia, justicia, existencia eterna, etcétera— y descubrirá evidencia de que Jesús ostentó esas mismas características.

CORRESPONDENCIA DE LA HUELLA DIGITAL

Luego tenemos la evidencia de la huella digital que respalda la afirmación de Jesús. He sido testigo de muchos juicios criminales en los que las huellas digitales fueron la evidencia decisiva. De hecho, presencié el juicio de un caso de asesinato en el que el acusado fue declarado culpable sobre la base de una sola huella digital del pulgar que se encontró en la envoltura de celofán de un paquete de cigarrillos. Una huella digital tiene un tremendo poder persuasivo porque la ciencia nos muestra que solo puede pertenecer a una persona en el planeta.

De una forma análoga, el Antiguo Testamento de la Biblia contiene aproximadamente cuatro docenas de importantes predicciones acerca del Mesías y, cuando usted las coloca una al lado de la otra, crean cierto tipo de huella digital. La Biblia dice que podemos tener absoluta confianza en que quien sea que corresponda a esta huella digital es verdaderamente el Mesías, el Salvador de Israel y del mundo. De todas las personas que han vivido a través de las edades, solamente Jesucristo corresponde a esa huella digital.

Las probabilidades de que alguien haga esto son astronómicas. Peter Stoner, matemático universitario, en su libro *Science Speaks* [La ciencia habla], estima de forma conservadora que la probabilidad de que cualquier persona a través de la historia cumpla las cuarenta y ocho profecías es de ¡una en un billón de billones de billones de billones de billones de billones de billones de billones de billones de billones de billones de billones de billones de billones![10]

Para comprender la magnitud de este número, le pregunté a un científico: «¿Qué tan pequeño es un átomo?». Él me respondió: «Un átomo es tan pequeño que se requiere alinear un millón para igualar el grosor de un cabello». Luego le pregunté a otro científico: «¿Alguien ha calculado el número aproximado de átomos en el todo el universo?». Para mi sorpresa, la respuesta fue ¡sí!.

Basado en esos números, concluí que las probabilidades de que Jesús cumpliera cuarenta y ocho profecías serían la mismas que tratar de encontrar un átomo específico y predeterminado entre ¡un *billón de billones de billones de billones de miles de millones* de universos del tamaño de nuestro! ¡Eso no puede estar más cerca de lo imposible!

Jesús dijo que vino a cumplir esas profecías. «Tenía que cumplirse todo lo que está escrito acerca de mí en la ley de Moisés, en los profetas y en los salmos»,[11] dijo él. Y así fue, solamente en él, en contra de toda probabilidad.

Y si esto no fuera suficiente, también contamos con la milagrosa resurrección de Jesús, la cual no solo fue profetizada por él mismo sino que, como quedó demostrado en el capítulo anterior, es un acontecimiento creíble de la historia que establece de manera concluyente que Cristo es quien afirmó ser.

Cuando usted suma todo esto, es claro que el cristianismo no es meramente una filosofía; es la realidad. No es solo una forma de vida; es una fe que tiene un singular soporte histórico.

Por tanto, cuando Jesús afirma que él es el único camino a Dios, la historia no puede ser burlada.

Más bien, la historia fue cambiada.

CREDENCIALES Y CREDIBILIDAD

Aunque los seguidores de Jesús en ocasiones son acusados de intolerancia por creer que solo Jesús nos puede guiar a Dios, en realidad no es intolerancia revisar todo el rango de evidencia disponible y llegar a la conclusión racional de que su afirmación es verdad.

Por ejemplo, tengo unos amigos cuya hijita fue diagnosticada con un desorden en el hígado que le causaba ictericia. Los síntomas de este mal incluyen la coloración amarilla de la piel y los ojos.

Cuando llevaron a su hija al doctor, él les dijo que se trata de una enfermedad potencialmente devastadora pero fácil de curar. Todo lo que debían hacer era exponer a su bebé bajos los rayos de una luz especial y eso estimularía el buen funcionamiento de su hígado.

Los padres, sin embargo, podrían haber respondido:

—Eso suena a algo demasiado sencillo. ¿Qué tal si mejor la lavamos con agua y jabón y luego la sumergimos en blanqueador de ropa? Si trabajamos lo mejor que se pueda, estamos seguros de que podríamos hacer que vuelva a su color normal.

El doctor habría insistido.

—No, solo hay una forma de manejar esto.

—¿Y qué opina de esto? —podrían haberle respondido—: ¿Qué tal si sencillamente ignoramos el problema y pretendemos que todo está bien? Si creemos eso con sinceridad, todo resultará bien.

—Si hacen eso, pondrían en riesgo la vida de su bebé —respondería el doctor—. Miren, les guste o no, solo hay una forma de curarla. Ustedes tienen dudas porque suena a algo muy sencillo, pero miren mi título colgado en la pared. ¿Pueden ver esos diplomas? Estudié muchos años en la facultad de medicina acerca de cómo salvar la vida de los bebés.

»Miren esta oficina: he hecho esto durante veinte años. Les he demostrado una vez tras otra que mis tratamientos funcionan. Sé de lo que estoy hablando. ¡Confíen en mí!».

¿Alguien acusaría a esos padres de ser intolerantes por confiar en ese doctor —un médico con títulos y credibilidad— y siguieran el único tratamiento que salvaría la vida de su hijita?

Eso no es intolerancia; es actuar de manera lógica sobre la base de la evidencia.

Y la verdad es que todos nosotros hemos contraído una enfermedad terminal llamada pecado. La razón por la que nos aferramos a Cristo es porque él es el Gran Médico que tiene la única medicina que puede curarnos.

Algunos se burlan de que su prescripción —el don gratuito de la gracia— es demasiado simple, pero Jesús dice que borrará la mancha del pecado en nuestras vidas. Y él tiene una credibilidad y unas credenciales que nadie puede igualar.

La historia de dos clubes campestres

Antes de colgar el teléfono para concluir nuestra conversación sobre la espiritualidad en los Estados Unidos, el reportero de la cadena de noticias dijo que le parecía algo «elitista» escuchar a los cristianos afirmar que solo Jesús puede ofrecer vida eterna. Desafortunadamente, algunos cristianos han proyectado un aire de arrogancia al tratar con otros. Necesitamos ser humildes, amar y ser tolerantes, al mismo tiempo que defendemos la verdad. El verdadero cristianismo *no* es arrogante.

Imagine dos clubes campestres. El primero tiene un conjunto estricto de reglas y solamente permite que sus miembros sean personas que se ganen su membresía. Deben haber alcanzado algún logro, poseer inteligencia superior o satisfacer una larga lista de demandas y requisitos para estar calificados y pertenecer al club. A pesar de su mejor esfuerzo, mucha gente simplemente no logra hacerlo y es excluida. De hecho, a esto se parecen otros sistemas religiosos.

Pero el segundo club campestre abre sus puertas de par en par: «Invitamos a cualquiera que quiera ser miembro. Rico o pobre, blanco o afroamericano, sin importar su herencia étnica o su lugar de residencia, nos encantará recibirle. El que lo recibamos no tiene que ver con sus capacidades sino con el hecho de que acepte esta invitación, debido a que el costo de la membresía ya fue pagado. De modo que dejaremos el asunto en sus manos. Usted decide. Solo recuerde que jamás le impediremos la entrada si usted busca ser admitido».

Así es el cristianismo.

¿Cuál club campestre es esnob? Los cristianos no excluyen; tratan de ser inclusivos. No son altaneros; son igualitarios. No pretenden ser mejores o más exitosos que todos los demás. De hecho, D. T. Niles condensa el concepto de cristianismo de la siguiente forma: es «un mendigo diciéndole a otro medigo en dónde encontrar comida».[12]

LOS QUE NO HAN ESCUCHADO

¿Y qué hay acerca de quienes viven en lugares aislados y que no han tenido la oportunidad de escuchar el mensaje cristiano? ¿Qué ocurrirá con ellos? Esta es una de las preguntas que se hacen con más frecuencia acerca del cristianismo y, francamente, no tengo la respuesta completa. Dios no nos ha dicho de forma explícita cómo tratará con ellos. La Biblia dice que «lo secreto le pertenece al SEÑOR nuestro Dios, pero lo revelado nos pertenece a nosotros y a nuestros hijos para siempre».[13]

Sin embargo, conocemos algunas cuantas cosas que nos pueden ayudar a resolver esta cuestión. En primer lugar, sabemos por la Biblia que todos tienen un estándar moral escrito por Dios en sus corazones y que todo el mundo es culpable de violar ese estándar. Por eso nuestra consciencia no nos deja en paz cuando hacemos algo malo. En segundo lugar, sabemos que todo el mundo tiene información suficiente, por la simple observación del mundo creado, para entender que Dios existe. Sin embargo, la gente suprime eso y rechaza a Dios de todos modos, por lo cual es legítimo que merezcan un castigo.

Pero también sabemos, a partir de lo escrito en el Antiguo y el Nuevo Testamentos, que quienes buscan a Dios lo encuentran. De hecho, la Biblia dice que el Espíritu Santo nos busca primero a nosotros, haciendo posible que le busquemos. Esto me hace pensar que la gente que responde al entendimiento que tienen y que buscan con seriedad al verdadero Dios tendrán la oportunidad, de algún modo, de recibir la vida eterna que Dios ha provisto, por su gracia, a través de Jesucristo.

Recuerdo haber conocido a un hombre que había sido criado por gurúes en un área de la India en la que no había cristianos. Cuando era adolescente, llegó a la conclusión de que había demasiadas contradicciones en el hinduismo y que sus enseñanzas no satisfacían su alma. De modo que clamó a Dios por respuestas. En una asombrosa serie de acontecimientos, Dios condujo personas a su vida que le comunicaron el mensaje de Cristo. Hoy, él es un seguidor de Jesús.

Repetidamente observamos en las Escrituras que Dios es escrupulosamente justo. En el primer libro de la Biblia, puede leerse esta pregunta: «Tú, que eres el Juez de toda la tierra, ¿no harás justicia?».[14] Ronald Nash, autor de Is Jesus the Only Savior? [¿Jesús es el Único Salvador?], pone el asunto sobre la mesa de la siguiente forma: «Cuando Dios termine de lidiar con todos nosotros, ninguno podrá quejarse de que fue tratado injustamente».[15] En otras palabras, cuando concluya la historia, estaremos maravillados de lo absolutamente perfecto que es el juicio de Dios.

Finalmente, sabemos que aparte del pago que Cristo hizo en la cruz, nadie tiene la oportunidad de salvarse de la pena de muerte. Cuál es exactamente la cantidad de conocimiento que una persona debe tener acerca de Jesús o exactamente cuáles son los límites de la fe, eso solamente Dios lo sabe. Él y solo él puede descubrir los motivos el corazón de una persona.[16]

Sin embargo, nadie quedará excluido del cielo solo por el hecho de que hamás escuchó el nombre de Jesús. La razón por la que a la gente se le impedirá el acceso, dijo el autor y conferenciante Cliffe Knechtle, es porque

durante toda su vida ellos le han dicho a Dios que pueden vivir bien sin él. El día del juicio, Dios les dirá: «Con base en tu propia decisión de pasar la vida separado de mí, pasarás la eternidad separado de mí». Eso es el infierno. Dios no violentará nuestra voluntad. Si durante toda la vida hemos dicho «Sea hecha mi voluntad», entonces en el día del juicio Dios le dirá: «Se hará tu voluntad por la eternidad». G. K. Chesterton lo dijo de esta forma: «El infierno es el halago más grande a la realidad de la libertad humana y la dignidad de la elección humana».[17]

En cuanto a usted y a mí, la cuestión no tiene que ver con ignorancia. Hemos escuchado el mensaje de Jesús. Si no lo había escuchado antes, ya lo escuchó ahora. Es evidente que somos responsables de nuestra respuesta.

Hay una anécdota popular acerca del comediante W. C. Fields que estaba hojeando las páginas de su

Biblia en el lecho de muerte. Cuando alguien le preguntó qué estaba haciendo, él respondió: «Buscando una escapatoria, amiguito, buscando una escapatoria».

Permítame decirle esto: yo ya la busqué. No está allí.

El predicamento que ocasioné

Cuando tenía catorce años, y ya muy entrada la tarde, estaba solo en casa, pintando al óleo en un gran lienzo en el sótano. Aunque los acrílicos secan bastante rápido, el óleo parece que tarda una eternidad. Me estaba impacientando muy rápidamente, de modo que conecté un par de lámparas de calor para apresurar las cosas.

Eso no fue una acción inteligente.

Poco tiempo después un montón de trapos empapados con aguarrás se incendiaron. Luego comenzó a incendiarse la mesa y, muy pronto, la esquina entera del sótano forrado de madera estaba en llamas.

Corrí al teléfono para llamar al departamento de bomberos. Cuando regresé, vi que el fuego estaba fuera de control, con flamas color naranja y amarillo tocando el techo, el cual estaba directamente debajo de la sala de estar. Sabía que si el fuego lo traspasaba, toda la casa sería consumida, y entonces *realmente* estaría en problemas.

Tomé un cubo de agua del cuarto de lavado, me apresuré a llegar al fuego, y lancé el agua sobre el muro por donde el fuego subía. Eso no lo mitigó. El sótano se estaba llenando rápidamente con un humo denso y negro. Para empeorar las cosas, se cortó la energía eléctrica.

Asfixiándome por el humo y los acres vapores, comencé rápidamente a sentirme desorientado. Ya no podía ver las escaleras. Ahí fue cuando me di cuenta de algo horrible: no podía ponerme a salvo por mí mismo. No podía encontrar la ruta de salida del sótano antes de ser alcanzado por las llamas. Estaba en una situación de vida o muerte.

Justo en ese momento, un policía llegó y abrió la puerta del sótano. Se detuvo sobre la parte alta de la escalera y encendió una enorme linterna. «¡Oficial de policía!», gritó. «¿Hay alguien allá abajo?».

RESCATADO DEL PELIGRO — DOS VECES

Podría simplemente haber analizado la situación intelectualmente. Las cosas se habían puesto serias en el sótano; si me quedaba ahí por mucho tiempo, había probabilidad de morir por causa del fuego y del humo. Pero el oficial de policía conocía la única ruta de escape. Él era un profesional entrenado y totalmente capacitado para conducirme a un lugar seguro.

Lo que es más, contaba con una enorme linterna para iluminar mi camino.

Pero comprender todo eso no era suficiente. Debía actuar. Debía poner mi fe en ese oficial —una fe basada en los hechos— al dejarle que tomara mi mano y me rescatara.

Así que seguí la luz, él puso su brazo alrededor de mí y me llevó a un lugar seguro, lejos del infierno.

Muchos años después me enfrenté a una situación espiritual equivalente. Luego de casi dos años de investigar las afirmaciones de Jesús, sabía que él poseía credenciales y credibilidad únicas. Con base en lo que él dijo, por primera vez comprendí que no podía salvarme a mí mismo. Era culpable de pecar en contra de un Dios santo. Era un caso abierto y cerrado. Y el castigo era estar eternamente separado de él.

Estaba desorientado, perdido y sin esperanza, pero Jesús me llamó y me alcanzó para salvarme. Fue totalmente capaz de conducirme a un lugar seguro. Él conoce el camino a la vida eterna. De hecho él *fue* el camino. Y no necesitó una linterna, porque, como él dijo: «Yo soy la luz del mundo. El que me sigue no andará en tinieblas, sino que tendrá la luz de la vida».[18]

Sin embargo, saberlo no era suficiente. Tenía que actuar. Tenía que dar un paso de fe; no un paso a ciegas, sino un paso seguro y firme basado en la historia: la veracidad comprobada de Jesucristo.

Así que en el 8 de noviembre de 1981, permití que pusiera su brazo sobre mis hombros y me condujera lejos de la oscuridad, lejos del infierno, y hasta un lugar seguro.

Las estadísticas muestras que el ochenta y cuatro por ciento de los norteamericanos ya creen en las credenciales de Jesús. Están convencidos de que es Dios o el Hijo de Dios. Tal vez usted también cree eso. Sin embargo, si usted nunca ha *actuado* teniendo como base esa creencia, espero que le permita rescatarle de una situación que de otro modo sería desesperada. Haga una oración para recibir a Cristo, para recibir su perdón, y para que sea su líder.

Si lo hace, mi predicción es que usted descubrirá lo que yo descubrí:

• Jesús *es* el camino: el camino a una vida de emoción, realización, desafío y propósito, aun cuando nos sacrifiquemos o suframos en su nombre.

• Jesús *es* la verdad: y nos proporciona sabiduría que funciona en nuestra vida diaria y también en los momentos de turbulencia.

• Y Jesús *es* la vida. Él, y solo él, pude darnos confianza en nuestro futuro por toda la eternidad.

❖ ❖

JUGAR A LA SEGURA ES LA FORMA MÁS PELIGROSA DE VIVIR

❖

Él era un vendedor gregario y directo, alguien que te daba palmadas en la espalda y que tenía una idea nueva cada minuto. Ahora acababa de concebir un plan que, con toda seguridad y según él, le haría ganar un millón de dólares.

Como una abeja zumbando de flor en flor, revoloteaba de persona en persona en el Club Campestre Rolling Green en las afueras de Chicago hace varias décadas, buscando el efectivo que necesitaba para hacer despegar su más reciente empresa. El concepto: un novedoso restaurante. La inversión: solamente $950 dólares por franquicia.

Mi papá estuvo entre quienes este empresario contactó, pero era escéptico. Esa noche, rió acerca de la empresa cuando lo discutió con mi madre.

—¡Un puesto de hamburguesas! —dijo papá—. ¿Cómo espera que ganemos dinero vendiendo hamburguesas a un precio tan bajo?

Así que, días después, mi papá le dijo de una forma muy cortés a Ray Kroc que no pensaba que sería algo prudente invertir en este cuestionable negocio de comida rápida al cual había planeado denominar McDonald's.

Por supuesto, McDonald's terminó ganando *miles de millones* de dólares y varios de los amigos de mi padre que jugaban golf con él se convirtieron en millonarios porque corrieron el riesgo de hacer una inversión inicial en el sueño de Kroc. Tiempo después, mi papá podía reírse por esta oportunidad perdida, pero permítame decirle algo: ¡eso fue *años* después!

DE KROCK A SMITH A USTED

La vida tiene que ver con el riesgo. Los doctores hablan acerca de «factores de riesgo», los ejecutivos de negocios ponderan «evaluaciones de riesgo», y los estudiantes de la maestría en negocios comparan «riesgos de ventaja y de desventaja». Al igual que mi padre, probablemente todos hemos tenido un tiempo en nuestra vida en el que decidimos no correr un riesgo —una cuestión de negocios o un asunto personal— y después lamentamos nuestra decisión.

Los hombres de negocios que sí corren riesgos con valentía tienden a ganar nuestra admiración, no en el caso de quienes simplemente tiran los dados y se apresuran a emprender algo sin pensarlo, sino aquellos que estudian el mercado, identifican un nicho, analizan las probabilidades, desarrollan un producto o servicio, y luego arriesgan todo para conseguir su sueño. Son gente como Ray Kroc.

O Fred Smith. La gente pensó que Smith estaba loco cuando hizo aparecer como por arte de magia la idea de una compañía de entregas de paquetes de un día para otro en 1973. Siendo estudiante, Smith describió el concepto a su profesor de economía, pero su trabajo regresó calificado con una «C» [la mínima calificación aprobatoria] garabateada en la parte superior y con muchos otros garabatos en los márgenes, explicando el por qué la idea jamás podría despegar del suelo.

Pero Smith creía en su proyecto. A los veintiocho años de edad, arriesgó la totalidad de su herencia familiar, que ascendía a cuatro millones de dólares, para ensamblar una pequeña flota de aviones ejecutivos e iniciar su compañía bajo el nombre de Federal Express.

Esa primera noche, parecía que los escépticos estaban en lo correcto: solo se manejaron seis paquetes, siendo uno de ellos un regalo de navidad que Smith le envió a un amigo. Pero Smith perseveró, y Federal Express terminó siendo el catalizador de una industria multimillonaria y totalmente nueva en la entrega inmediata de paquetes.

¿Qué es lo que empuja a personas como Smith a vivir corriendo riesgos? ¿Qué es lo que hace que nosotros corramos riesgos, ya sea iniciar un nuevo negocio, aceptar un trabajo distinto, o mudarse a un nuevo sitio en el país? Normalmente, las personas corren riesgos por que esa es la única forma de crecer. Es irónico pero también es cierto: ¡jugar a la segura es la forma más arriesgada de vivir!

Como una competitiva jugadora de golf, mi madre descubrió que su error más grande en un torneo fue cuando tomó la delantera con un amplio margen y decidió jugar a la segura. De forma inevitable, perdió su ventaja, su inercia y terminó en peligro de perder.

Tenemos que seguir moviéndonos para continuar a la cabeza. Como bromeó Hill Rogers: «Aunque esté en el carril correcto, lo atropellarán si se queda ahí parado».

EL GOZO DEL FRACASO

Finalmente, un joven cineasta pudo encontrarse cara a cara con su ídolo, un aclamado director a quien admiraba desde hacía muchos años.

En ese momento, el joven productor tenía varias películas exitosas de comedia a su crédito, y le describió algunas al renombrado director. Éste asintió con la cabeza y luego le preguntó si alguna de sus películas había sido un fracaso.

—No —contestó el joven, orgulloso—. Ninguna de ellas.

El director sacudió su cabeza.

—Oh —respondió con tristeza—, *eso está muy mal.*

¿Qué quiso decir con eso? No sugería que el fracaso, en sí mismo, es algo noble. Más bien, quería darle a entender que, a menos que este productor se arriesgara a salir de su zona de seguridad, jamás desarrollaría todo su potencial. Quería darle a entender que, si la gente nunca falla, eso probablemente significa que nunca han tratado de estirarse lo suficiente.

Ese encuentro transformó al productor. Él podía haber continuado aplicando la fórmula en sus comedias una vez por año durante el resto de sus días, dejando la mitad de su creatividad atada a sus espaldas. Sin embargo, luego de los comentarios del director, decidió correr algunos riesgos, experimentar un poco, y aceptar nuevos desafíos para ver si podía extender sus límites.

No pasó mucho tiempo para que sufriera su primer fracaso, pero a la larga también logró más de lo que imaginó alguna vez lograr. Para tener éxito, tuvo que aceptar el riesgo del fracaso. Tenía que convertirse en alguien que corre riesgos.

Quienes corren riesgos tienen en común algunas características: prevén ganancias y recompensas potenciales, aprovechan las oportunidades con valentía y toman ventaja de las oportunidades para crecer y expandir sus horizontes. Por supuesto, consideran las pérdidas potenciales, pero están más que dispuestos a soslayar el lado desventajoso si el resultado final vale la pena. «No te concentras en los riesgos», dijo el piloto de pruebas Chuck Yeager. «Te concentras en los resultados».

LAS RECOMPENSAS DE CORRER RIESGOS ESPIRITUALES

Cuando corremos un riesgo, estamos llegando más allá de lo que pensamos que son nuestros límites de modo que alcancemos una meta. Inevitablemente, eso involucra nuestra necesidad de vencer algún tipo de miedo:

a lo desconocido, al daño físico, al fracaso, a la humillación e, incluso, al éxito. Además de que esto involucra una aventura.

Cuando yo estaba en la universidad, un amigo me prestaba con frecuencia su motocicleta Kawasaki, la cual estaba diseñada básicamente para usarse en campo traviesa. Cuando recorría a cuarenta y cinco kilómetros por hora las llanas calles residenciales hacia el campus, era un paseo seguro pero aburrido. El viento sacudía mi cabello pero mi corazón no se estremecía. Sin embargo, cuando paseaba por el campo, entre hierbas altas, recorriendo senderos retorcidos y polvorientos, esquivando árboles y arbustos, rodeando rocas y ascendiendo laderas —los lugares en donde enfrentaba algún tipo de riesgo— *eso* sí era emocionante.

Podría decirse lo mismo de vivir una vida de fe. Cuando vencemos nuestros miedos y corremos riesgos espirituales es que experimentamos realmente la aventura de ser cristiano. Jesús dijo, en efecto, que quienes arriesgan toda su vida por él la hallarán, pero quienes se aferran a su vida —quienes evitan el riesgo— son los que la pierden.

Después de todo, la fe y el riesgo están entrelazados. Al extender nuestra fe, esto es, al seguir cada vez más a Cristo aun cuando su sabiduría choque de frente con la forma de pensar de nuestra cultura, estamos corriendo riesgos calculados que se basan en nuestra convicción de que se puede confiar en Dios.

Cuando nos apegamos a la enseñanza de Dios acerca de la honestidad, a pesar de nuestro temor de pagar el precio, cuando pedimos a Dios que nos abra puertas para marcar una diferencia en las vidas de los demás a pesar de nuestro temor a lo desconocido, cuando hablamos con alguien acerca de Dios a pesar de nuestro temor a la vergüenza, cuando seguimos los pequeños empujones del Espíritu Santo a pesar de nuestras dudas: todos son riesgos espirituales. Son las ocasiones en las que abandonamos la aburrida calle residencial a cambio de la emoción de los senderos nuevos.

Y nos arriesgamos más cuando oramos. Cuando era escéptico, solía pensar que la oración era un ejercicio hueco para personas de voluntad débil que balbuceaban con sus dedos entrecruzados porque tenían miedo de actuar por su cuenta. Amigo, ¡qué equivocado estaba yo!

Cuando nos damos cuenta de que hay alguien del otro lado de nuestras oraciones, alguien omnipotente que quiere que crezcamos, maduremos, nos desarrollemos, aprendamos y seamos más y más como Jesús, entonces la oración se convierte en una gran aventura. Es entonces cuando estamos haciendo nuevos caminos. Es cuando nuestro corazón se estremece.

A través de los años, he notado que hay dos oraciones en particular que están entre las de más alto riesgo que una persona puede hacer. Al menos, son arriesgadas desde nuestro limitado punto de vista humano. Una oración es para quienes están simplemente revisando el cristianismo; la otra es para los seguidores de Jesús. Ambas tienen la longitud de una sola frase.

Ambas están compuestas por menos de veinte palabras. Y ambas tienen el potencial de transformar todo… si usted corre el riesgo.

¿Está listo para explorarlas? Le invito a explorar en las próximas páginas la riesgosa oración para los curiosos espirituales.

Abrir el corazón a Dios

En un libro de gran éxito comercial, el gurú de la Generación X, Douglas Coupland, le sigue la pista a un joven a través de una época problemática.

Tiene remordimiento causa de sus errores. Su matrimonio está estancado. Está entrampado en un trabajo poco significativo. En vez de relaciones profundas, tiene que soportar lo que denomina «relaciones de medio camino».

Está preocupado de no *sentir* la vida de la forma en la que solía hacerlo. Vislumbra su futuro con incertidumbre.

El título del libro: *Life after God* [La vida después de Dios].

Luego de 358 páginas de falta de objetivo y frustración, esta fue su conclusión:

Ahora bien, este es mi secreto: Te lo digo con el corazón abierto de una forma que no pienso que vuelva a repetirse, así que oro por que estés en un cuarto silencioso al momento de leer estas palabras. Mi secreto es que necesito a Dios; estoy enfermo y ya no puedo seguir solo. Necesito que Dios me ayude a dar, porque parece que ya no soy capaz de dar; que me ayude a ser generoso, pues ya no soy capaz de serlo; que me ayude a amar; pues parece que ya no soy capaz de amar.[1]

Al igual que el personaje de Coupland, tal vez usted también tiene un secreto. Quizá sus circunstancias estén causando que llegue a la conclusión de que quizás —*solo quizás*— usted necesite que Dios inspire esperanza y vida a su mundo.

O tal vez usted necesite que él deshaga la cubierta de un corazón que se corroyó por el egoísmo y el escepticismo. O tal vez usted le necesita porque... bueno, para ser franco, usted no está muy seguro del por qué. Usted simplemente siente que debe haber *algo más* que un trabajo, tres comidas al día y la constante sensación de que algo le está haciendo falta.

De modo que, casualmente, usted ha estado revisando el cristianismo. Nada serio todavía. Ha hojeado uno o dos libros, incluyendo este. Hay preguntas que se arremolinan en su mente. Le gustaría conocer la verdad, pero no está seguro de cómo hacerlo y, además, está un poco temeroso de no poder hallarla.

Es posible también que usted conozca mucho de la *idea* de Dios, pero se está comenzando a dar cuenta de que en realidad no le conoce a *él*. Está luchando con el concepto de una deidad, pero jamás ha aceptado a Jesús. Tal vez asistía a una iglesia cuando era más joven e inclusive asistió a clases de doctrina, pero parece que más que hacerle sensible a Dios, le adormecieron. Si alguien le hubiera preguntado, usted habría dicho que era una persona religiosa, aunque la verdad es esta:

siempre le ha eludido una fe sincera, transformadora de su vida, y que haya sido satisfactoria para su alma.

Esta oración es para usted. Diecisiete palabras que pueden iniciar una revolución. Órela bajo su propio riesgo:

«Dios, abre mis ojos para conocerte tal y como eres, y luego abre mi corazón a ti».

De ser alguien que está como espectador, a alguien que está buscando

Para usted, esa oración puede parecer cargada de riesgo. Y es que, si la hace con sinceridad, le catapultará desde el estatus de un observador al estatus de alguien que realmente quiere saber la verdad acerca de Dios.

Usted está entrando a un territorio virgen. Y viene a su mente ese viejo adagio: «Ten cuidado con lo que pides; es posible que se te conceda».

Es posible que tenga el temor de terminar dentro de una camisa de fuerza de moralidad que lo ate y lo sofoque.

Su libertad se ahogaría por la proliferación de reglas restrictivas en un momento en el que usted percibe que necesita menos reglas, no más.

Quizás percibe el riesgo que convertirse en algo que usted no quiere ser: un proselitista vestido de poliéster que subraya cada frase con un «¡Amén!», o que debe cambiar la diversión por la fe.

Quizás es posible que usted vea que es un riesgo para su imagen si usted es forzado a admitir algunas cosas acerca de usted de las que preferiría no hablar. ¿Acaso no es más sano concentrarse en las cosas positivas que usted ha hecho, en vez de extraer del lodo sus errores?

El 20 de enero de 1980, oré de esta forma, aun cuando todas esas preocupaciones me parecían enormes. Y Dios respondió. A través de la información y de las relaciones personales, hice mi investigación sobre Dios, me encontré con él, y luego le respondí el 8 de noviembre de 1981, recibiendo el perdón de Jesucristo y sometiéndome a su liderazgo. Hoy puedo mirar retrospectivamente a la revolución que ocurrió en mi vida y decir con total franqueza que los riesgos iniciales que imaginé quedaron tremendamente rebasados.

Cómo encontrar libertad y realización

En vez de sentirme sofocado por vivir de acuerdo al plan de juego de Dios, descubrí liberación y seguridad. De hecho, mi experiencia confirma lo que el apóstol Juan dijo acerca de Dios: «En esto consiste el amor a Dios: en que obedezcamos sus mandamientos. Y estos no son difíciles de cumplir».[2] Ese fue un tema entretejido a través de todo este libro: que los lineamientos de Dios tienen sentido, son para nuestro beneficio y su sabiduría funciona en nuestra vida diaria; son como las reglas que he establecido para mis propios hijos.

No impongo restricciones caprichosas para eliminar la diversión de las vidas de mis hijos; son reglas que surgen de mi corazón paternal, para protegerles de peligros, para ayudarles a desarrollar el carácter, para ayudarles a vivir en armonía con otros, y para ayudarles a alcanzar todo su potencial. Son reglas emanadas de una relación en donde hay confianza, perdón, comunicación y disciplina en amor. Y esa es la forma en la que opera Dios.

La libertad no es hacer lo que queremos; la libertad es llegar a ser aquello para lo que fuimos creados. Puedo conducir mi automóvil desde Los Ángeles hasta Chicago porque hay carreteras, luces de freno, semáforos y reglas del camino. Todo esto no existe para obstaculizar mi libertad; me facilitan la libertad de viajar. Debido a que provienen de Aquel que nos creó, los mandamientos de Dios nos proporcionan libertad al desarrollar un ambiente en el que podamos florecer.

En vez de que Dios me apretuje en un molde y me despoje de mi singularidad, he descubierto que él quiere llevarme al máximo de la persona que él quiere que sea. Es como el relato bíblico de la época en la que un pastor de nombre David se ofreció como voluntario para luchar con el temible guerrero Goliat. Las autoridades trataron de preparar a David adecuándolo al estereotipo de un soldado: le echaron encima una armadura, colocaron un yelmo de bronce sobre su cabeza y le dieron una espada. Esa era la forma en la que se esperaba que los guerreros fueran a la batalla durante esos días.

Pero la armadura pesaba demasiado y restringía sus movimientos. El yelmo le apretaba. La espada era un objeto incómodo en su mano. David caminó un poco y dijo: «¡Oigan! No puedo pelear así. No estoy acostumbrado a esto. ¡No soy yo! ¡Debo ser quien soy!». De modo que se despojó del equipo estándar de batalla, volvió a ponerse su ropa de pastor, tomó su honda y cinco piedras lisas, y se fue a la lucha. Contendió con Goliat de una forma que reflejó quién era realmente, y Dios lo usó para vencer al enemigo.[3]

De manera similar, Dios no le forzará a convertirse en algo que jamás pensó para usted. Él le creó. Dios quiere tomar *su* personalidad, *su* temperamento, *sus* talentos y *sus* experiencias para darle un nuevo carácter, nuevas actitudes, nuevas habilidades y la guía del Espíritu Santo, de modo que pueda alcanzar todo su potencial.

La persona que soy el día de hoy es en gran medida un mejor reflejo de las intenciones de Dios para mi vida que mis pasados años de escéptico disoluto, sacrílego y borracho. A final de cuentas, todo lo que estaba arriesgando con esta oración era el librarme de esas cosas que, en realidad, estaban hundiéndome en vez de liberarme.

Y eso no era un riesgo en lo absoluto.

El riesgo de arrepentirse

También percibí un riesgo en el arrepentimiento, una palabra que la gente ya no usa mucho. De hecho, es la combinación de dos palabras que significan «cambio» y «mente». Arrepentirse significa confesar que somos rebeldes espirituales —que hemos ignorado a Dios y quebrantado sus reglas— y luego, literalmente, cambiar nuestra forma de pensar al dar la vuelta y proceder en la otra dirección, con la ayuda de Dios.

En la Biblia, el arrepentimiento no es opcional; es obligatorio. De hecho, las primeras palabras que Jesús pronunció en su ministerio fueron: «Se ha cumplido el tiempo», dijo. «El reino de Dios está cerca. ¡Arrepiéntanse y crean las buenas nuevas!».[4]

Pero vi en eso grandes riesgos para mi ego y para mi imagen. No disfruté la idea de admitir que había hecho algo malo. No quería enfrentar la posibilidad de ser un fracaso moral. No quería morar en mis malos motivos, mis medias verdades, mis deseos torcidos o en las ocasiones en las que desvié mis ojos de quienes estaban en necesidad, tomé atajos éticos, maldije a Dios, o deseé lo peor para los demás. Me había convertido en un experto en justificar mi conducta y encubrir mis huellas.

Y no estaba solo en eso. Uno de los atractivos de la forma popular de pensar es que todos somos esencialmente buenos y evolucionamos para convertirnos en personas cada vez mejores: una premisa que las noticias nocturnas contradicen totalmente. Esta falsa creencia alimenta lo que los psicólogos denominan nuestro «prejuicio egoísta», el cual es nuestra tendencia a enfatizar todo lo positivo de nuestras vidas.

Por ejemplo, hace varios años, un traficante de drogas fue sentenciado en Chicago por ser el cerebro detrás de una operación gigante de estupefacientes y por cometer —y esto no es una exageración— *cientos* de crímenes, lo cual incluía conspirar para el asesinato de un agente federal. Durante la lectura de su sentencia miró al juez a los ojos y dijo con total sinceridad: «Es posible que yo sea un traficante de drogas, pero no soy una mala persona». ¡Hablando del prejuicio egoísta!

Hagamos un contraste de eso con la forma en la que el autor británico G. K. Chesterton se enfrentó con la profundidad de su propio pecado y la forma en la que éste envenenaba a quienes le rodeaban. Cuando el periódico *London Times* invitó a sus lectores a escribir sobre el tema «¿Qué es que está mal en el mundo?», este es todo el texto que envió:

> Estimados señores,
>   Yo.
> Sinceramente suyo, G. K. Chesterton[5]

Nos guste o no, cuando nos despojamos de nuestro prejuicio egoísta, nos enfrentamos a la realidad de que ninguno de nosotros alcanza el estándar de Dios para nuestras vidas. Además, la Biblia dice que todas las buenas obras que llevamos a cabo son como «trapos de inmundicia».[6] En comparación con la santidad de Dios, se trata de esfuerzos harapientos y andrajosos, manchados por motivos confusos y egoístas.

Dios nos dio la Ley, a la que llamamos los Diez Mandamientos, como una forma de ayudarnos a entender que es imposible vivir de acuerdo a sus ideales para nuestras vidas. Martín Lutero dijo lo siguiente:

> Dios quiere enseñarle al hombre a conocerse a sí mismo a través de la Ley. Quiere que vea lo falso e injusto que es su corazón, lo lejos que está de Dios, y

lo impotente que es su naturaleza. ... Así es que el hombre debe humillarse, acudir a la cruz, suspirar por Cristo, anhelar su gracia, renunciar a sí mismo y poner toda su confianza en Cristo.[7]

Cuando nos rehusamos a correr el riesgo personal de admitir nuestras fallas y darle la espalda a nuestra maldad —cuando mantenemos todo eso contenido en nuestro interior— lentamente nos corroe al igual que el óxido devora un automóvil viejo. El rey David dijo en el Salmo 32: «Mientras guardé silencio [acerca de mi pecado], mis huesos se fueron consumiendo por mi gemir de todo el día. Mi fuerza se fue debilitando como al calor del verano, porque día y noche tu mano pesaba sobre mí».[8]

Aunque puede parecer un riesgo para nuestra imagen el admitir nuestra propia naturaleza pecadora, eso no es nada en comparación con las recompensas que recibimos cuando confesamos con franqueza nuestros errores y buscamos la ayuda de Dios para poner a nuestras vidas en una ruta más saludable. La Biblia dice que hay perdón, limpieza, sanidad, y una sensación de libertad que fluye a nosotros cuando nos acercamos a Dios para que nos perdone. Las palabras que el rey David escribió a continuación en el Salmo 32 son estas: «Pero te confesé mi pecado, y no te oculté mi maldad. Me dije: "Voy a confesar mis transgresiones al Señor", y tú perdonaste mi maldad y mi pecado».[9]

En vez de una autoestima orgullosa y orientada al ego, nuestra imagen nueva y sana está basada en esta asombrosa declaración de la Biblia: «Pero Dios demuestra su amor por nosotros en esto: en que cuando todavía éramos pecadores», *esto es, aun cometiendo nuestra acción más vil o pensando de la forma más nauseabunda,* «Cristo murió por nosotros».[10]

Esa es la escandalosa profundidad del amor de Dios.

La lección de vida de una niñita

Si usted piensa que existe un riesgo en ponerse a cuentas con Dios, permítame contarle una historia acerca de algo que me ocurrió hace varios años. Un conocido me llamó para hacer lo que denominó una embarazosa solicitud: su pequeñita había sido atrapada robando en la librería de nuestra iglesia, y él quería saber si yo podía fungir como representante de la iglesia de modo que ella pudiera ofrecer sus disculpas. Me dijo que quería utilizar este incidente como un momento de aprendizaje. Estuve de acuerdo, pero yo tenía una lección más grande en mente.

El día siguiente, los padres y su hija de ocho años, entraron a mi oficina y se sentaron frente a mí.

—Dime qué ocurrió—, le dije a la niñita de la forma más amable que pude.

—Bueno —dijo, comenzando a sollozar—, estaba en la librería luego del servicio y vi un libro que realmente quería, pero no tenía nada de dinero…

En este momento, se habían formado lágrimas en sus ojos que descendían por sus mejillas. Le ofrecí un pañuelo desechable.

—Así que puse el libro debajo de mi abrigo y me lo llevé. Sabía que eso no estaba bien. Sabía que no debía hacerlo, pero lo hice. Y lo lamento. Jamás lo haré otra vez. ¡De verdad!

—Me da mucho gusto saber que estás dispuesta a admitir lo que hiciste y oír que lo lamentas —le dije—. Eso es algo muy valiente, y es lo correcto. Pero, ¿cuál crees tú que sería el castigo apropiado?

Ella se encogió de hombros. Pensé por un momento y luego le dije:

—Entiendo que el libro cuesta cinco dólares. Creo que será justo si pagas en la librería los cinco dólares, más tres veces esa cantidad, para un total de veinte dólares. ¿Crees que eso es justo?

Asintió con tristeza.

—Sí —murmuró.

Ella podía ver que esto era algo justo. Pero ahora había temor en sus ojos. Veinte dólares, para un niño, es una montaña de dinero. ¿Alguna vez conseguiría tanto dinero en efectivo?

Quise utilizar este momento para enseñarle algo acerca de Jesús. Así que abrí el cajón de mi escritorio, saqué mi chequera y preparé un cheque de mi cuenta personal con la cantidad total. Separé el cheque y se lo di. Se quedó con la boca abierta.

—Voy a pagar todo el castigo de manera que no tengas que pagarlo tú. ¿Sabes por qué voy a hacer eso?

Desconcertada, sacudió su cabeza.

—Porque te amo. Porque me preocupo por ti. Porque eres importante para mí. Y por favor recuerda esto: También así se siente Jesús contigo. *Solo que mucho más.*

Permítame decirle algo: ¡me gustaría poder encontrar palabras para describir la mirada de total alivio, gozo y asombro que se reflejaron en su rostro! Casi se veía mareada de gratitud.

Y eso eso se asemeja un poquito a lo que Jesús ofrece hacer por usted. Con su sufrimiento y muerte en la cruz, él pagó todo el castigo por su maldad, como su substituto, de modo que usted no tuviera que hacerlo. Debido a su amor por usted, él ofrece ese pago de forma totalmente gratuita, lo cual usted puede aceptar o rechazar libremente.

Es su elección.

No había riesgo alguno en hacer lo que hizo esa pequeñita. Admitió su maldad porque era algo cierto y ella lo lamentó. Aceptó el cheque porque era imposible que ella pagara el castigo por sí misma.

Y su reacción fue la misma que veo a menudo en los rostros de las personas que hicieron esa oración de diecisiete palabras y terminaron teniendo un encuentro con Jesús que transformó sus vidas: hay gozo, gratitud y, más que otra cosa, hay asombro debido a esta extravagante gracia.

Sí, existe un riesgo en todo esto, pero es probable que no sea el que primero vino a su mente. El verdadero riesgo es *no* hacer esa oración.

Embarcándose en una aventura espiritual

La tira cómica denominada «*B. C.*» [Antes de Cristo] muestra a un personaje orando: «Dios, si estás allá arriba, ¡mándame una señal!». Luego, se sobresalta y, repentinamente, ¡*Pum!*, un enorme letrero de luz neón se desploma a tierra frente a él, desplegando un letrero intermitente: «¡*Estoy aquí arriba! ¡Estoy aquí arriba!*».

Cuando usted busque a Dios, hágalo con confianza: él no se está escondiendo de usted. El simple hecho de que usted es capaz de buscarle es porque él ya comenzó a hacer algo dentro de usted. De hecho, su búsqueda es realmente una respuesta a los sutiles tirones del Espíritu Santo. Así que confíe en que Dios le ayudará en su jornada espiritual. «Pidan, y se les dará», dijo Jesús. «Busquen, y encontrarán; llamen, y se les abrirá».[11]

Y busque con sinceridad. Mantenga una mente abierta mientras explora la Biblia. Hable con cristianos, lea libros cristianos, escuche cintas con mensajes cristianos, y visite una iglesia que anime a quienes están en una búsqueda espiritual y que sea sensible a sus necesidades.[12]

Mi amigo Judson Poling, coautor de una Biblia con notas específicamente diseñadas para quienes están en una búsqueda espiritual, también anima a dar los siguientes pasos específicos:

- Pase tiempo en contacto con la naturaleza, observando y experimentando la creación de Dios.
- Conozca sus presuposiciones —las cosas que cree con anticipación— y trate de que no interfieran con su búsqueda de la verdad.
- Conozca sus problemas personales; su pasado puede influir profundamente su habilidad actual de ser objetivo.

◆ Determine llevar a cabo su búsqueda durante un tiempo específico de tiempo, y evalúe su avance continuamente. Luego, trate de alcanzar una conclusión apropiada.

◆ Recuerde que no tiene que saber *todo* para conocer *un tema*.[13]

En pocas palabras, busque con todo su corazón. Haga de esto una prioridad en su vida. Dedíquele tiempo y energía. Hay tantas cosas que dependen de esta búsqueda espiritual que tiene sentido abordarla con entusiasmo. «Me buscarán y me encontrarán, cuando me busquen de todo corazón», dice la Biblia.[14]

LA ZAMBULLIDA MÁS GRANDE DE SU VIDA

Luego está la otra oración arriesgada que le comenté unas cuantas páginas atrás. Es para quienes ya conocen a Cristo, recibieron su don del perdón y la gracia, y han sido adoptados con seguridad y para siempre en su familia.

Es una oración que invita a Dios a que le lleve más allá de su zona de seguridad, a abrir nuevos horizontes de fe, y a iniciar una época fresca de aventura y expectación.

Si se expresan con sinceridad, las siguientes quince palabras pueden ser la plataforma de lanzamiento no solo para grandes emociones sino para emociones que significarán realización:

«Dios, aquí me tienes, totalmente sometido a ti; úsame como nunca antes me has usado».

Pensé en este tipo de oración al ver la competencia olímpica de clavados por televisión. El acontecimiento me recordó mi juventud, cuando por primera vez subí por esa escalera aparentemente interminable hasta el trampolín más alto de la piscina.

Recuerdo haber dado pasos indecisos por el trampolín, cuya superficie era semejante a un lija y, mientras más caminaba, sentía más escalofrío en mi cuerpo. Cuando llegué al fin, miré por encima del borde y me costó trabajo respirar. El agua se veía tan lejos allá abajo que parecía uno de esos cañones en la caricatura del *Correcaminos*, a un millón de kilómetros abajo, ¡*mínimo!*

Aun cuando sabía que era seguro saltar, que el riesgo físico era pequeño, que mis amigos habían saltado del trampolín antes y habían sobrevivido, mi reacción natural fue retirarme hacia atrás y aferrarme a la estructura. En el instante que hice eso, se redujo el ritmo de mi corazón y pude respirar un poco más fácil.

Algunos cristianos sienten que su vida espiritual es aburrida, sosa y rutinaria; que se ha convertido en algo predecible y seguro. La razón es que se han aferrado a una estructura como esa. Se preguntan por qué razón su corazón no late más rápido por las cuestiones espirituales, y la explicación más simple es esta: no hay riesgo, no hay aventura.

Lo que hace esta oración es invitar a Dios a caminar con usted hacia el borde del trampolín, en donde usted sentirá un poco de riesgo y en donde la vida tiene un límite. Cuando los dedos de sus pies se doblen sobre la orilla y la altura haga que recupere su respiración, es el momento en el que su vida de oración *realmente* se pone seria, el momento en el que usted se aferra con más fuerza a Dios, el momento en el que comienza a bombear su adrenalina, y el momento —si es que llevo esta analogía hasta el extremo— en el que Dios realmente comienza a usarle ¡para dar un chapuzón con su vida!

Esto es lo que le dice a Dios al hacer esta oración: «Quiero zambullirme en *tu* obra. Úsame como nunca antes lo has hecho, para marcar una diferencia en el mundo, una persona a la vez. Úsame para llevar tu mensaje de esperanza a alguien hundido en la falta de esperanza.

»Úsame para influenciar a un adolescente en tu nombre. Úsame para resolver los problemas de alguien más. Úsame para aliviar el dolor de alguien. Úsame como respuesta a la oración de alguien. Úsame para alimentar a alguien hambriento.

»Úsame para animar a alguien que se encuentre desesperado. Úsame para aliviar la soledad de alguien. Úsame para formar una familia piadosa. Úsame para ayudar a que se profundice la fe de alguien. Úsame para alentar a alguien. Úsame para ayudar a una persona quebrantada a entender lo infinitamente valiosa que es delante de ti. Úsame para tocar una vida en tu nombre. Estoy cansado de aferrarme a la estructura; estoy cansado de remar en el extremo poco profundo de la vida.

»¡Quiero zambullirme en aguas profundas! Quiero que me uses como tus ojos, oídos, manos y pies en un mundo que te necesita más y más cada día».

Si usted hace esa oración con sinceridad, entonces *habrá* acción. Y es muy probable que, de vez en cuando, usted enfrente circunstancias en las que el corazón se le suba a la garganta por causa del temor, que los pronósticos parezcan insuperables, que los obstáculos se vean perdidamente desalentadores, que sus sacrificios sean dolorosos y que el fracaso parezca inevitable.

Pero usted jamás lo lamentará.

Dios puede usarnos cuando nos sentimos inútiles

Si usted es como yo, usted hará una oración así con una duda persistente en el fondo de su intelecto. Una voz le susurrará: «Vamos, ¿a quién estás tratando de engañar? ¿Por qué querría el Dios todopoderoso del universo usar a una persona enclenque como tú? Mejor sigue aferrándote a esa estructura, amiguito, porque de otra forma va a ser una enorme caída».

Tal vez se siente vulnerable a las voces que le recuerdan que usted no es un erudito bíblico, ni Teresa de Calcuta, ni Billy Graham, o que su edad, falta de experiencia o trasfondo, de alguna manera lo descalifica para marcar una diferencia.

Cuando caigo en la trampa de apropiarme ese tipo de mensajes, una forma de reforzar mi valor es ver las vidas de otras personas que probablemente pensaron las mismas cosas y, sin embargo, fueron habilitados por Dios en formas increíbles.

Como la niña de quince años de edad que apareció en la escena pública hace muchos años, cuyas rodillas temblaban con miedo y cuyas palmas sudaban de ansiedad y, sin embargo, Dios la usó de una forma extraordinaria, sencillamente porque estuvo dispuesta.

La historia tiene que ver con John Sung, que llegó a los Estados Unidos procedente de Chian para estudiar ciencias y resultó ser un talentosísimo estudiante de química y física. Ganó becas, medallas de oro y otros galardones; le otorgaron el reconocimiento Phi Beta Kappa, los periódicos fueron muy generosos en elogios para él, y en 1926 obtuvo su doctorado de la Universidad Estatal de Ohio.

A pesar de sus logros académicos, Sung estaba muy atribulado espiritualmente. Aunque había crecido en un hogar cristiano, todavía tenía necesidad de una relación con Dios. Sin embargo, su jornada espiritual tomó una ruta con muchas curvas. Intentó entonar cantos litúrgicos de las escrituras budistas, pero todavía se sentía vacío. Coqueteó con el taoísmo, pero Dios todavía parecía distante.

Cayó en la depresión, y escribió que, en cierto punto, sentía como si su alma estuviera vagando en un desierto. Y sospecho que fue en ese momento en el que hizo una oración similar a la «oración del que está en una búsqueda espiritual», que mencioné antes.

Fue entonces que Sung escuchó que un brillante cristiano estaba de visita en la universidad y que estaba programado que ofreciera una conferencia acerca de la fe. Finalmente, pensó él, conocería a alguien de intelecto comparable al suyo, con credibilidad, y a quien él podía respetar por su mente aguda y sus credenciales académicas. Tal vez esta persona podría decirle algo significativo acerca de Dios.

Sung llegó al salón de conferencias esa noche con una gran expectativa. Eligió un asiento con una buena vista y esperó que iniciara el programa. Sin embargo, pronto se hizo un anuncio: el conferenciante no pudo asistir. Sung suspiró, decepcionado.

Mientras se levantaba para dejar el salón, los organizadores de la actividad caminaron hacia una estudiante del primer año de preparatoria y le preguntaron si ella podría sustituir al conferenciante. No tengo la menor duda de que, mientras ella se dirigía hacia la plataforma, rápidamente oró a Dios para pedirle que le usara como jamás la había usado antes.

Sin embargo, ¿qué podría enseñarle una tímida adolescente a alguien de intelecto tan refinado como John Sung? ¿Qué podría decir esta jovencita cristiana que pudiera resultar significativo para alguien que ya conocía bastante bien tantos sistemas religiosos?

Lo que ella decidió hacer esa noche fue muy simple: hablar con sinceridad y franqueza infantil acerca de la diferencia revolucionaria que Jesucristo había hecho en su joven vida. Con una pureza nacida de su inocencia y con un amor inspirado por Dios, habló acerca del tema que John Sung precisamente necesitaba oír.

La verdad es que él no necesitó que otro intelectual le hablara a su mente; lo que él más necesitaba era que un cristiano auténtico hablara a su corazón. Y Dios tomó sus palabras y las utilizó para transformar a John Sung esa noche.

Se convirtió en un cristiano comprometido y con ánimos de crecer, dando su vida entera al ministerio. Con el paso del tiempo, John Sung regresó al lejano oriente, en donde ayudó al rejuvenecimiento de cientos de iglesias chinas, y a decenas de miles de personas hambrientas en su espíritu, a descubrir el perdón y compasión de Jesús. De hecho, habría de ser denominado «uno de los más grandes evangelistas de China».[15]

Todo esto, debido a que Dios decidió utilizar a una joven adolescente cuyo nombre fue olvidado por la historia.

La cruzada de un niño

Las historias como esas no se acaban. Por ejemplo, había un zapatero que apenas podía leer y que fue forzado a subir al púlpito en una pequeña iglesia de Londres luego de una tormenta de nieve que dejó varado al pastor.

Un adolescente entró al santuario esa mañana para escapar del gélido clima, escuchó lo que luego denominó «uno de los peores sermones de la historia», y entregó su vida a Cristo en ese momento y en ese lugar.

Ese jovencito era Charles Haddon Spurgeon, quien luego se convirtió en «el príncipe de los predicadores», trayendo un nuevo celo evangelístico a la ciudad más grande de Inglaterra.

Hubo también un «cruzada infantil» en el noroeste de Chicago en la década de los años setenta.

Un grupo de gente joven tenía tal pesar por sus amigos perdidos espiritualmente que inició un nuevo tipo de iglesia orientada a quienes están en una búsqueda espiritual, diseñada para alcanzarles con el mensaje de Jesús que había transformado de manera radical a los miembros del grupo.

Inspirados por un anciano profesor de teología, su novel ministerio se convirtió en una de las iglesias con más miembros en los Estados Unidos: un ministerio que me condujo a mí, a mi esposa, a mis hijos y a incontables miles de personas a una relación con Cristo.

Creo que Dios no usó a esos jóvenes de la iglesia de la comunidad Willow Creek *a pesar* de su falta de experiencia; creo que él los usó *debido* a su falta de experiencia.

Con juvenil abandono, ofrecieron sus vidas sin reservas a Dios.

Con gozo le proporcionaron de su tiempo, talentos y tesoros.

Su juventud les abrió a enfoques frescos y estrategias atrevidas para comunicar con creatividad el mensaje de Cristo a quienes están en una búsqueda espiritual.

En su idealismo, corrieron riesgos que otros hubieran evitado.

Dado que no tenían mucho de su propia experiencia en qué apoyarse, aprendieron a apoyarse en Jesús. Y se rehusaron a que esas voces internas de duda aplastaran el sueño que Dios les dio.

El poder de una vida

Para celebrar su XX aniversario, Willow Creek tuvo que rentar la arena techada más grande en el área de Chicago —el United Center, sede de los Toros de Chicago— para alojar a veinte mil de sus miembros. Al entrar, cada una de las personas esa noche recibió una pequeña linterna.

Casi para finalizar el programa, Nancy Beach —una de las adolescentes que fundaron originalmente el ministerio y todavía una líder clave— solicitó que se apagaran las luces en la arena. Luego pidió a todos los que se habían convertido en seguidores de Jesucristo a través del ministerio de Willow Creek que encendieran su linterna.

Hubo una breve pausa… y luego, en un instante, el cavernoso auditorio se transformó en una verdadera constelación, con miles y miles de luces brillando en una gozosa celebración de lo que Dios puede hacer cuando sus seguidores, dispuestos a correr riesgos, están totalmente disponibles para su obra. Hubo muchas expresiones de asombro —¡Oh! y ¡ah!— mientras la gente veía a su alrededor. Luego, de manera espontánea, todos alabaron a Dios.

Fue en ese momento que ocurrió un increíble incidente. Un fotógrafo había subido a la plataforma para tomar placas de la escena. En el momento preciso en el que tomó su fotografía, alguien en la planta baja tomó una fotografía de la audiencia, utilizando un flash.

Sorprendentemente, la luz de ese flash se registró en la fotografía que se tomó por la primera cámara, desde el escenario. Cuando la imagen se imprimió, entre el vasto océano de rostros en el United Center esa noche, solo uno de ellos estaba iluminado.

Se trataba del Dr. Gilbert Bilezikian, el anciano profesor de teología que había transmitido la visión de crear esta iglesia para alcanzar a las personas espiritualmente perdidas. La cámara lo captó sollozando como un niño: *y es que, repentinamente y en ese momento, era claro que todo había valido la pena.*

Todo el riesgo. Toda la crítica de parte de quienes no comprendían. Todo el trabajo, la oración, el sacrificio y el dolor. Toda la planeación, las reuniones y los servicios. Todas las horas y años. Todo eso valía la pena por los miles de luces intermitentes que representaban a seres humanos individuales cuyas vidas habían sido revolucionadas y cuyos destinos eternos habían sido reescritos. *Todo valió la pena: por ellos.*

Uno de los lemas de la iglesia es «¡Qué paseo!». Y no hay duda al respecto: cuando usted se somete totalmente a Dios y a su obra en su vida, cuando usted abre totalmente sus brazos y lo invita a usarle como nunca antes lo ha hecho, ¡cuidado!

Usted dará el paseo de su vida.

◆ ◆

NOTAS

Una introducción a las sorpresas de Dios

1. Jeremías 29:11

Afirmación escandalosa #1

PERDONAR AL ENEMIGO IMPLICA LIBERTAD

1. Mateo 5:43-44.
2. Lucas 11:
3. Ferry Anderson,"Small Graces", *Guideposts* (Septiembre 1993), 2-5, énfasis añadido. Véase el libro de Anderson, *Den of Lions: Memoirs of Seven Years* [Foso de leones: Recuerdos de siete años] (New York: Crown, 1993).
4. Romanos 5:8.
5. Proverbios 23:7.
6. Lucas 23:34.
7. Para recuentos más completos de la historia de los Morris y de Tommy Pigage, véase "Could They Forgive Their Son's Killer?" [¿Podrían perdonar al asesino de su hijo?], *Reader's Digest* (Mayo 1986), 136-140, y "Seventy Times Seven" [Setenta veces siete], *Guideposts* (Enero 1986), 2-6.
8. Robert Smith Thompson, *The Missiles of October* [Los misiles de octubre] (New York: Simon & Schuster, 1992), 320-321.
9. David S. Dockery y David E. Garland, *Seeking the Kingdom* [En busca del Reino] (Wheaton, Ill.: Harold Shaw, 1992), 68.
10. Mateo 18:23-35.
11. Mateo 6:15.
12. Mateo 5:46.
13. Romanos 12:18.
14. Mateo 5:44.
15. William Barclay, *The Gospel of Matthew* [El Evangelio de Mateo], vol. 1 (Philadelphia: Westminster, 1975), 176.
16. Lucas 6:27.
17. Lucas 6:28.
18. Santiago 5:16.
19. Efesios 5:1.
20. John Stott, *The Message of the Sermon on the Mount* [El mensaje del Sermón del Monte] (Downer's Grove, Ill.: InterVarsity Press, 1985), 119, énfasis añadido.
21. Hechos 7:60.
22. Hechos 7:55.
23. Gálatas 5:22-23.

Afirmación escandalosa #2

USTED PUEDE APRENDER A PERDONARSE A SÍ MISMO

1."Artswatch", *World* (Abril 7, 1990), 15.
2. Romanos 8:1.

3. Chris Thurman, *The Truths We Must Relieve* [Las verdades que debemos creer] (Nashville: Nelson, 1991), 23-24.

4. David Stop, *Hope for the Perfectionist* [Esperanza para el perfeccionista] (Nashville: Nelson, 1991), 81, énfasis añadido.

5. Marcos 12:13-17.

6. LaGena Lookabill Greene, según lo relatado a Paula Spencer, "I am What AIDS Looks Like" [Yo soy el aspecto que tiene el SIDA], *Aspire* (Enero 1996), 14-19, énfasis añadido.

7. 1 Juan 1:9.

8. 1 Juan 4:21.

9. Romanos 12:18, énfasis añadido.

10. "Offerings at the Wall" [Ofrendas en el muro], *Chicago Tribune Magazine* (Mayo 28, 1995), portada.

11. Santiago 5:16.

12. Arthur Freeman, *Woulda, Coulda, Shoulda* [Podría, pude, debería] (New York: William Morrow, 1989).

13. Filipenses 3:13-14.

14. Romanos 8:28.

15. Mateo 6:33.

Afirmación escandalosa #3

USTED PUEDE SOBREVIVIR A LA «CARRERA DE RATAS»
SIN CONVERTIRSE EN UNA

1. Lee Strobel, *Reckless Homicide: Ford's Pinto Trial* [Homicidio imprudencial: El jucio del Ford Pinto] (South Bend, Ind.: And Books, 1980), 75-92, 184.

2. Warren Wiersbe, *The Integrity Crisis* [La crisis de la integridad] (Nashville: Nelson, 1988), 21.

3. Doug Sherman y William Hendricks, *Keeping Your Ethical Edge Sharp* [Cómo mantener el filo de su ética en buen estado] (Colorado Springs: NavPress, 1990), 26.

4. Job 4:8.

5. Albert Carr, "Is Business Bluffing Ethical?" [¿Es ético fanfarronear en los negocios?] *Harvard Business Review* (Enero-Febrero 1969), 153.

6. Jack Eckerd y Charles Paul Conn, *Eckerd: Finding the Right Prescription* [Eckerd: Cómo encontrar la prescripción correcta] (Old Tappan, N.J.: Revell, 1987), 189.

7. Proverbios 10:9.

8. Proverbios 20:7.

9. Robert Solomon y Kristine Hanson, *It's Good Business* [Es un buen negocio] (New York: Atheneum, 1985), xiii-xiv, énfasis añadido.

10. Eckerd y Conn, *Eckerd: Finding the Right Prescription* [Eckerd: Cómo encontrar la prescripción correcta].

11. Mateo 6:24.

12. Marcos 10:21.

13. 2 Timoteo 4:7-8.

14. Proverbios 3:32.

15. 1 Pedro 2:20.

16. Paul Reiser, *Couplehood* [Cualidad de Pareja] (NewYork: Bantam, 1995), 226-227.

17. Laura Nash, *Believers in Business* (Nashville: Nelson, 1994), 45-46.

18. Íbid., 37.

19. Íbid., xiv-xv.

20. Salmo 119:105.

21. Romanos 12:2.

22. Sherman y Hendricks, *Keeping Your Ethical Edge Sharp* [Cómo mantener el filo de su ética en buen estado], 153-154.

23. Proverbios 27:17.

Afirmación escandalosa #4

MARQUE UNA DIFERENCIA QUE PERDURE
POR LA ETERNIDAD

1. Mateo 5:16.

2. Terry C. Muck. *Those Other Religions in Your Neighborhood* [Las otras religiones en su vecindario] (Grand Rapids, Mich.: Zondervan, 1992), 150-151, énfasis añadido.

Afirmación escandalosa #5

DIOS PUEDE CONCEDERLE EL PODER QUE NECESITE

1. 2 Timoteo 1:7.

2. Juan 16:33.

3. Hebreos 4:15.

4. 1 Corintios 10:13.

5. Gálatas 4:19.

6. 2 Corintios 12:9.

7. 1 Crónicas 16:11-12.

8. Josué 1:9.

9. Juan 15:5.

10. Santiago 4:2.

11. Juan 19:30.

12. Hebreos 11:6.

13. Romanos 12:18.

14. Hermano Andrés , *The Calling* [El llamado] (Nashville: Moorings, 1996), 26-27.

15. Salmo 37:5-6, RVA, énfasis añadido.

16. Véase Jueces 6-8.

Afirmación escandalosa #6

USTED GANA AL DARSE A LOS DEMÁS

1. Mateo 20:28.

2. Eugene H. Peterson, *The Message* (Colorado Springs: NavPress, 1993), 491.

3. Juan 13:15.

4. D. James Kennedy, *What If Jesus Had Never Been Born?* [¿Qué habría sucedido si Jesús no hubiera nacido?] (Grand Rapids, Mich.: Zondervan, 1994), 36.

5. David Jeremiah, *Acts of Love* [Hechos de Amor] (Gresham, Ore.: Vision House, 1994), 102-104.

6. Mateo 5:16.

7. Hebreos 6:10.

8. Kenneth Leech, *True Prayer: An Invitaction to Christian Spirituality* [Oración verdadera: Una invitación a la espiritualidad cristiana] (San Francisco: Harper & Row, 1980), 73.

Afirmación escandalosa #7

UNA DOSIS DE DUDA PUEDE FORTALECER SU FE

1. C. S. Lewis, *Mere Christianity* [Mero cristianismo] (New York: Macmillan, 1952), 123.

2. Os Guinness, *In Two Minds: The Dilemma of Doubt and How to Resolve It* [En dos formas de pensar: el dilema de la duda y cómo resolverlo] (Downers Grove, Ill.: InterVarsity Press, 1976), 25.

3. Kart Barth, *Evangelical Theology: An Introduction* [Teología evangélica: Una introducción] (New York: Holt, Rinehart, and Winston, 1963), 124.

4. Lynn Anderson, *If I Really Believe, Why Do I Have These Doubts?* [Si realmente creo, ¿por qué tengo estas dudas?] (Minneapolis: Bethany House, 1992), 25-26.

5. Gary Habermas, *Dealing with Doubt* [Lidiando con la duda] (Chicago: Moody Press, 1990), 15. Su forma de pensar en este tema ha sido una gran influencia en la forma en la que abordo este punto.

6. Juan 1:29.

7. Marcos 1:11.

8. Juan 1:34.

9. Lucas 7:20.

10. Lucas 7:22.

11. Lucas 7:28.

12. Mark R. Littleton, "Doubt Can Be a Good Thing" [La duda puede ser algo bueno], *The Lookout* (Marzo 17, 1991), 5.

13. Henri Nouwen, *Reaching Out* [Alcance] (New York: Doubleday, 1957), 128.

14. 1 Tesalonisenses 5:21.

15. Rufus Jones, *The Radiant Life* [La vida radiante], citado por Gary E. Parker en *The Gift of Doubt: From Crisis to Authentic Faith* [El don de la duda: de la crisis a la fe genuina] (San Francisco, Harper & Row, 1990), 71.

16. Parker, *The Gift of Doubt* [El don de la duda], 69.

17. Anderson, *If I Really Relieve* [Si realmente creo], 31.

18. Daniel Taylor, *The Myth of Certainty* [El mito de la certeza] (Grand Rapids, Mich.: Zondervan, 1992), 16.

19. Eclesiastés 7:25.

20. Paul C. Vitz, "The Psychology of Atheism" [La psicología del ateísmo] *Truth: An Internacional, Interdisciplinary Journal of Christian Thought* [La verdad: una revista internacional e interdisciplinaria sobre el pensamiento cristiano], vol. I (1958), 29.

21. Guiness, *In Two Minds* [En dos formas de pensar], 70.

22. R. C. Sproul, editor, *Doubt and Assurance* [Duda y seguridad] (Grand Rapids, Mich.: Baker, 1993), 22.

23. Juan 8:44.

24. 1 Juan 4:4.

25. Sproul, *Doubt and Assurance* [Duda y seguridad], 24.

26. Marcos 9:24.

27. Santiago 5:16.

28. Howard Hendricks y William Hendricks, *Living by the Book* [Vivir de acuerdo al Libro] (Chicago: Moody Press, 1991).

29. Salmo 34:8.

30. Parker, *The Gift of Doubt* [El don de la duda], 142.

31. Basado en 1 Corintios 13:12, adaptado de *The Living Bible*, Copyright ©1971. Utilizado en inglés con permiso de Tyndale House Publishers, Inc., Wheaton, Ill. 60189 USA. Todos los derechos reservados.

Afirmación escandalosa #8

DIOS TIENE UNA CURA PARA SU SECRETA SOLEDAD

1. Marla Paul, "Help Wanted: Everyone Has Time for Everything—Except Making Friends" [Se solicita ayuda: Todos tienen tiempo para todo—Excepto para hacer amigos], *Chicago Tribune* (Mayo 21, 1995).

2. Marla Paul, "Lonely? Don't Feel Like the Lone Ranger" [¿Sola? No te sientas como el Llanero Solitario], *Chicago Tribune* (Agosto 20, 1995).

3. David W. Smith, *Men Without Friends* [Hombres sin amigos] (Nashville: Nelson, 1990), v.

4. Íbid, 24-31.

5. James Wagenvoord, *Men: A Book for Women* [Hombres: Un libro para las mujeres] (New York: Avon, 1978), 165.

6. Smith, *Men Without Friends* [Hombres sin amigos], 47-48.

7. Génesis 2:18.

8. C. S. Lewis, *The Four Loves* [Los cuatro amores] (New York: Harcourt, Brace, 1960), 169.

9. Proverbios 18:24.

10. Lee Iacocca, *Iacocca: An Autobiography* [Iacocca: Una autobiografía] (Boston: G. J. Hall, 1985), 138.

11. 1 Samuel 18:1.

12. Gary Inrig, *Quality Friendship* [Amistad de calidad] (Chicago: Moody Press, 1981), 54.

13. Íbid., 26.

14. Romanos 15:7.

15. Ted Engstrom, *The Fine Art of Friendship* [El sublime arte de la amistad] (Nashville: Nelson, 1985), 17.

16. Inrig, *Quality Friendship* [Amistad de calidad], 52-53.

17. Smith, *Men Without Friends* [Hombres sin amigos], 214.

18. Proverbios 17:17.

19. Gálatas 6:1, énfasis añadido.

20. Inrig, *Quality Friendship* [Amistad de calidad], 53.

21. Mateo 26:38.

22. Gerard Egan, *Interpersonal Living* [Vida interpersonal] (Monterrey, Calif.:

Brooks/Cole Group, 1976), 45.

23. Judson Swihart, *How Do You Say "I Love You"?* [¿Cómo dices «Te amo»?] (Downers Grove, Ill.: InterVarsity Press, 1977), 46-47.

24. Romanos 12:10.

25. Engstrom, *The Fine Art of Friendship* [El sublime arte de la amistad], 131.

26. Proverbios 27:17.

27. Jim Conway, *Making Real Friends in a Phony World* [Cómo hacer amistades genuinas en un mundo falso] (Grand Rapids, Mich.: Zondervan, 1989), 164.

28. Íbid., 171-174.

Afirmación escandalosa #9

LAS REGLAS DE DIOS ACERCA DEL SEXO NOS LIBERAN

1. Joyce Huggett, *Dating, Sex, and Friendship* [Citas, sexo y amistad] (Downers Grove, Ill.: InterVarsity Press, 1985), 76, énfasis añadido.

2. Robert T. Michael, et al., *Sex in America: A Definitive Survey* [El sexo en los Estados Unidos: Una encuesta de la más alta confiabilidad] (Boston: Little, Brown, 1994), 103.

3. Génesis 2:24.

4. Peterson, *The Message* [El Mensaje], 346.

5. 1 Corintios 7:5.

6. John Ankerberg y John Weldon, *The Myth of Safe Sex: The Tragic Consequences of Violating God's Plan* [El mito del sexo seguro: Las trágicas consecuencias de violar el plan de Dios] (Chicago: Moody Press, 1993), 65.

7. David Reardon, *Aborted Women: Silent No More* [Mujeres que abortaron: Se rompe el silencio] (Westchester, Ill.: Crossway, 1987), 119-120.

8. Paul Fowler, *Abortion: Toward an Evangelical Consensus* [El aborto: Hacia un consenso evangélico] (Pórtland, Ore.: Multnomah Press, 1987), 196.

9. 1 Corintios 6:18.

10. Isaías 59:2.

11. Ankerberg y Weldon, *The Myth of Safe Sex* [El mito del sexo seguro], 94.

12. Filipenses 4:8.

13. Al Haffner, *The High Cost of Free Love* [El alto costo del amor libre] (San Bernardino, Calif.: Here's Life, 1989), 101.

14. Íbid., 107.

15. Tom Minnery, ed., *Pornography: A Human Tragedy* [Pornografía: Una tragedia humana] (Wheaton, Ill.: Christianity Today, Inc. & Tyndale House, 1986), contraportada.

16. Íbid.

17. Bill Hybels, *Christians in a Sex-Crazed Culture* [Los cristianos en una cultura enloquecida por el sexo] (Wheaton, Ill.: Victor, 1989), 97.

18. Íbid., 93-94.

19. 1 Corintios 10:12.

20. Ray E. Short, *Sex, Love, or Infatuation: How Can I Really Know?* [Sexo, amor o enamoramiento: ¿Cómo podemos distinguirlos?] (Minneapolis: Augsburg, 1978), 83-90.

21. Robert Moeller, *To Have and to Hold: Achieving Lifelong Sexual Intimacy and*

Satisfaction [Tener y mantener: Cómo lograr toda una vida de intimidad y satisfacción sexual] (Pórtland, Ore.: Multnomah Press, 1995), 162-163.

22. Michael, *Sex in America* [El sexo en los Estados Unidos], 124-125.

23. Íbid., 127.

24. Íbid., 127, 130.

25. Íbid., 113.

26. Salmo 51:2.

27. 1 Juan 3:1.

Afirmación escandalosa #10

LOS ACTOS ALEATORIOS DE BONDAD NO SON SUFICIENTES

1. Stuart Hample y Eric Marshall, *Children's Letters to God* [Cartas infantiles a Dios] (NewYork: Workman, 1991).

2. Mateo 7:12.

3. D. A. Carson, *The Sermon on the Mount: An Evangelical Exposition of Matthew 5-7* [El Sermón del Monte: Una exposición evangélica de Mateo 5 al 7] (Grand Rapids, Mich.: Baker, 1982), 112.

4. Romanos 8:7.

5. Gálatas 6:2.

6. Marcos 12:30-31.

7. Gálatas 5:22-23.

8. 1 Juan 4:19.

9. Kathryn Spink, *The Miracle of Love* [El milagro del amor] (San Francisco: Harper & Row, 1981), 124-125, énfasis añadido.

10. Santiago 1:22-25, énfasis añadido.

11. Efesios 6:8.

12. Don Postema, *Space for God* [Espacio para Dios] (Grand Rapids, Mich.: CRC Publications, 1983), 70-71, énfasis añadido.

Afirmación escandalosa #11

EL CIELO ES MÁS QUE UNA ILUSIÓN

1. Abigail Van Buren, "Think Ahead, Avoid Boating Tragedies" [Piense con anticipación, evite tragedias al navegar], *Chicago Tribune* (Junio 28, 1995).

2. Job 14:14, RVA.

3. Juan 11:25-26.

4. 1 Corintios 15:17.

5. Gary habermas y Anthony Flew, *Did Jesus Rise from the Dead?* [¿Jesús se levantó de entre los muertos?] (San Francisco: Harper & Row, 1987), xi, énfasis añadido.

6. Donald McFarlan, ed., *Guinness Book of World Records* [Libro Guinness de Récords Mundiales] (NewYork: Bantam, 1991), 547.

7. Ross Clifford, ed., *The Case of the Empty Tomb: Leading Lawyers Look at the Resurrection* [El caso a favor de la Tumba Vacía: Abogados expertos revisan la Resurrección] (Claremont, Calif.: Albatros, 1991), 112.

8. Íbid.

9. Juan 19:1.

10. C. Truman Davis, "The Crucifixion of Jesus" [La crucifixión de Jesús] *Arizona Medicine* (Marzo 1965), 185, citado por Josh McDowell, *The Resurrection Factor* [El factor Resurrección] (San Bernardino, Calif.: Here's Life, 1981), 43.

11. McDowell, *The Resurrection Factor* [El factor Resurrección], 44.

12. William D. Edwards, et al., "On the Physical Death of Jesus Christ" [Respecto a la muerte física de Jesucristo], *Journal of the American Medical Association* [Revista de la Asociación Médica Americana] (Marzo 21, 1986), 1463.

13. J. P. Moreland, *Scaling the Secular City: A Defense of Christianity* [La magnitud de la ciudad secular: Una defensa del cristianismo] (Grand Rapids, Mich.: Baker, 1987), 152-153.

14. Michael J. Wilkins y J. P. Moreland, editores, *Jesus under Fire: Modern Scholarship Reinvents the Historial Jesus* [Jesús bajo ataque: Los expertos modernos reinventan al Jesús histórico] (Grand Rapids, Mich.: Zondervan, 1995), 150.

15. William Lane Craig, *Reasonable Faith: Christian Truth and Apologetics* [Fe razonable: verdad y apologética cristiana] (Wheaton, Ill.: Crossway, 1994), 285.

16. Moreland, *Scaling the Secular City* [La magnitud de la ciudad secular], 150-151; Wilkins y Moreland, *Jesus under Fire* [Jesús bajo ataque], 43.

17. 1 Corintios 15:6.

18. Wilkins y Moreland, *Jesus under Fire* [Jesús bajo ataque], 43.

19. Íbid., 41.

20. Charles Colson, *Loving God* [Amar a Dios] (Grand Rapids, Mich.: Zondervan, 1987), 69.

21. Craig, *Reasonable Faith* [Fe razonable], 284.

22. Moreland, *Scaling the Secular City* [La magnitud de la ciudad secular], 179-180.

23. Íbid., 181, énfasis añadido.

24. Gary Habermas, *The Veredict of History: Conclusive Evidence for the Life of Jesus* [El Veredicto de la Historia: Evidencia concluyente a favor de la Vida de Jesús] (Nashville: Nelson, 1988), 169-172.

25. Íbid., 93-94.

26. Val Grieve, *Veredict on the Empty Tomb* [El veredicto acerca de la Tumba Vacía] (London: Church Pastoral Aid Society, 1976), 26.

27. 1 Juan 5:13, énfasis añadido.

Afirmación escandalosa #12
JESÚS ES EL ÚNICO CAMINO A DIOS

1. Juan 14:6.

2. R. C. Sproul, *Reason to Relieve: A Response to Common Objections to Christinity* [Razón para creer: Una respuesta a las objeciones comunes al cristianismo] (Grand Rapids, Mich.: Zondervan, 1981), 44.

3. David Wallechinsky e Irving Wallace, *The People's Almanac #3* [El almanaque del pueblo #3] (New York: Bantam, 1981), 581-582.

4. Íbid., 582.

5. Íbid., 582-584.

6. John Stott, *Basic Christianity* [Cristianismo elemental] (Downers Grove, Ill.:

InterVarsity Press, 1964), 26.

7. Juan 10:37.

8. 1 Juan 3:5.

9. 1 Pedro 2:22.

10. Peter W. Stoner, *Science Speaks* [La ciencia habla] (Chicago: Moody Press, 1969), 109.

11. Lucas 24:44.

12. D. T. Niles, citado por Paul Little, *Know Why You Believe* [Sepa por qué cree] (Downers Grove, Ill.: InterVarsity Press, 1988), 145.

13. Deuteronomio 29:29.

14. Génesis 18:25.

15. Ronald H. Nash, *Is Jesus the Only Savior?* [¿Jesús es el único Salvador?] (Grand Rapids, Mich.: Zondervan, 1994), 165.

16. 1 Corintios 4:5.

17. Cliffe Knechtle, *Give Me an Answer* [Denme una respuesta] (Downers Grove, Ill.: InterVarsity Press, 1986), 42.

18. Juan 8:12.

Afirmación escandalosa #13

JUGAR A LA SEGURA ES LA FORMA MÁS PELIGROSA DE VIVIR

1. Douglas Coupland, *Life alter God* [La vida después de Dios] (New York: Pocket Books, 1994), 359.

2. 1 Juan 5:3.

3. 1 Samuel 17:38-50.

4. Marcos 1:15.

5. William L. Craig, *Knowing the Truth about the Resurrection* [Conozca la verdad acerca de la Resurrección] (Ann Arbor, Mich.: Servant, 1988), 6.

6. Isaías 64:6.

7. Ewald M. Plass, ed., *What Luther Says* [Lo que dice Lutero], vol. 2 (St. Louis: Concordia, 1959), 757.

8. Salmo 32:3-4.

9. Salmo 32:5.

10. Romanos 5:8.

11. Mateo 7:7.

12. Para una lista de iglesias orientadas a quienes están en una búsqueda espiritual, contacte, en inglés, a la Asociación Willow Creek. P. O. Box 3188, Barrington, IL 60011-3188 o llame al (847) 765-0070.

13. Judson Plina y Bill Perkind, *The Journey: A Bible for Seeking God and Understanding Life* [La jornada: Una Biblia para buscar a Dios y comprender la Vida] (Grand Rapids, Mich.: Zondervan, 1996), xiv.

14. Jeremías 29:13.

15. Ruth A. Tucker, *Stories of Faith* [Historias de fe] (Grand Rapids, Mich.: Zondervan, 1989), 20; John T. Seamands, *Pioneers of the Younger Churches* [Pioneros de las iglesias jóvenes] (Nashville: Abingdon, 1967).

Nos agradaría recibir noticias suyas.
Por favor, envíe sus comentarios sobre este libro
a la dirección que aparece a continuación.
Muchas gracias.

Editorial Vida
7500 NW 25th St. Suite 239
Miami, Florida 33122

Vida@zondervan.com

www.editorialvida.com